Aspectos Controvertidos da Reforma Tributária

Aspectos Controvertidos da Reforma Tributária

NA VISÃO DOS PROCURADORES DA FAZENDA NACIONAL

2022

Phelippe Toledo Pires de Oliveira
Coordenador

ALMEDINA

ASPECTOS CONTROVERTIDOS DA REFORMA TRIBUTÁRIA
NA VISÃO DOS PROCURADORES DA FAZENDA NACIONAL

COORDENADOR: Phelippe Toledo Pires de Oliveira

DIRETOR ALMEDINA BRASIL: Rodrigo Mentz
EDITORA JURÍDICA: Manuella Santos de Castro
EDITOR DE DESENVOLVIMENTO: Aurélio Cesar Nogueira
ASSISTENTES EDITORIAIS: Isabela Leite e Larissa Nogueira
ESTAGIÁRIA DE PRODUÇÃO: Laura Roberti

DIAGRAMAÇÃO: Almedina
DESIGN DE CAPA: FBA

ISBN: 9786556275697
Julho, 2022

Dados Internacionais de Catalogação na Publicação (CIP)
(Câmara Brasileira do Livro, SP, Brasil)

Aspectos controvertidos da reforma tributária : na visão dos Procuradores da Fazenda Nacional / Phelippe Toledo Pires de Oliveira, coordenador. -- São Paulo, SP : Almedina, 2022.

Vários autores.
Bibliografia.
ISBN 978-65-5627-569-7

1. Direito tributário 2. Reforma tributária 3. Reforma tributária - Brasil I. Oliveira, Phelippe Toledo Pires de.

22-108548 CDU-34:336.2(81)

Índices para catálogo sistemático:

1. Brasil : Reforma tributária : Direito tributário 34:336.2(81)

Eliete Marques da Silva - Bibliotecária - CRB-8/9380

Este livro segue as regras do novo Acordo Ortográfico da Língua Portuguesa (1990).

EDITORA: Almedina Brasil
Rua José Maria Lisboa, 860, Conj.131 e 132, Jardim Paulista | 01423-001 São Paulo | Brasil
editora@almedina.com.br
www.almedina.com.br

SOBRE O COORDENADOR

Phelippe Toledo Pires de Oliveira

Senior visiting researcher na Universidade de Economia e Negócios de Viena (WU). Doutor e Mestre em Direito Econômico, Financeiro e Tributário pela USP. Mestre em Direito Tributário pela Universidade de Paris 1 – Panthéon Sorbonne. Professor da Pós-Graduação do IBMEC-Brasília. Procurador da Fazenda Nacional e ex-Procurador-Geral Adjunto.

SOBRE OS AUTORES

Adriano Chiari da Silva
Mestrando em Direito Tributário pela Fundação Getúlio Vargas (FGV). Pós-graduado em Direito Público pela Universidade de Brasília (UnB). Coordenador-Geral de Assuntos Tributários na Procuradoria-Geral da Fazenda Nacional (PGFN). Procurador da Fazenda Nacional desde 2007, com atuação em consultoria e contencioso judicial tributário perante Turmas Recursais, Tribunais Regionais Federais e o Supremo Tribunal Federal.

Alexey Fabiani Vieira Maia
Procurador da Fazenda Nacional. Mestre em Direito Europeu pela Universidade de Lisboa.

Andréa Mussnich Barreto
Mestranda em Direito Tributário pela FGV-SP. Especialista em Direito Tributário pelo IBET e em Administração Pública pela FGV. Procuradora da Fazenda Nacional.

Caroline Silveira Marinho
Especialista em Direito Público pela Universidade Anhanguera Uniderp. Procuradora da Fazenda Nacional.

Ênio Alexandre Gomes Bezerra da Silva
Mestre em Direito pela Universidade Católica de Brasília. Especialista em Direito Tributário pelo Instituto Brasileiro de Estudos Tributários. Graduado como bacharel em Direito pelo Centro Universitário Tabosa

de Almeida. Atua na consultoria e assessoria jurídica em matéria tributária na Procuradoria-Geral da Fazenda Nacional. Procurador da Fazenda Nacional.

Fernanda Schimitt Menegatti
Mestre em Direitos Sociais e Políticas Públicas pela UNISC. Especialista em Direito Tributário pela UNISUL. Graduada em Direito pela UFSM. Procuradora da Fazenda Nacional.

Isaac Ramiro Bentes
Mestre em Direito pela Universidade Federal do Pará. Pós-graduado em Direito Empresarial pela FGV/RJ. Professor de Direito Tributário do curso de especialização do Centro Universitário do Pará. Procurador da Fazenda Nacional.

James Siqueira
Especialista em Direito Administrativo pela Pontifícia Universidade Católica de São Paulo. Bacharel em Direito pela Universidade de São Paulo. Procurador da Fazenda Nacional.

Jersilene de Souza Moura
Mestranda em Direito pela Fundação Getúlio Vargas. Mestra em Administração Pública pela Fundação Getúlio Vargas. Aluna Egressa do Programa LideraGov. Procuradora da Fazenda Nacional.

José Leite dos Santos Neto
Doutorando em Direito pela UnB. Mestre em Direito pela UFS. Procurador da Fazenda Nacional.

Núbia Nette Alves Oliveira de Castilhos
Mestranda em Direito Constitucional pelo IDP. Especialista em Gestão Pública pela FGV. Procuradora da Fazenda Nacional.

Priscila Maria Fernandes Campos de Souza
Mestre em Direito Tributário pela USP. Especialista em Direito Tributário pela USP. Graduada em Direito pela USP. Procuradora da Fazenda Nacional.

Victor de Ozêda Alla Bernardino
Especialista em Direito Constitucional pela Universidade Federal de Goiás. Bacharel em Direito pela Universidade Federal de Goiás. Procurador da Fazenda Nacional.

Viviane Castanho de Gouveia Lima
L.LM em Direito Tributário Internacional pela King's College London. Especialista em Direito Público pela Escola Paulista de Magistratura. Procuradora da Fazenda Nacional.

NOTA DA COORDENAÇÃO

Tenho enorme satisfação de coordenar essa obra, resultado das discussões realizadas no âmbito de um grupo de trabalho formado pela Procuradoria-Geral da Fazenda Nacional com o propósito de estudar e debater as propostas de reforma tributária em trâmite no Congresso Nacional. Outros colegas procuradores aderiram a essa iniciativa.

Os artigos não se restringem à análise de uma proposta de reforma tributária específica, abordando temas importantes de várias propostas. Tampouco se limitam ao exame exclusivo de aspectos relacionados à tributação sobre o consumo, que é o foco das propostas de reforma em discussão no Congresso Nacional. Muito pelo contrário, parte dos artigos trata de temas afetos à tributação sobre a renda (e.g. tributação sobre dividendos, dedutibilidade de despesas para fins de IRPF) e até mesmo sobre a viabilidade de uma reforma tributária mais ampla.

Em realidade, apesar do tema do livro ser os aspectos controvertidos da reforma tributária na visão dos Procuradores da Fazenda Nacional, tendo como pano de fundo os projetos de reforma tributária atualmente em discussão, seus artigos vão além. Abordam questões de política tributária, matéria esta pouco estudada no Brasil. Por essa razão, as reflexões trazidas na presente obra coletiva são atemporais, permanecendo de interesse mesmo após eventual reforma tributária.

Por fim, agradeço a todos aqueles que confiaram na ideia dessa obra coletiva, com a certeza que as reflexões contidas nos artigos que compõem esse livro auxiliarão os debates em torno das propostas de reforma tributária em trâmite no Congresso Nacional.

Viena, 03 de abril de 2022.

PHELIPPE TOLEDO PIRES DE OLIVEIRA
Senior visiting researcher na Universidade de Economia e Negócios de Viena (WU)
Doutor e Mestre em Direito Econômico, Financeiro e Tributário pela USP
Mestre em Direito Tributário pela Universidade de Paris 1 – Panthéon Sorbonne
Professor da Pós-Graduação do IBMEC-Brasília
Procurador da Fazenda Nacional e ex-Procurador-Geral Adjunto

APRESENTAÇÃO

Uma reforma tributária ampla vem sendo discutida no Brasil já há algum tempo. Basta lembrar que a famigerada PEC 293, de relatoria do então Deputado Luiz Carlos Hauly, tramita no Congresso Nacional há quase 18 anos. No curso de 2019, após a aprovação da reforma da previdência, a discussão sobre a reforma tributária passou a entrar na ordem do dia, notadamente a partir da apresentação da PEC 45/2019, de autoria do Deputado Baleia Rossi, e da PEC 110/2019, de autoria do Senador Davi Alcolumbre, então Presidente do Senado, além de outras.

Os anos de 2020 e 2021 prometiam ser decisivos para que a reforma tributária finalmente saísse do papel. Para apaziguar as disputas pelo protagonismo sobre qual das Casas Legislativas encabeçaria as discussões, ainda no início do ano de 2020, foi criada uma Comissão Mista Especial formada por Deputados e Senadores, com o propósito de consolidar o texto da reforma tributária. Entretanto, em razão da pandemia da Covid-19, os trabalhos da Comissão foram sendo sucessivamente prorrogados até que a Comissão foi dissolvida em maio/2021.

A presente obra vem em boa hora. Os anos de 2022 e 2023 serão cruciais para a aprovação (ou não) de uma proposta de reforma tributária ampla, que simplifique o sistema tributário para os contribuintes – sistema bastante complexo, na medida em que a tributação sobre o consumo encontra-se repartida entre os diferentes entes e a sua legislação é muito fragmentada. Espera-se, assim, que a reforma tributária também auxilie na redução do custo de conformidade e na retomada do crescimento econômico do país, notadamente em um momento pós-pandemia.

O livro se inicia com o artigo das Procuradoras da Fazenda Nacional **Fernanda Schimitt Menegatti** e **Priscila Maria Fernandes Campos de Souza**, que trata da tributação sobre o consumo de produtos essenciais, em especial, daqueles produtos que integram a cesta básica. Nesse artigo, as autoras destacam a importância do princípio da seletividade e da isonomia tributária como forma de mitigar os efeitos regressivos da tributação indireta sobre o consumo, que acaba onerando principalmente os mais pobres. Além do mais, realizam uma análise crítica das atuais políticas desonerativas tributárias dos produtos da cesta básica, comparando-as com as propostas em tramitação no Congresso Nacional e propugnando, ao fim, maior transparência e um controle mais efetivo dessas políticas.

Em seguida, as Procuradoras da Fazenda Nacional **Andréa Mussnich Barreto** e **Núbia Nette Alves Oliveira de Castilhos** escrevem sobre matéria inerente a várias propostas de reforma tributária, qual seja, os incentivos e benefícios tributários e as condições para sua eventual revogação ou alteração à luz do sistema tributário nacional. No artigo, as autoras abordam os critérios para a identificação de incentivos e benefícios fiscais, assim como a possibilidade de sua revogação ou mesmo alteração em face do princípio da segurança jurídica, do princípio da anterioridade e de algumas condições estabelecidas no Código Tributário Nacional.

A Procuradora da Fazenda Nacional **Jersilene de Souza Moura** examina as propostas de reforma tributária à luz da ideia de cidadania fiscal, termo utilizado para designar a conscientização da sociedade sobre a importância do pagamento de tributos. Após analisar as proposições em trâmite, a autora conclui que a simplificação proposta e a previsão de transparência quanto ao valor dos tributos incidentes sobre o consumo permitem uma melhor compreensão da sociedade sobre o assunto; entretanto, destaca que a participação da sociedade civil nas discussões sobre a reforma tributária ainda é tímida, conclamando o seu maior engajamento.

Os Procuradores da Fazenda Nacional **James Siqueira** e **Victor de Ozêda Alla Bernardino** abordam os impactos da reforma tributária trazida pela PEC nº 45/2019, que cria o IBS em âmbito nacional, na representação judicial. Os autores fazem uma análise crítica da proposta de criação do Comitê Gestor Nacional, responsável pela representação judicial do novo tributo, que poderia acarretar maior complexidade em uma reforma que prega a simplificação do sistema tributário atual. Ao final, propõem, como alternativa, a criação de um IBS dual (federal e subnacional), cada qual com representação judicial pela respectiva Procuradoria do ente.

Na sequência, o Procurador da Fazenda Nacional **Ênio Alexandre Gomes Bezerra da Silva** analisa questões atinentes à retomada da tributação sobre os dividendos no Brasil. Após uma breve análise dos propósitos da isenção de dividendos o autor critica uma de suas consequências indesejadas: a "pejotização". O autor explora ainda a ideia de tributação dos dividendos, sob o viés da igualdade e da ausência de elementos que justifiquem o tratamento tributário diferenciado aos dividendos, especialmente em um contexto socioeconômico de elevada pobreza e desigualdade social. Por fim, o autor defende a retomada da tributação dos dividendos.

As Procuradoras da Fazenda Nacional **Caroline Silveira Marinho** e **Viviane Castanho de Gouveia Lima** examinam a responsabilidade tributária das plataformas digitais para fins da CBS proposta no PL nº 3387/2020. As autoras analisam em detalhes os dispositivos que tratam da matéria na proposta legislativa e seu embasamento legal no Código Tributário Nacional. Por fim, as Procuradoras fazem um paralelo com as propostas no âmbito da Ação 1 do Projeto BEPS, para demonstrar como a proposta encontra-se alinhada com as diretrizes da OCDE sobre a matéria.

O Procurador da Fazenda Nacional **José Leite dos Santos Neto** examina a viabilidade da aprovação das propostas de reforma tributária, com ênfase na PEC 45/2019 e na PEC 110/2019, cada qual em uma Casa Legislativa. Após enumerar as dificuldades inerentes à aprovação de reformas estruturantes, o autor analisa os principais aspectos de cada uma das propostas e potenciais obstáculos para sua aprovação (e.g. forma de compensação da perda de arrecadação de alguns entes, aumento da tributação do setor de serviços). Ao final, o autor faz uma análise do comportamento dos atores nos padrões de escolha de políticas públicas, de maneira a enfatizar os fatores em jogo.

Por sua vez, o Procurador da Fazenda Nacional **Alexey Fabiani Vieira Maia** analisa a dedução de despesas médicas e de educação para fins de tributação pelo imposto de renda das pessoas físicas à luz da Constituição (e.g. existência de um conceito constitucional de renda, capacidade contributiva, mínimo existencial e direitos sociais à saúde e à educação) e também do conceito de renda trazido pelo CTN. Ao final, o autor conclui que a permissão para a dedução de despesas com saúde e educação constitui opção legislativa, não havendo limitações no plano constitucional ou na legislação complementar que proíbam a sua revisão pelo legislador.

Em seguida, o Procurador da Fazenda Nacional **Isaac Ramiro Bentes** examina a conformação das diversas propostas de reforma tributária em tramitação no Congresso Nacional ao princípio da seletividade. Após análise detalhada das propostas, o autor conclui que, não obstante a previsão de um imposto seletivo, um imposto sobre bens e serviços com alíquota única aumentaria a regressividade da tributação sobre o consumo, defendendo a existência de três faixas de alíquota, variáveis conforme a essencialidade do objeto tributado.

Por fim, o Procurador da Fazenda Nacional **Adriano Chiari da Silva** analisa a evolução da legislação do PIS e da COFINS, destacando como as alterações promovidas ao longo dos anos geraram distorções no sistema de tributação sobre o consumo. O autor ressalta que uma dessas distorções decorre do fato de a sistemática dos referidos tributos não possuir correlação financeira entre o tributo pago e creditado. Ao final, enfatiza como a mudança proposta pelo PL nº 3887/2020, que cria a CBS em substituição ao PIS e a COFINS, corrige esse e outros problemas.

Para encerrar a apresentação do presente livro, importante efetuar um registro: embora os artigos tenham sido escritos por Procuradores da Fazenda Nacional, as ideias externadas na presente obra coletiva não refletem a posição institucional da Procuradoria-Geral da Fazenda Nacional, mas sim o entendimento pessoal de seus autores, em relação a cada um dos temas por eles abordados.

PHELIPPE TOLEDO PIRES DE OLIVEIRA
Coordenador

PREFÁCIO

O convite a tecer linhas, mesmo que breves, em uma obra jurídica é sempre honroso. Tratando-se de livro constituído pela visão crítica e aprofundada de diferentes integrantes da Procuradoria-Geral da Fazenda Nacional (PGFN), tal é fato que potencializa não apenas o sentimento de satisfação, mas também o da responsabilidade de fazer jus e de alguma forma transparecer o respeito à qualidade técnica e à autonomia de pensamento de colegas dedicados ao Direito Tributário (e que, na essência, estão enlaçados também à defesa dos próprios interesses de nossa sociedade).

A temática tratada na presente obra – aspectos eventualmente considerados em uma reforma tributária, e relevantes ao sistema tributário nacional – é de importância notória, indiscutível e, porque não dizer, quase passional. Se, de um lado, a partir de um sistema bem composto se viabiliza a adequada estruturação do poder público em necessária harmonização com o desenvolvimento econômico (afinal, o Estado existe para servir, e não para sufocar ou mostrar-se rival do campo produtivo que o sustenta), de outro é natural se cogitar que os diversos setores que integram o substrato social defendam com convicção soluções que considerem mais adequadas às respectivas realidades, especificamente. Compete, assim, ao Poder Público, à luz de tal quadro, a persecução do bem comum, a partir de um esforço ponderado entre as demandas dos diferentes setores, e sua relação com o próprio Estado.

Ao lado dessa preocupação com um sistema tributário que não sufoque o crescimento nacional no quanto busca a estruturação estatal necessária ao asseguramento das atividades públicas essenciais, há que se notar também o sensível desafio de não apenas homenagear, mas efetivamente garantir um verdadeiro equilíbrio federativo. Com efeito – e como cediço

– uma República federativa leva a que a atuação estatal se dê em diferentes esferas (naquilo reconhecido por alguns, inclusive, como um federalismo de terceiro grau, em nosso País). Ao lado de competências privativas, exclusivas e residuais, há ainda as competências comuns entre União, Estados e municípios, como as relacionadas à saúde, educação e proteção do meio ambiente, entre outras. E, para que todos os entes federativos possam adequadamente desempenhar seus papeis (a um só tempo assegurados e determinados por nossa Constituição Federal), é necessária a adequada calibragem da carga tributária financeiramente dirigida a cada qual.

A Procuradoria-Geral da Fazenda Nacional tradicionalmente costuma mesmo desviar-se de holofotes que possam de qualquer maneira comprometer sua adequada atuação, evitando assim a perda do foco em seus múnus essenciais na concessão da segurança jurídica, na busca da justiça contributiva e no fundamental assessoramento às autoridades públicas na construção de soluções de caráter econômico e de gestão. Assim é que vem acompanhando e se integrando, com absoluta regularidade, nos debates internos ao Governo federal atinentes a uma reforma tributária, inclusive produzindo as manifestações jurídicas necessárias à ratificação da indenidade dos textos normativos construídos a partir dos esforços técnicos e políticos.

Sem prejuízo, e como se destacará também mais à frente nesta obra, os temas ora enfrentados não constituem, necessariamente, também entendimentos formais da própria instituição PGFN. E nem por isso perdem em importância e profundidade, sendo inquestionável que avalições em torno da relação fisco/contribuinte, considerações sobre a concessão de benefícios tributários, ponderações sobre justiça fiscal, preocupações externadas sobre a aplicabilidade prática de princípios jurídicos, entre outras matérias, são indiscutivelmente preciosas aos aplicadores do Direito.

Como se disse, trata-se de obra que reflete, em verdade, a qualidade técnica de colegas e suas respectivas autonomias de pensamento. E o que temos, como fruto, é um material que engrandece os debates em torno de assuntos caros ao estudo do Direito Tributário em nosso País. Apraz, portanto, estar ao lado de tais colegas, com a oportunidade de prefaciar este trabalho.

RICARDO SORIANO DE ALENCAR
Procurador-Geral da Fazenda Nacional

SUMÁRIO

1

A TRIBUTAÇÃO REGRESSIVA DO CONSUMO DOS PRODUTOS DA CESTA BÁSICA: UMA REFLEXÃO A PARTIR DO PRINCÍPIO DA ISONOMIA TRIBUTÁRIA E À LUZ DAS PROPOSTAS DE REFORMA TRIBUTÁRIA

Fernanda Schimitt Menegatti
Priscila Maria Fernandes Campos de Souza

Introdução

A tributação sobre o consumo no Brasil assume um papel de destaque na arrecadação tributária total, quando comparada com outras modalidades de tributação. Com isso, sob a vertente arrecadatória, os tributos incidentes sobre o consumo têm cumprido o seu papel com acentuado êxito. No entanto, por perfazer espécie de tributação indireta, marcada pela possibilidade de transferência do encargo econômico para o consumidor final, produz significativos efeitos sobre o consumo de bens essenciais, onerando de forma mais acentuada o contribuinte com menor capacidade contributiva, o que pode contribuir com a manutenção da pobreza.

A partir da constatação identificada, o presente artigo será desenvolvido, iniciando pelo estudo da classificação doutrinária dos tributos, de acordo com as bases de incidência e as respectivas definições, examinando-se o conceito de tributação sobre o consumo e os seus efeitos em relação ao contribuinte de fato, assim como a sistemática de transferência do encargo tributário na cadeia de produção de bens e serviços, aliado à reflexão a respeito da falsa percepção da carga tributária incidente nessas operações, que onera de modo excessivo a renda dos consumidores.

Prossegue-se com a análise dos efeitos regressivos da tributação indireta em relação aos mais pobres, principalmente considerando a incidência da tributação sobre os produtos que integram a cesta básica, verificando-se a relevância da aplicação do princípio da seletividade na contenção dessa sistemática de tributação.

Ao se constatar que a tributação sobre o consumo é regressiva, é relevante também confrontar esses efeitos indesejados com a necessidade de respeito à isonomia tributária e com o seu principal critério de diferenciação dos contribuintes, que é a capacidade contributiva. Nesse aspecto, serão estudados: o conceito de isonomia tributária, partindo-se do próprio conceito de igualdade material e os valores envolvidos na sua efetivação; os requisitos que autorizam que seja conferido tratamento diferenciado a contribuintes em diferentes situações; e a aplicação da igualdade também aos contribuintes de fato.

Uma vez confrontados os efeitos da tributação sobre o consumo com os princípios da isonomia tributária e da capacidade contributiva, dando ênfase à tributação dos produtos que integram a cesta básica, adentra-se no exame das normas atuais que disciplinam a sua tributação. Nessa perspectiva, será realizada uma abordagem das críticas ao atual modelo desonerativo, principalmente a partir do entendimento da Corte de Contas para, ao final, apresentar como o tema está sendo tratado nas principais propostas de reforma tributária.

Sem a pretensão de esgotar o assunto, bem como de apresentar um posicionamento cerrado, objetiva-se municiar o leitor para que forme as suas próprias conclusões, não deixando de fazer, porém, um registro crítico e reflexivo sobre os pontos sensíveis identificados ao longo dessa abordagem.

1. Análise da tributação sobre o consumo no Brasil

De acordo com o critério das bases de incidência, os tributos são classificados primordialmente em tributos incidentes sobre o consumo, patrimônio ou renda dos contribuintes[1]. Com efeito, enquanto a tributação sobre

[1] Neste sentido: Valcir Gassen (GASSEN, Valcir; D'ARAÚJO, Pedro Júlio Sales; PAULINO, Sandra Regina da F. Tributação sobre consumo: o esforço em onerar mais quem ganha menos. *Sequência (Florianópolis)*. Florianópolis, n. 66, jul. 2013, p. 215. Disponível em: https://periodicos.ufsc.br/index.php/sequencia/article/view/2177-7055.2013v34n66p213/25066. Acesso em: 20 out. 2020) e Marcelo Guerra Martins (MARTINS, Marcelo Guerra. Consciência Fiscal e Aperfeiçoamento da Cidadania: o Problema dos Tributos Indiretos. *Direito Público.*

o patrimônio incide na propriedade e transmissão de bens, a exemplo dos tributos que recaem sobre imóveis (Imposto Predial Territorial Urbano – IPTU – e o Imposto Territorial Rural – ITR) e sobre veículos (Imposto – IPVA), a tributação sobre a renda incide em sua obtenção como acréscimo patrimonial, a exemplo do imposto de renda. A tributação sobre o consumo, por sua vez, incide nas etapas da produção de bens e serviços e na sua aquisição final pelo consumidor, resultando na oneração do produto ou serviço consumido.

No entanto, também existem estudos que consideram outras bases, como é o caso do estudo desenvolvido pela Receita Federal do Brasil – RFB, intitulado 'Carga Tributária no Brasil – 2018', em que as bases foram classificadas em: renda, folha de salários, propriedade, bens ou serviços e transferências financeiras[2].

Destarte, conforme observado por Camila Scacchetti[3], em trabalho desenvolvido em relação a esse estudo da RFB, a tributação sobre a propriedade consiste naquela que incide sobre o uso, propriedade e transferência de bens móveis e imóveis, tanto de pessoas físicas como jurídicas, o que equivale à base normalmente denominada na doutrina de 'patrimônio'. Além disso, Camila Scacchetti[4] esclarece que a tributação sobre 'bens e serviços' corresponde à tributação sobre o consumo, o que nos mostra que apenas é atribuída uma denominação diferente às principais bases tributárias.

Relativamente à tributação sobre o consumo no Brasil, que é objeto deste artigo, Valcir Gassen et al[5] afirmam que é representada pelos seguintes

Porto Alegre, v. 13, n. 73, jan./fev. 2017, p. 87. Disponível em: https://www.portaldeperiodicos.idp.edu.br/direitopublico/article/view/2607/pdf. Acesso em: 26 mar. 2022).

[2] Cf. página 4 do estudo 'Carga Tributária no Brasil – 2018'. Disponível em https://www.gov.br/receitafederal/pt-br/acesso-a-informacao/dados-abertos/receitadata/estudos-e-tributarios-e-aduaneiros/estudos-e-estatisticas/carga-tributaria-no-brasil/ctb-2018-publicacao-v5.pdf Acesso em: 26 de mar. de 2022.

[3] Scacchetti, Camila. *"Dai a César o que é de César": Do Dízimo ao ICMS: Raízes da Tributação sobre o Consumo.* 2019, 229f. Dissertação (Mestrado em História Econômica) – Faculdade de Filosofia, Letras e Ciências Humanas, Universidade de São Paulo, 2019, p. 23.

[4] Scacchetti, Camila. *"Dai a César o que é de César": Do Dízimo ao ICMS: Raízes da Tributação sobre o Consumo.* 2019, 229f. Dissertação (Mestrado em História Econômica) – Faculdade de Filosofia, Letras e Ciências Humanas, Universidade de São Paulo, 2019, p. 30.

[5] Gassen, Valcir; D'Araújo, Pedro Júlio Sales; Paulino, Sandra Regina da F. Tributação sobre consumo: o esforço em onerar mais quem ganha menos. *Sequência (Florianópolis).* Florianópolis, n. 66, jul. 2013, p. 215-216 e 218. Disponível em: https://periodicos.ufsc.br/index.php/sequencia/article/view/2177-7055.2013v34n66p213/25066 Acesso em: 26 mar. 2022.

tributos: o Imposto sobre Produtos Industrializados (IPI), o Imposto sobre a Circulação de Mercadorias e Serviços de Transporte Interestadual e Intermunicipal e de Comunicação (ICMS) e o Imposto Sobre Serviços de Qualquer Natureza (ISS), também podendo ser assim considerados o Imposto sobre Operações de Crédito, Câmbio e Seguros, ou relativas a Títulos ou Valores Mobiliários (IOF), a Contribuição ao Programa de Integração Social (PIS) e a Contribuição para o Financiamento da Seguridade Social (Cofins).

Quanto aos tributos que representam a tributação sobre o consumo, Laura Romano Campedelli et al[6] também citam o IPI, ICMS, ISS, Cofins e PIS, não mencionando, porém, o IOF. Sublinhe-se, assim, que todos esses tributos, principalmente o IPI e o ICMS, que são não cumulativos por previsão constitucional, oneram diversas etapas da cadeia de produção, permitindo, porém, que esse ônus seja repassado ao valor do produto final. Com isso, nota-se que quem mais sofre o peso desta tributação não são os contribuintes de direito, ou seja, aqueles assim considerados em sua lei instituidora, mas os chamados 'contribuintes de fato', mesmo que indiretamente.

Por esse motivo, justamente, os tributos que incidem sobre o consumo também são denominados tributos indiretos. Nesse sentido, ao diferenciar os tributos diretos dos indiretos, Marcelo Guerra Martins[7] afirma que os primeiros são aqueles cujo contribuinte de direito e de fato é a mesma pessoa e nos quais a transferência do ônus é mais improvável, o que ocorre com os tributos pessoais, a exemplo dos impostos sobre a renda e sobre a propriedade.

Já no caso dos tributos indiretos, conforme observa Marcelo Guerra Martins[8], nada impede que o contribuinte de direito transfira o ônus

[6] CAMPEDELLI, Laura Romano; BOSSA, Gisele Barra. O efeito perverso da regressividade no sistema tributário brasileiro. *Revista Consultor Jurídico*. nov. 2014, p. 1. Disponível em: https://www.conjur.com.br/2014-nov-06/efeito-perverso-regressividade-sistema-tributario-brasileiro?imprimir=1 Acesso em: 26 mar. 2022.

[7] MARTINS, Marcelo Guerra. Consciência Fiscal e Aperfeiçoamento da Cidadania: o Problema dos Tributos Indiretos. *Direito Público*. Porto Alegre, v. 13, n. 73, jan./fev. 2017, p. 81. Disponível em: https://www.portaldeperiodicos.idp.edu.br/direitopublico/article/view/2607/pdf. Acesso em: 26 mar. 2022.

[8] MARTINS, Marcelo Guerra. Consciência Fiscal e Aperfeiçoamento da Cidadania: o Problema dos Tributos Indiretos. *Direito Público*. Porto Alegre, v. 13, n. 73, jan./fev. 2017, p. 77. Disponível em: https://www.portaldeperiodicos.idp.edu.br/direitopublico/article/view/2607/pdf. Acesso em: 26 mar. 2022.

fiscal que sobre ele recai aos consumidores por meio do preço final do produto, o que mascara a quantidade de tributos incidentes em toda a cadeia de produção e acaba sobrecarregando o consumidor final. Nesse aspecto, o autor também registra que essa grande quantidade de tributos diluídos na cadeia de produção de bens dificulta a identificação da carga tributária total por aqueles que arcarão com o maior ônus, resultando em uma elevada ilusão fiscal, que consiste justamente em uma percepção incorreta dos tributos pagos.

Além disso, analisando-se os dados da Receita Federal do Brasil, referentes às diversas matrizes de tributação, publicados por meio do estudo 'Carga Tributária no Brasil – 2018'[9], verifica-se que a tributação incidente sobre bens e serviços, que equivale à tributação que incide sobre o consumo, representa 44,74% do total da arrecadação do ano de 2018, enquanto a tributação sobre a folha de salários representa 27,39%, sobre a renda, 21,62%, sobre a propriedade, 4,64%, e sobre transferências financeiras, 1,60%[10].

Por outro lado, considerando-se que a tributação sobre o consumo se trata de tributação indireta, o peso que possui no Brasil desperta discussões a respeito dos seus efeitos sobre aqueles para os quais é repassado o ônus desta carga tributária, ou seja, os consumidores finais.

[9] Cf. Tabela 05 na página 4 do estudo 'Carga Tributária no Brasil – 2018'. Disponível em https://www.gov.br/receitafederal/pt-br/acesso-a-informacao/dados-abertos/receitadata/estudos-e-tributarios-e-aduaneiros/estudos-e-estatisticas/carga-tributaria-no-brasil/ctb-2018-publicacao-v5.pdf. Acesso em: 26 de mar. de 2022.

[10] Este panorama de carga tributária elevada sobre o consumo, como modalidade de tributo indireto, é mais utilizada pelos países em desenvolvimento, diferentemente dos tributos pessoais e diretos, que são mais utilizados pelos países desenvolvidos, conforme destaca Marcelo Guerra Martins (MARTINS, Marcelo Guerra. Consciência Fiscal e Aperfeiçoamento da Cidadania: o Problema dos Tributos Indiretos. *Direito Público*. Porto Alegre, v. 13, n. 73, jan./fev. 2017, p. 77 e 84. Disponível em: https://www.portaldeperiodicos.idp.edu.br/direitopublico/article/view/2607/pdf. Acesso em: 26 mar. 2022.). De acordo com o autor, isso se deve, entre diversos fatores, ao fato de a renda da população dos países em desenvolvimento ser baixa de um modo geral, o que faz com o que os tributos a incidirem sobre a renda não sejam vantajosos em termos de arrecadação. Essa relação entre o nível de desenvolvimento do país e a opção pela tributação indireta também pode ser constatada no estudo 'Carga Tributária no Brasil – 2018' da RFB, especificamente no gráfico 6 da página 8, que demonstra que, comparando o Brasil com os países da OCDE, no ano de 2017, ele ficou entre os primeiros países que mais tributam os bens e serviços, ou seja, cuja carga tributária sobre o consumo é maior. (Disponível em https://www.gov.br/receitafederal/pt-br/acesso-a-informacao/dados-abertos/receitadata/estudos-e-tributarios-e-aduaneiros/estudos-e-estatisticas/carga-tributaria-no-brasil/ctb-2018-publicacao-v5.pdf Acesso em: 26 de mar. de 2022).

Nesse aspecto, conforme destacam Laura Romano Campedelli et al[11], a concentração da carga tributária no consumo acaba atribuindo-lhe efeitos regressivos, tendo em vista que se despreza a capacidade contributiva do contribuinte de fato. Dessa forma, como a tributação sobre o consumo incide apenas sobre a renda consumida, aqueles que auferem maior renda e conseguem poupar mais, sofrem proporcionalmente menos os efeitos dessa modalidade de tributação.

De outro modo, conforme asseveram Ricardo Vieira de Carvalho Fernandes et al[12], a tributação baseada em uma política fiscal que também esteja voltada para a redução da desigualdade social, e não apenas para a arrecadação, tende a não se concentrar apenas na tributação sobre o consumo, permitindo que os mais pobres possam poupar parte de suas rendas, conseguindo melhorar as suas qualidades de vida.

O que se pode depreender dos entendimentos dos autores citados é que a tributação sobre o consumo, por representar uma tributação indireta sobre a renda do consumidor, que no caso é a renda consumida, acaba onerando proporcionalmente mais a renda daqueles que são mais pobres, de modo a gravar a renda dos contribuintes em sentido inverso às suas capacidades contributivas, o que demonstra que essa tributação produz efeitos regressivos.

Nesse mesmo sentido, em estudo realizado em relação à tributação sobre o valor agregado nos países da América Latina, relativa ao período de 2000 a 2012, Miguel Pecho Trigueros et al[13] constataram que a tributação que incide sobre o consumo possui uma base bastante ampla e suficiente para afetar as camadas mais pobres da população destes países de

[11] CAMPEDELLI, Laura Romano; BOSSA, Gisele Barra. O efeito perverso da regressividade no sistema tributário brasileiro. *Revista Consultor Jurídico*. nov. 2014, p. 2. Disponível em: https://www.conjur.com.br/2014-nov-06/efeito-perverso-regressividade-sistema-tributario-brasileiro?imprimir=1 Acesso em: 26 mar. 2022.

[12] FERNANDES, Ricardo Vieira de Carvalho; GASSEN, Valcir. Tributação, desigualdade social e reforma tributária: os três poderes e os objetivos da República. *Revista Jurídica da Presidência*. Brasília, Edição comemorativa, 2016, p. 358-359. Disponível em: https://revistajuridica.presidencia.gov.br/index.php/saj/article/view/1200/1183 Acesso em: 26 mar. 2022.

[13] TRIGUEROS, Miguel Eduardo Pecho; AMILIVIA, Gustavo González. Tendencias de la imposición al consumo en América Latina: 2000-2012. *Dirección de Estudios y Investigaciones Tributarias – Documentos de Trabajo n. 01-2014* – CIAT. Jan. 2014. p. 13 Disponível em: https://www.ciat.org/Biblioteca/DocumentosdeTrabajo/2014/2014_DT_01_tendencias_Pecho_amilivia.pdf. Acesso em: 26 mar. 2022.

uma forma mais intensa do que as mais ricas, apresentando características típicas de tributação regressiva.

De acordo com esse estudo, Miguel Pecho Trigueros et al[14] também verificaram que, mesmo quando os governos de alguns países tentaram compensar a carga tributária elevada da tributação sobre o consumo através da concessão de benefícios e incentivos fiscais, essa medida não minorou os efeitos regressivos desta forma de tributação, pois, da mesma forma, esses benefícios atingiram em uma proporção maior aqueles com maior capacidade contributiva, relativamente a determinados serviços, como saúde e educação, e bens, tais como combustíveis.

Destarte, nota-se que a regressividade como resultado negativo da tributação sobre o consumo está relacionada principalmente com a tributação de bens considerados essenciais ao sustento dos indivíduos. Isso porque, considerando que a população de baixa renda despende uma boa parcela da sua renda com esses bens, essa tributação, indiretamente, acaba por comprometer a sua renda. Nesse aspecto, o princípio da seletividade possui uma importante participação na tentativa de se conter o efeito regressivo da tributação sobre o consumo.

É nesse mesmo sentido que Alexsander Roberto A. Valadão[15] defende que o modo de se respeitar a capacidade contributiva na tributação sobre o consumo seja justamente a proteção contra a tributação de produtos e serviços que estejam relacionados ao mínimo existencial dos indivíduos, considerando a sua essencialidade, o que demonstra a atuação do princípio da seletividade contra uma tributação que onere em excesso essa base de incidência.

Dessa forma, conferir um tratamento especial à tributação dos produtos da cesta básica mostra-se bem relevante para garantir que a tributação obedeça ao princípio da seletividade. Nesse aspecto, inclusive, Alexsander Roberto A. Valadão[16] assevera que esses produtos, devido à essencialidade

[14] TRIGUEROS, Miguel Eduardo Pecho; AMILIVIA, Gustavo González. Tendencias de la imposición al consumo en América Latina: 2000-2012. *Dirección de Estudios y Investigaciones Tributarias – Documentos de Trabajo n. 01-2014* – CIAT. Jan. 2014. p. 13. Disponível em: https://www.ciat.org/Biblioteca/DocumentosdeTrabajo/2014/2014_DT_01_tendencias_Pecho_amilivia.pdf. Acesso em: 26 mar. 2022.

[15] VALADÃO, Alexsander Roberto Alves. *O mínimo existencial e as espécies tributárias*. 2008, p. 319. Tese (Doutorado em Direito) – Universidade Federal do Paraná, 2008.

[16] VALADÃO, Alexsander Roberto Alves. *O mínimo existencial e as espécies tributárias*. 2008, p. 320. Tese (Doutorado em Direito) – Universidade Federal do Paraná, 2008.

que possuem ao sustento, sequer revelariam qualquer capacidade contributiva que permita a tributação.

No entanto, embora a questão da completa não tributação dos produtos da cesta básica, conforme defende Alexsander Roberto A. Valadão, deva ser melhor analisada, principalmente porque a definição desses bens não é uma tarefa simples, é certo que esses produtos efetivamente possuem um alto grau de essencialidade que justificam uma tributação diferenciada, que busque ao menos minimizar os efeitos da regressividade.

Além da afirmação de que a regressividade da tributação sobre o consumo representa um desrespeito à capacidade contributiva, um outro princípio basilar do Direito Tributário é desconsiderado na tributação da cesta básica, que é justamente a isonomia tributária, principalmente como veículo através do qual se efetiva a justiça fiscal. Essa análise será realizada com mais detalhes no próximo capítulo.

2. A tributação sobre o consumo sob a ótica da isonomia tributária e da capacidade contributiva

Conforme foi demonstrado no primeiro capítulo, a massiva tributação sobre o consumo tem produzido efeitos regressivos a essa forma de tributação. Por outro lado, é imperioso analisar os efeitos regressivos defronte a um dos princípios mais relevantes do sistema jurídico tributário, que é a isonomia tributária, senão vejamos.

Embora o direito à igualdade esteja previsto no artigo 5º, *caput*, da CF/88, como um direito fundamental de todos os indivíduos, especificamente no campo tributário, a Constituição Federal também se preocupou em trazer um dispositivo relativo à igualdade, que é o artigo 150, inciso II, da CF/88. De acordo com esse dispositivo, os entes tributantes são proibidos de instituírem tratamento diferenciado entre contribuintes em mesmas situações, independentemente da ocupação profissional ou função exercida, assim como, da denominação jurídica dos rendimentos percebidos, títulos ou direitos.

Nota-se que a garantia da isonomia tributária aos contribuintes, da forma como está descrita no texto constitucional, remete à investigação do seu conteúdo, pois não se restringe a assegurar apenas a atribuição de um tratamento igualitário, já que determina que não poderá ser instituído tratamento diferenciado a contribuintes que estejam em mesmas situações. Isso significa que, a contrário senso, deve ser permitido tratamento diferenciado a contribuintes em diferentes situações.

Com efeito, a busca pelo conceito de isonomia tributária exige a pesquisa do próprio conteúdo da igualdade de modo geral. Assim, embora a garantia à igualdade seja de extrema importância, a sua plena efetivação apenas é possível por meio da igualdade material, de modo a serem consideradas as diferenças existentes nas diversas situações fáticas.

Nesse aspecto, Humberto Ávila[17] diferencia a igualdade material da formal, defendendo que, enquanto a formal refere-se à necessidade de efetivação da igualdade perante a lei, ou seja, que a aplicação das normas seja realizada de forma igualitária a todos seus destinatários, a igualdade material dirige-se ao elaborador da norma, que deverá se preocupar com que o conteúdo da norma permita o alcance da igualdade de resultados aos seus destinatários.

Nesse mesmo sentido, Andrei Pitten Velloso[18] defende que a igualdade não consiste apenas na aplicação igualitária da norma aos seus destinatários, mas, também, na observância desta pelo legislador na elaboração da norma. Com esse entendimento, o autor[19] opõe-se à definição da igualdade apenas como limitação da arbitrariedade estatal na esfera privada dos indivíduos, que seria insuficiente para garantir um tratamento efetivamente igualitário a todos tendo em vista a realização do valor justiça.

Por outro lado, relativamente ao conteúdo da igualdade, conforme assevera Ricardo Lobo Torres[20], a ideia de que a sua aplicação deve resultar na efetiva garantia da justiça está relacionada a um paradoxo, pois também envolve o seu oposto, que é a desigualdade. No entanto, a despeito de em algumas situações a desigualdade ser necessária para o alcance da justiça, essa não deve ser a regra, conforme ressalta Celso Antônio Bandeira de Mello[21], já que devem ser respeitados determinados critérios para que a igualdade possa ser excepcionada propriamente.

[17] ÁVILA, Humberto. O princípio da isonomia em matéria tributária. In: TÔRRES, Heleno Taveira (Coord.). *Tratado de Direito Constitucional Tributário: estudos em homenagem a Paulo de Barros Carvalho*. São Paulo: Saraiva, 2005. p. 414-415.

[18] VELLOSO, Andrei Pitten. *Constituição tributária interpretada*. 3. ed. Porto Alegre: Livraria do Advogado, 2016, p. 221.

[19] VELLOSO, Andrei Pitten. A teoria da igualdade tributária e o controle de proporcionalidade das desigualdades de tratamento. In: *Revista Tributária e de Finanças Públicas*, São Paulo, ano 15, n. 76, p.42-43, set./out. 2007.

[20] TORRES, Ricardo Lobo. *Tratado de Direito Constitucional Financeiro e Tributário: valores e princípios constitucionais tributários*. Vol. II. Rio de Janeiro: Renovar, 2005. p. 152-153.

[21] MELLO, Celso Antônio Bandeira de. *O conteúdo jurídico do princípio da igualdade*. 3. ed. São Paulo: Malheiros, 2015. p. 46.

Com efeito, de acordo com os ensinamentos de Celso Antônio Bandeira de Mello[22], a análise da conformidade da igualdade com a desigualdade exige o atendimento de três requisitos: que o tratamento desigual conferido por determinada norma não se direcione apenas a determinado indivíduo; que exista relação lógica concreta entre o critério de distinção e a desigualdade prevista na norma; e que este critério de distinção esteja em conformidade com os valores incorporados pelo sistema jurídico.

A exigência de que o tratamento desigual seja atribuído a um grupo de indivíduos e, não, a um único, tem por objetivo evitar que determinado indivíduo seja demasiadamente prejudicado ou beneficiado em relação aos demais que não receberem esse tratamento. Caso contrário, sob o pretexto de se garantir a igualdade material, haveria violação da regra geral da igualdade que busca justamente impedir arbitrariedades e privilégios.

A segunda exigência apoia-se na ideia de que todo o critério de distinção disposto na norma deve ter como fundamento elementos fáticos que estejam relacionados à desigualdade estabelecida, ou seja, que justifiquem a atribuição de tratamentos desiguais para dois indivíduos.

Por fim, a última exigência é a de que o critério de distinção eleito respeite os valores normativos, em especial aqueles presentes nas normas constitucionais. No entanto, conforme ressalta Gerson dos Santos Sicca[23], dada a generalidade da qual são dotados os valores constitucionais, a exemplo da justiça social e distribuição de renda, não se trata de uma tarefa fácil a de avaliar a sua correspondência com os critérios de distinção.

Sendo assim, conforme observa Humberto Ávila[24], a dificuldade em se precisar os valores constitucionais que justifiquem a adoção de determinado critério, também pode se agravar se houver valores em conflito, caso em que a superação de um valor pelo outro demandaria uma maior justificação.

Destarte, uma vez atendidos esses três critérios, resta devidamente justificada a necessidade de que a norma atribua um tratamento desigual a

[22] MELLO, Celso Antônio Bandeira de. *O conteúdo jurídico do princípio da igualdade*. 3. ed. São Paulo: Malheiros, 2015. p. 21-22.

[23] SICCA, Gerson dos Santos. Isonomia tributária e capacidade contributiva no Estado contemporâneo. In: *Revista de Informação Legislativa*, Brasília, ano 41, n. 164, out./dez. 2004. p. 216.

[24] ÁVILA, Humberto. O princípio da isonomia em matéria tributária. In: TÔRRES, Heleno Taveira (Coord.). *Tratado de Direito Constitucional Tributário: estudos em homenagem a Paulo de Barros Carvalho*. São Paulo: Saraiva, 2005. p. 409-410.

determinados indivíduos, pretendendo-se, com isso, o alcance da justiça. O mesmo se verifica no campo tributário e que está em plena conformidade com o disposto no artigo 150, inciso II, da CF/88, anteriormente citado.

No entanto, conforme ressalta Humberto Ávila[25], é vedada a distinção entre contribuintes motivada em critérios subjetivos ou em valores não tutelados pela ordem constitucional, de modo que a isonomia tributária é alcançada com o respeito à capacidade econômica dos contribuintes na instituição dos tributos, conforme previsão do artigo 145, §1º, da CF/88, o que apenas poderá ser excepcionado caso as finalidades dos tributos sejam extrafiscais.

Andrei Pitten Velloso[26] também entende que a capacidade econômica seja o critério primordial para a efetivação da isonomia na tributação dos impostos e contribuições especiais, assim como Demétrius Beltrão[27], que sustenta que se trata de um importante critério para se impedir o confisco na tributação, assim como para se alcançar a justiça social.

Nota-se que esses doutrinadores defendem que a efetivação da isonomia tributária ocorre por meio da capacidade contributiva, que consiste em um importante critério para conferir tratamentos desiguais a contribuintes em diferentes situações, buscando-se com isso o alcance do valor justiça.

No campo tributário, o valor justiça é representado pela justiça fiscal, cuja importância é destacada por diversos autores. Nesse sentido, Roque Antônio Carrazza[28] sustenta que a capacidade contributiva consiste no meio para se alcançar os fins presentes no princípio da isonomia tributária, entre os quais se identifica a justiça fiscal, devendo ser mais onerado o contribuinte que possua uma maior capacidade contributiva, diante do dever de solidariedade dos cidadãos.

[25] ÁVILA, Humberto. O princípio da isonomia em matéria tributária. In: TÔRRES, Heleno Taveira (Coord.). *Tratado de Direito Constitucional Tributário: estudos em homenagem a Paulo de Barros Carvalho*. São Paulo: Saraiva, 2005, p. 412-416.

[26] VELLOSO, Andrei Pitten. *Constituição tributária interpretada*. 3. ed. Porto Alegre: Livraria do Advogado, 2016, p. 222-223.

[27] BELTRÃO, Demétrius Amaral. Isenção e isonomia: aspectos econômicos da tributação. In: *Revista Direito Tributário Atual*, n. 26. Instituto Brasileiro de Direito Tributário. São Paulo: Dialética, 2011, p. 219; 230.

[28] CARRAZZA, Roque Antonio. *Curso de direito constitucional tributário*. 31. ed. São Paulo: Malheiros, 2017, p. 103-105.

Da mesma forma, Gerd Rothmann[29] assevera que a justiça fiscal é alcançada com o respeito à solidariedade, à capacidade contributiva, à distribuição de renda e à equidade, e Ricardo Calciolari[30] afirma que, assim como o princípio da igualdade está relacionado à realização da justiça, a justiça distributiva, representada pela justiça fiscal na tributação, é realizada pela capacidade contributiva.

Essa função exercida pela capacidade contributiva de critério de distinção na norma tributária em atendimento à isonomia também é compartilhada por Gerson dos Santos Sicca[31], de acordo com o qual, partindo-se da premissa de que os contribuintes possuem diferentes capacidades contributivas, o tratamento desigual seria essencial para a realização da isonomia tributária, permitindo que a igualdade material seja concretizada.

Diante disso, é possível se afirmar que a igualdade material deve inspirar o legislador para que, na elaboração das normas tributárias, seja respeitada a isonomia tributária, primordialmente por meio de critérios que se baseiem na capacidade contributiva, permitindo, com isso, a realização da justiça fiscal.

Nesse aspecto, Roque Antonio Carrazza[32] defende que a capacidade econômica pode ser considerada na eleição dos fatos que serão tributados não necessariamente sob a ótica subjetiva do contribuinte, embora, na definição do elemento quantitativo, o legislador deva considerar as características específicas dos contribuintes e as suas desigualdades. Além disso, conforme ressalta Ricardo Lobo Torres[33], a justiça fiscal, nesta sua função de combater as desigualdades, objetiva viabilizar a distribuição de renda, o alcance da justiça social e a justiça política, da qual é espécie.

[29] ROTHMANN, Gerd Willi. Tributação, sonegação e livre concorrência. In: FERRAZ, Roberto (Coord.). *Princípios e limites da tributação 2 – Os princípios da ordem econômica e a tributação.* São Paulo: Quartier Latin do Brasil, 2009. p. 337-338.

[30] CALCIOLARI, Ricardo Pires. Progressividade tributária, segurança e justiça fiscal. In: MARTINS, Ives Gandra da Silva; BRITO, Edvaldo (Orgs.). *Direito tributário – Doutrinas essenciais.* Vol.1. São Paulo: Revista dos Tribunais, 2011. p. 850-851.

[31] SICCA, Gerson dos Santos. Isonomia tributária e capacidade contributiva no Estado contemporâneo. In: *Revista de Informação Legislativa*, Brasília, ano 41, n. 164, out./dez. 2004. p. 217-221.

[32] CARRAZZA, Roque Antonio. *Curso de direito constitucional tributário.* 31. ed. São Paulo: Malheiros, 2017, p. 110-111.

[33] TORRES, Ricardo Lobo. Justiça distributiva: social, política e fiscal. In: *Revista de Direito Renovar,* vol. 1, jan./abr. 1995. Rio de Janeiro: Renovar, 1995. p. 99-100.

A função distributiva dos tributos, como meio de alcance da justiça fiscal, e que também conduz a uma maior aceitabilidade social da tributação, deve estar presente tanto na cobrança dos tributos quanto na utilização da receita tributária, como destaca Jonathan Barros Vita[34], de modo que a distributividade deve ser considerada no processo de aprovação das leis, assim como na alocação das receitas tributárias por meio do orçamento público.

Com isso, constata-se que essa necessidade de que a norma tributária respeite a isonomia tributária e que, com o auxílio da capacidade contributiva, busque a realização da justiça fiscal, devendo em alguns casos conferir tratamento desigual a contribuintes em diferentes situações, também deve reger a tributação sobre o consumo.

Conforme exposto no primeiro capítulo, existe uma dificuldade em se precisar a carga tributária existente na cadeia de produção de bens, o que aumenta a ilusão fiscal dos contribuintes, que acabam desconhecendo quanto efetivamente pagam de tributos. Isso ocorre principalmente porque não se sabe ao certo quanto do ônus tributário é repassado às etapas posteriores da cadeia produtiva até chegar ao preço final dos produtos, permitindo que boa parte da carga tributária seja transferida ao consumidor.

Por meio da Lei nº 12.741/2012, que regulamentou o artigo 150, §5º, da CF/88[35], passou a ser obrigatória a divulgação do percentual do preço de uma operação de venda ou prestação de serviço que corresponde aos tributos nela incidentes, demonstrando efetivamente o quanto o consumidor é onerado com a tributação. Com isso, exsurge a preocupação de que a tributação sobre o consumo obedeça à isonomia tributária.

No entanto, ainda se discute na doutrina se o consumidor, como contribuinte de fato e, não de direito, poderia recorrer ao princípio da capacidade contributiva para se proteger contra uma tributação excessivamente onerosa em operações de venda e de prestação de serviços consumidos.

Antes mesmo de se enfrentar essa questão, é relevante também questionar se o próprio princípio da isonomia tributária deve ser aplicado aos contribuintes de fato. Nesse aspecto, considerando-se que existe transferência

[34] VITA, Jonathan Barros. As novas funções dos tributos no sistema social: distributividade como nova forma de promoção da democracia e da liberdade. In: GRUPENMACHER, Betina Treiger (Coord.). *Tributação: Democracia e Liberdade – homenagem à ministra Denise Martins Arruda*. São Paulo: Noeses, 2014. p. 667; 675.

[35] CF/88: Art. 150, § 5º – *A lei determinará medidas para que os consumidores sejam esclarecidos acerca dos impostos que incidam sobre mercadorias e serviços.*

do ônus tributário aos consumidores na aquisição de bens e serviços e que isso representa uma forma de tributação indireta das suas rendas, mostra-se obrigatória a aplicação do princípio geral da igualdade, como direito fundamental de todos os cidadãos, garantido pela Constituição Federal.

Nesse caso, a garantia do princípio da igualdade também envolve a possibilidade de que seja atribuído um tratamento desigual em razão da efetivação do valor justiça, do que decorre a necessária aplicação do princípio da isonomia tributária, já que esse consiste em espécie do primeiro. Da mesma forma, se a capacidade contributiva representa o principal critério a conferir um tratamento desigual a contribuintes em diferentes situações, tendo em vista a busca pela justiça fiscal, não poderia esta ser negada aos contribuintes de fato na hipótese de tributação indireta, como é o caso da tributação sobre o consumo.

Essa também é a compreensão de Mônica Pereira C. de Vasconcellos[36], ao entendimento de que, a despeito de a capacidade contributiva exigir a análise dos elementos subjetivos do contribuinte, o que não seria possível em relação ao contribuinte de fato, ainda assim, é possível que lhe seja aplicada, considerando-se a essencialidade do produto, assim como, o percentual da renda consumida, como elementos de aferição da capacidade contributiva.

A tributação sobre o consumo, especialmente a que incide sobre a cesta básica, que é objeto desse artigo, recai sobre produtos considerados essenciais aos indivíduos, pois são relativos ao seu sustento. Mônica Pereira C. de Vasconcellos[37] ressalta, inclusive, que a tributação sobre o consumo não pode atingir patamares que ocasionem o confisco do patrimônio dos indivíduos e que os privem do mínimo existencial, opinião também compartilhada por Alexsander Roberto A. Valadão, conforme exposto no primeiro capítulo.

Por esses motivos, é imperioso reconhecer que os efeitos da tributação indireta podem incidir de modo indesejável sobre o patrimônio dos contribuintes, mesmo que sejam contribuintes de fato, privando-os do mínimo

[36] VASCONCELLOS, Mônica Pereira Coelho de. *ICMS: Distorções e medidas de reforma*. 2013, 163p. Dissertação (Mestrado em Direito) – Faculdade de Direito, Universidade de São Paulo, 2013, p. 37.

[37] VASCONCELLOS, Mônica Pereira Coelho de. *ICMS: Distorções e medidas de reforma*. 2013, 163p. Dissertação (Mestrado em Direito) – Faculdade de Direito, Universidade de São Paulo, 2013, p. 36.

existencial e, em uma situação extrema, podendo representar o confisco dos bens de seu patrimônio a depender da sua capacidade econômica.

Mônica Pereira C. de Vasconcellos[38] destaca que a dosagem da tributação sobre o consumo de acordo com a essencialidade do produto consumido, em razão do princípio da seletividade, não está relacionada apenas às suas finalidades arrecadatórias, mas, também, à sua função extrafiscal, direcionada aos fins sociais da tributação.

Essa correlação entre a capacidade contributiva e a tributação sobre o consumo, por meio da seletividade, demonstra que também é possível dosar essa tributação considerando-se aspectos do contribuinte de fato envolvido na operação tributada.

Portanto, verifica-se que, a despeito de as características do contribuinte de fato, a quem é transferido o ônus tributário incidente nas diversas etapas de uma operação de venda de bens e prestação de serviços, não ser o principal parâmetro para determinação da tributação, ainda assim, deve ser levado em conta para fins da fixação do quantitativo dos tributos incidentes, tendo em vista a essencialidade dos produtos e serviços.

Isso se mostra plenamente aplicável às operações que envolvam produtos que compõem a cesta básica. Nesse caso, ficam ainda mais evidentes os efeitos regressivos da tributação sobre o consumo, que podem ser considerados como violadores da isonomia tributária, o que é aferível por meio da capacidade contributiva dos consumidores.

Diante disso, no próximo capítulo será apresentado o modelo atualmente existente de desoneração da tributação incidente sobre os produtos da cesta básica, com ênfase nas medidas adotadas pelo governo federal, e, em seguida, as propostas apresentadas em razão da reforma tributária que está em andamento.

3. As políticas públicas e a tributação sobre o consumo dos produtos da cesta básica

Constatada a concentração da carga tributária no consumo, signo presuntivo dos países em desenvolvimento, marcada pela regressividade, e diante da evidência de que o valor do tributo suportado pelas camadas mais pobres da população compromete parcela mais significativa da sua

[38] VASCONCELLOS, Mônica Pereira Coelho de. *ICMS: Distorções e medidas de reforma.* 2013, 163p. Dissertação (Mestrado em Direito) – Faculdade de Direito, Universidade de São Paulo, 2013, p. 41 e 47.

renda, quando comparado com contribuintes com maior capacidade contributiva, surgem políticas públicas tributárias focalizadas na desoneração dos produtos da cesta básica.

3.1. Análise crítica da desoneração dos produtos que integram a cesta básica, a partir do panorama normativo vigente

Remonta à Era Vargas, a partir da regulamentação do salário mínimo, a previsão de produtos que integram a cesta básica no Brasil.

Por força do Decreto-Lei nº 399, de 1938, que regulamentou a Lei nº 185, de 1936, foi estabelecido em seu art. 2º o salário mínimo como a remuneração mínima devida a todo o trabalhador adulto, sem distinção de sexo, por dia normal de serviço, e capaz de satisfazer, em determinada época e região do país, as suas necessidades normais de alimentação, vestuário, higiene e transporte.

Na fórmula de determinação do salário mínimo, composta pelo somatório das variáveis relacionadas à subsistência (despesas diárias com alimentação, habitação, vestuário, higiene e transporte), previu-se em relação à parcela correspondente à alimentação, nos termos do §1º do art. 6º do Decreto-Lei nº 399, de 1938, que ela terá um valor mínimo igual aos valores da lista de provisões e necessários à alimentação diária do trabalhador adulto.

Com isso, no contexto normativo das relações trabalhistas, inaugurou-se uma relação de 13 (treze) produtos considerados necessários para prover a alimentação do trabalhador. O Decreto-Lei nº 399, de 1938, ainda vigente, é a referência normativa para a definição dos produtos que integram a cesta básica[39].

No plano tributário, e com enfoque nos tributos federais, a contar dos anos 2000, verifica-se a instituição de uma série de desonerações tributárias sobre os produtos integrantes da cesta básica. Nessa perspectiva, somente no que tangencia a contribuição para o PIS/PASEP e a Cofins,

[39] Quanto à metodologia da Cesta Básica de Alimentos (Ração Essencial Mínima), o Dieese informa que a estrutura dos produtos que integram a cesta básica e suas respectivas quantidades mensais são diferentes por regiões do país e os produtos são aqueles definidos pelo Decreto-Lei 399, de 1938, integrada por 13 produtos, a saber: carne, leite, feijão, arroz, farinha, batata, legumes (tomate), pão francês, café em pó, frutas (banana), açúcar, banha/óleo e manteiga (https://www.dieese.org.br/metodologia/metodologiaCestaBasica.pdf Acesso em: 26 de mar. 2022).

podem ser citadas as desonerações instituídas por meio do art. 1º da Lei nº 10.925, de 2004, e os microrregimes tributários instituídos no contexto da Lei nº 12.058, de 2009, da Lei nº 12.350, de 2010 e da Lei nº 12.599, de 2012.

A partir da edição da MP nº 609, de 2013, posteriormente convertida na Lei nº 12.839, de 2013, identifica-se uma ampliação da política, mediante a desoneração integral de todos os itens da cesta básica, com a previsão de redução a zero das alíquotas de PIS/Pasep e Cofins incidentes sobre carnes, café, óleo, manteiga e açúcar, bem como a desoneração de alguns itens de higiene pessoal: papel higiênico, pasta de dente e sabonete.

Registre-se que, tão logo editada a MP nº 609, de 2013, o Departamento Intersindical de Estatística e Estudos Socioeconômicos- Dieese[40] emitiu a Nota Técnica nº 120, de março de 2013[41], na qual mencionou a impossibilidade de uma previsão segura relativa aos efeitos que a desoneração dos tributos federais representaria no custo da cesta básica, considerando a multiplicidade de fatores que determinam os preços finais dos produtos ao consumidor, o que perpassa não só pela lei da oferta e da procura, como também pela influência de outros componentes no preço do produto, a exemplo do custo de produção, do desempenho da safra, dos efeitos do clima, do comércio internacional, das condições de distribuição nas cidades, dentre outros.

Naquele documento, alertou a entidade que:

> a desoneração tributária de um produto pode não chegar ao consumidor final de maneira integral ou mesmo parcialmente, caso este benefício seja retido pelas empresas como forma de ampliar margens de lucro sobre o faturamento. A possibilidade de que tal apropriação ocorra é maior quando uma ou mais empresas detêm grande poder sobre o mercado do produto em questão. No caso da cesta básica, mesmo que a maior parte dos produtos seja

[40] Departamento Intersindical de Estatística e Estudos Socioeconômicos- Dieese – é uma entidade criada e mantida pelo movimento sindical brasileiro. Foi fundado em 1955, com o objetivo de desenvolver pesquisas que subsidiassem as demandas dos trabalhadores. Desde a sua fundação, o DIEESE realiza pesquisas que disponibilizam informações sobre salários, custo de vida, mercado de trabalho, perfis de categorias profissionais e de setores, greves, perfil socioeconômico dos trabalhadores, acordos e convenções coletivas, entre outros. Alguns desses levantamentos são regulares, outros são especiais, desenvolvidos por demanda de entidades sindicais ou parceiras.

[41] Disponível em: https://www.dieese.org.br/notatecnica/2013/notaTec120DesoneracaoCestaBasica.pdf. Acesso em: 26 de mar. de 2022.

comercializada de maneira concorrencial, alguns tem a produção ou processamento concentrada em poucas empresas.

Não obstante isso, o estudo apresentou uma simulação, objetivando revelar o impacto que a desoneração poderia representar para o consumidor. Com esse propósito, identificou que se o benefício tributário previsto na MP nº 609, de 2013, estivesse em vigor em fevereiro de 2013, a partir da perspectiva de que a integralidade do custo reduzido, em razão da desoneração do produto, fosse repassado para o preço final dos produtos da cesta básica, isso poderia corresponder a reduções de -3,14%, em Manaus, a -4,51%, em Florianópolis. Naquela análise, o cálculo apresentado tomou por base a alíquota nominal dos tributos, de sorte que a alíquota efetiva poderia representar uma redução menor do que aquela simulada.

A partir desse panorama, deve-se refletir sobre a eficácia da adoção de medidas desonerativas sobre vários enfoques, destacando-se, em uma primeira abordagem, os seguintes questionamentos: 1- a política pública observa a capacidade contributiva, já que o benefício tributário é previsto em igual medida para todos os contribuintes?; 2- o princípio da isonomia resta atendido, considerando que todos os destinatários da política recebem o mesmo tratamento tributário?; 3- a política promove redução da desigualdade social?; 4 – as empresas destinatárias do benefício tributário estão repassando a economia gerada pela não tributação dos produtos aos consumidores finais?; 5- qual é o impacto que a política gera na redução da desigualdade de renda?; 6 – quanto se deixa de arrecadar para sustentar esta política fiscal, ou seja, qual é o montante da renúncia de receita identificado?

Na perspectiva dessa reflexão, um estudo realizado em novembro de 2018, à época pelo Ministério da Fazenda, no âmbito da então Secretaria de Acompanhamento Fiscal, Energia e Loteria-Sefel, atual Secretaria de Avaliação, Planejamento, Energia e Loterias, divulgado na Segunda edição do Boletim sobre Subsídios da União, detalhou a política de desoneração da cesta básica, revelando que ela representa um dos maiores subsídios da União, com custos estimados de R$ 18,4 bilhões, para 2018, e de R$ 19,7 bilhões, em 2019, quando somados os gastos com cesta básica e defensivos agrícolas[42].

[42] Disponível em: https://www.gov.br/fazenda/pt-br/assuntos/noticias/2018/dezembro/sefel-divulga-analise-sobre-politica-de-desoneracao-da-cesta-basica e https://www.gov.br/

Na comparação com as demais políticas públicas, registrou aquele estudo que uma avaliação divulgada pelo Ministério da Fazenda, em 2017, apontou que o Bolsa Família, por exemplo, é bastante efetivo, considerando que com um gasto orçamentário de R$ 28,0 bilhões, em 2016, resultou em redução de 1,7% na desigualdade de renda. No mesmo período, a desoneração da cesta básica teve um gasto tributário de R$ 18,6 bilhões e a estimativa é que tenha proporcionado uma redução de apenas 0,1% na desigualdade de renda. Ou seja, o primeiro programa é aproximadamente 12 (doze) vezes mais eficiente do que o segundo para diminuir essa disparidade.

Já na 11ª edição do Boletim Mensal sobre os Subsídios da União[43], tomando por base as evidências apuradas na 2ª edição do Boletim, por intermédio de exercícios contrafactuais que simularam a realocação dos recursos públicos da reoneração da cesta básica para políticas de transferência de renda, em especial para o Programa Bolsa Família, o estudo buscou contribuir com mais evidências para o debate distributivo. Em cada simulação foram avaliados os impactos potenciais das alternativas de política sobre a pobreza, a desigualdade de renda e o custo fiscal.

Interessante o registro contido na análise efetuada, dando conta de que a premissa do estudo levou em consideração que haveria o repasse da desoneração tributária para os preços finais dos produtos contemplados, o que permitiria o barateamento dos produtos e a ampliação do acesso à cesta básica. Entretanto, asseverou que essa medida pode não ter eficácia, uma vez que o processo de formação de preços da economia depende das diferentes estruturas de mercados, da sazonalidade da produção agrícola e da elasticidade-preço dos alimentos, dentre outros fatores.

economia/pt-br/acesso-a-informacao/participacao-social/conselhos-e-orgaos-colegiados/cmap/publicacoes/subsidios-da-uniao/boletim/02-boletim-mensal-sobre-os-subsidios-da-uniao-desoneracao-da-cesta-basica. Acesso em: 26 de mar. de 2022.

[43] Boletim mensal produzido pela Secretaria de Avaliação, Planejamento, Energia e Loteria sobre os subsídios da União (benefícios creditícios, financeiros e tributários) que reúne, mensalmente, informações sobre diferentes políticas públicas financiadas por esses subsídios. Edição nº 11 de setembro/2019 apresenta uma análise sobre a Desoneração da Cesta Básica. Disponível em: https://www.gov.br/economia/pt-br/acesso-a-informacao/participacao-social/conselhos-e-orgaos-colegiados/cmap/publicacoes/subsidios-da-uniao/boletim/11-boletim-mensal-sobre-os-subsidios-da-uniao-desoneracao-da-cesta-basica-1/view. Acesso em: 26 de mar. de 2022.

As simulações apresentadas na 11ª edição do Boletim tiveram como referência as desonerações da cesta básica, em 2017. O objetivo foi demonstrar o que ocorre com os indicadores de pobreza e com o Índice de Gini (número entre 0 e 1, sendo que 0 corresponde à completa igualdade, isto é, toda a população recebe o mesmo salário, e 1 corresponde à completa desigualdade, em que uma pessoa recebe todo o rendimento e as demais nada recebem), a partir das seguintes hipóteses:

> g) reoneração da cesta básica, sem realocação dos recursos (simulação 1): a economia de recursos em relação ao cenário de referência (R$ 15,1 bilhões) seria a principal vantagem dessa alternativa. Porém, esse impacto fiscal positivo seria acompanhado por redução do bem-estar dos mais pobres, que também se beneficiam da política. A exclusão dos benefícios da cesta básica colocaria 278 mil pessoas na condição de pobreza, com destaque para o aumento de 13,3% na pobreza extrema (884,6 mil pessoas entrariam nessa condição). A variação positiva de 0,32% no índice de Gini aponta que a desigualdade de renda também aumentaria nesse cenário;
>
> h) reoneração da cesta básica, com realocação integral e igualitária dos recursos, por intermédio de uma transferência monetária igualitária para toda a população (R$ 17,95 por família ao mês) (simulação 2): haveria leve redução na desigualdade de renda (queda de 0,16% no Índice de Gini) e queda nos indicadores de pobreza (246 mil pessoas sairiam dessa condição). Esse cenário evidencia os problemas de regressividade da política de desoneração da cesta básica, ao apontar que mesmo uma política igualitária de transferência de renda, sem qualquer focalização, seria mais eficiente e eficaz no alcance de objetivos associados à melhoria das condições de bem-estar dos mais pobres;
>
> i) reoneração da cesta básica, com realocação integral dos recursos para o público potencial do PBF (simulação 3): haveria avanços bem mais expressivos nas condições de bem-estar dos mais pobres, com a saída de mais de 1,5 milhão de pessoas da condição de pobreza e redução de mais de 30% na taxa de pobreza extrema (saída de mais de 2 milhões de pessoas). Também seria observada queda maior na desigualdade de renda, mediante redução do Índice de Gini em 0,77%;
>
> j) reoneração da cesta básica, com realocação parcial e focalizada dos recursos (simulação 4): seria gerada uma economia de recursos de R$ 12,1 bilhões, sem que fossem alteradas as taxas de pobreza em relação ao cenário de referência.

O somatório dos fatores evidenciados, a partir da conclusão das simulações efetuadas a que chegou o estudo[44], que podem ser sintetizados pelo alto custo da política de desoneração da cesta básica e a sua ineficiência para a redução da desigualdade, quando comparado a programas de transferência direta de renda, reforça a necessidade de seu aprimoramento. O melhor caminho a ser seguido, segundo indicou aquela análise, parece que passa pela reoneração dos produtos da cesta básica e a realocação integral dos recursos para o público potencial do Programa Bolsa Família.

Estudo Técnico desenvolvido por Consultores Legislativos da Câmara dos Deputados, realizado em março de 2019, intitulado 'Cesta Básica', também concluiu pela maior eficiência dos programas de transferência de renda, quando comparado às medidas desonerativas, corroborado por avaliações do Fundo Monetário Internacional (FMI) e do Banco Mundial, que justificam esta realidade a partir de dois fatores: (i) os produtores podem apropriar-se de parte dos efeitos da desoneração da cesta básica, aumentando as suas margens de lucro, na medida em que o reflexo do benefício no preço final dos produtos depende de condições de mercado; (ii) as famílias de maior renda também se beneficiam da política de desoneração da cesta básica[45].

O Tribunal de Contas da União, por sua vez, no contexto de análise da Prestação de Contas do Presidente da República, relativas ao exercício de 2019, emitiu o Parecer Prévio de relatoria do Ministro Bruno Dantas, no Processo 018.177/2020-4- Acórdão 1.437/2020-TCU, aprovado em Plená-

[44] Conclusão do estudo: *"De todo modo, pode-se verificar que a política de desoneração da cesta básica, apesar de regressiva, contribui para a redução da pobreza e da desigualdade de renda, como apontado na Simulação 1. No entanto, a utilização dessa política como instrumento para o alcance desses fins não se justifica, quando comparada com programas de transferência direta de renda. A Simulação 2 aponta que os benefícios associados à redução da pobreza e desigualdade seriam maiores, mesmo se os recursos fossem realocados para uma política de transferência igualitária de renda, sem qualquer focalização. A Simulação 4 indica a possibilidade de manter o nível de benefícios para a população com renda domiciliar per capita de até 1/2 salário mínimo, com apenas 20% dos recursos atualmente alocados na política de desoneração da cesta básica (com um leve aumento da desigualdade de renda). Por fim, a Simulação 3 representa a opção que traz ganhos de bem-estar mais expressivos para os mais pobres, ao promover quedas na pobreza absoluta e na desigualdade de renda que representam respectivamente 5,4 vezes e 2,4 vezes àquelas observadas com a desoneração da cesta básica (Simulação 1). Essa evidência reforça o debate sobre a necessidade de aprimoramento da política de desoneração da cesta básica e de busca por soluções mais eficientes para o alcance de seus objetivos".*

[45] Disponível em: http://bd.camara.leg.br › cesta_basica_teixeira_palos_simoes. Acesso em: 26 de mar. de 2022.

rio, em 10/06/2020, recomendando ao Poder Executivo Federal que avalie a conveniência e a oportunidade de propor ao Congresso Nacional a revisão da política de desoneração da cesta básica, tendo em vista a possibilidade de se adotar alternativas mais eficientes para os mesmos propósitos (item 2.3.5.1.2).

A motivação dessa recomendação é uma decorrência da análise efetuada no âmbito do processo TC 031.445/2019-5- Acórdão 2195/2020, de relatoria do Ministro Bruno Dantas, à época ainda em andamento[46], no qual analisou os resultados das avaliações da política de desoneração da cesta básica, decorrentes das 2ª e 11ª edições do Boletim Mensal de Avaliação dos Subsídios da União, acima noticiados[47].

Diante da conclusão de que os próprios estudos realizados pelo Governo Federal, em novembro de 2018 e em setembro de 2019, já caracterizavam a ineficácia do programa de desoneração da cesta básica, no que concerne à redução das desigualdades ou da pobreza, quando comparado com programas de transferência direta de renda, a exemplo do Bolsa Família, o TCU alertou para o fato de que o Governo não tenha encaminhado correspondente medida legislativa para reduzir essa política, mormente diante da determinação específica que decorre do art. art. 21, §§ 3º e 4º, inciso III, alínea "b", da LDO 2019, no sentido de que as renúncias tributárias sejam reduzidas, de modo a representar apenas 2% do PIB em dez anos.

Observa-se que uma alternativa ao desenho normativo existente, ao que parece sugerido pelo TCU, diante da constatação de que a política desonerativa da cesta básica é a segunda maior renúncia de receitas tributárias da União do ano de 2019, com custo estimado, de R$ 32,3 bilhões, equivalente a 10,46% do gasto tributário total, ao passo que o valor estimado para todo o Programa Bolsa Família na LOA 2019, foi de R$ 30,1 bilhões, perpassaria pela possibilidade de substituir a desoneração da cesta básica por pro-

[46] Para arremate, cumpre consignar que o processo TC 031.445/2019-5 (Acórdão 2195/2020) encerrou-se em 21/09/2020, em razão do cumprimento de seu objetivo, tendo observado (item 238.5), no que se relaciona com a presente análise, omissão relacionada à revisão da política de desoneração da cesta básica, a despeito das evidências colhidas pelo próprio Poder Executivo Federal da menor efetividade dessa política quando comparada com outras de propósito semelhante (parágrafos 207-230).

[47] Disponível em: https://pesquisa.apps.tcu.gov.br/#/documento/processo/*/NUMEROSOMENTENUMEROS%253A3144520195/DTAUTUACAOORDENACAO%2520desc%252C%2520NUMEROCOMZEROS%2520desc/0/%2520. Acesso em: 26 de mar. de 2022.

grama de transferência de renda, dada a eficácia desse programa para fins de retirada das pessoas da pobreza ou diminuição das desigualdades, uma vez que aumenta diretamente a renda *per capita* das famílias mais pobres.

A partir dos dados apurados, ainda que não evidenciem uma resposta para todos as reflexões antes sugeridas, o que se encontrou até o momento parece indicar que a medida desonerativa da cesta básica, além de representar uma política com significativo impacto fiscal, sob a vertente da renúncia de receita, não se mostra medida eficaz, para fins de redução da desigualdade social, quando comparada com política de redistribuição de renda, a exemplo do programa bolsa família.

Na perspectiva dessa realidade, não se pode perder de vista que o Estado, no momento em que opta por deixar de exercer a sua competência tributária, mediante a concessão de benefícios tributários faz, necessariamente, um juízo valorativo entre o montante que ele deixa de arrecadar, em decorrência da política desonerativa, e o bem jurídico que pretende assegurar por intermédio da realização daquela política fiscal.

A desoneração dos produtos da cesta básica, na atual política adotada, além de evidenciar significativo custo para os cofres públicos, parece que não se mostra eficiente para a redução da desigualdade social ou para fins de promoção de justiça fiscal. A política, na forma como alicerçada, precisa ser revista e algumas lições decorrentes do modelo adotado devem servir de ensinamento para evitar que os mesmos erros sejam repetidos.

Observa-se que a desoneração da cesta básica é uma política fiscal com desenho finalizado em 2013 sem que, até os dias atuais, tenha-se certeza do quanto ela realmente impacta na mesa do contribuinte menos favorecido economicamente, considerando que ela possui vários "atravessadores" até chegar no bolso do seu destinatário, de modo que há dúvidas se, de fato, o valor do tributo não exigido pelo Estado é repassado para o preço final do produto. É preciso ter mais transparência em relação a essas informações.

É preciso, também, ter constante controle da política adotada. Essa sugestão está em linha com as boas práticas orçamentárias e financeiras. Não é demais relembrar que na Exposição de Motivos da MP nº 609, de 2013, a política desonerativa estava fundamentada em aspectos econômicos e não em critérios estruturais, entretanto, a medida, ao que parece, veio para ficar, decorridos praticamente dez anos de sua vigência.

Fora isso, evidencia-se que a política da forma como estabelecida (teoricamente, considerando a hipótese de que a integralidade do valor decorrente da não repercussão tributária seja repassado no preço final do produto) beneficia indistintamente toda a sociedade: o pão francês é desonerado em idêntica medida para todos os contribuintes, do atendente ao dono da padaria. Idêntico raciocínio ocorre em relação ao filé mignon, ao salmão, ao caviar, porém, em relação a esses produtos, pode-se questionar, inclusive, de acordo com a realidade do trabalhador brasileiro, quem é o destinatário da política tributária.

Da forma como estruturada a medida desonerativa, parece que ela se revela ineficaz para fins de efetivar o princípio da isonomia, uma vez que todos os contribuintes, ainda que em diferentes situações econômicas, recebem o mesmo tratamento tributário na compra dos produtos da cesta básica. Acrescido a isso, verifica-se, também, que há produtos desonerados que não fazem parte da realidade dos menos favorecidos economicamente, considerando a amplitude da política desonerativa, que não se restringe somente aos produtos da cesta básica.

A política pública tributária deve estar adaptada à realidade do brasileiro. Um trabalhador que recebe um salário mínimo, infelizmente, não compra carnes nobres, o seu poder de compra é menor e não será a política de desoneração que lhe permitirá o acesso a esses produtos. Só para se ter uma ideia, o Dieese[48], quando realiza a pesquisa do custo da carne, leva em consideração o preço da carne bovina de primeiro, sendo pesquisados o coxão mole (chã de dentro), o coxão duro (chã de fora) e o patinho, todos cortes sem osso. O preço do salmão, do filé mignon, do caviar, passa ao largo da realidade do brasileiro. E disso não podemos nos afastar.

Não é demais registrar que, na Nota do Dieese à imprensa, datada de 04 de setembro de 2020, contendo a pesquisa nacional da cesta básica de alimentos, relativos ao custo e variação em 17 capitais, verificou-se que em São Paulo o percentual do salário mínimo líquido gasto para a compra dos produtos da cesta básica para uma pessoa adulta corresponde a 55, 86% do salário mínimo. Em Aracaju, identificou-se o menor índice, correspondente a 41, 22% do salário mínimo[49].

Tais dados revelam que os valores despendidos com os produtos da cesta básica absorvem significativa parcela do poder de compra do salário

[48] Disponível em: https://www.dieese.org.br/metodologia/metodologiaCestaBasica2016.pdf. Acesso em: 26 de mar. de 2022.

[49] Disponível em: https://www.dieese.org.br/analisecestabasica/2020/202008cestabasica.pdf. Acesso em: 26 de mar. de 2022.

mínimo do trabalhador, chegando a comprometer 55, 86% da sua renda, o que parece confirmar que, do ponto de vista do princípio da igualdade, a política desonerativa deve priorizar essa parcela da população, se, de fato, ela se destina a reduzir o custo dos produtos essenciais na mesa do trabalhador e, a partir disso, promover a redução da pobreza.

Parece imprescindível à definição da melhor política a existência de estudos que identifiquem quanto, de fato, impactaria a camada mais pobre da população a reoneração desses produtos. Nessa perspectiva, também deveria ser apurado em que medida a retomada da tributação representaria de aumento arrecadatório que, por sua vez, poderia se traduzir em políticas públicas mais eficientes.

De recordar-se que em 2013, o Dieese apurou que, na hipótese de toda a redução tributária federal fosse repassada para o consumidor, isso equivaleria a uma redução de -3,14% a -4,51% do valor total dos gastos. Questiona-se: como se materializaria em 2022 o inverso dessa política?

Talvez uma medida razoável fosse propor, considerando os dados já existentes, que o Governo Federal, de imediato, reonerasse os produtos que não são considerados essenciais pelo Decreto-lei 399, de 1938. A partir disso, seria retomada a exigibilidade tributária sobre produtos que, seguramente, não chegam à mesa do contribuinte menos favorecido economicamente e que deveria ser o verdadeiro destinatário da política pública. Nada mais de alíquota zero para filé mignon, salmão e caviar.

Por outro lado, se a opção fosse pela reoneração dos produtos, como assegurar que essa medida não fosse sobrecarregar economicamente os menos favorecidos? Essa medida poderia vir acompanhada de uma política de transferência direta de renda? Em que medida a adoção de uma política de devolução dos tributos pagos poderia seria eficiente ou adotada em conjunto com outros programas de transferência de renda, a exemplo do bolsa família e do imposto de renda negativo[50]?

[50] O imposto de renda negativo-IRN, abordado por Nelson Leitão de Paes e Marcelo Lettieri Siqueira, no artigo intitulado *Renda básica da cidadania versus imposto de renda negativo: o papel dos custos de focalização*, com enfoque em Friedman (1975), que foi quem originariamente propôs o IRN em seu livro *Capitalismo e Liberdade*, conceituou-o como sendo um instrumento de política social que garante aos cidadãos beneficiados um valor mínimo de renda em dinheiro, e por isso é comumente denominado Programa de Garantia de Renda Mínima (PGRM). Caso a renda do cidadão não alcance o mínimo determinado, ele recebe um complemento financeiro para que sua renda atinja aquele patamar. Os recursos para a concessão dos benefícios podem

Na sequência, iremos abordar como as propostas de reforma tributária tratam deste assunto e enfrentam (ou não) as alterativas à política atual.

3.2. Propostas de reforma tributária: da manutenção do modelo vigente à reoneração dos produtos da cesta básica

A partir da contextualização das normas que dispensam um tratamento tributário desonerativo aos produtos integrantes da cesta básica, aliado aos apontamentos efetuados no âmbito do Tribunal de Contas da União, que sugerem ao Poder Executivo Federal a revisão da política pública fiscal, passa-se a apresentar como o tema está sendo abordado em um ambiente em que se discute a reforma tributária no Brasil.

Para dar um recorte à análise, o exame se concentra em três das principais propostas de reforma tributária em tramitação no Congresso Nacional: a PEC 45/2019, a PEC 110/2019 e o PL 3.887/2020.

A PEC 45/2019, apresentada em 03/04/2019, teve a sua admissibilidade reconhecida pela Comissão de Constituição e Justiça e de Cidadania da Câmara dos Deputados[51]. Em 09/07/2019, foi constituída pelo então Presidente da Câmara dos Deputados, Rodrigo Maia, Comissão Especial destinada a proferir parecer à proposta da PEC 45/2019, sendo que, após sucessivas prorrogações dessa Comissão Especial, em 04/05/2021, o atual Presidente da Câmara dos Deputados, Arthur Lira, resolveu avocar a PEC ao Plenário, por analogia as disposto no §6º do art. 52 do RICD, ao argumento de que a Comissão Especial já estava em funcionamento há mais de cento e uma sessões, aliado a delicadeza do tema e ao fato de que a reforma do Sistema Tributário Nacional é uma antiga reclamação de vários segmentos da sociedade. Em que pese o tempo transcorrido da sua avocação, até março de 2022, a proposta não foi pautada.

Do exame do texto da proposta, verifica-se que a PEC 45/2019, em síntese, cria um novo Imposto sobre Bens e Serviços (IBS), em substituição aos atuais IPI, ICMS, ISS, Cofins e PIS.

vir de rubricas específicas do orçamento público destinadas ao programa ou da realocação de outros gastos (sociais ou não). Era esta a ideia inicial do Senador Suplicy em 1991 quando propôs o programa, que desta forma beneficiaria apenas a população com renda abaixo de determinado valor mínimo. Disponível em: https://www.scielo.br/scielo.php?script=sci_art text&pid=S0101-41612008000300006. Acesso em: 26 de mar. de 2022.

[51] Disponível em: https://www.camara.leg.br/proposicoesWeb/prop_mostrarintegra?codteo r=1747193&filename=Parecer-CCJC-14-05-2019. Acesso em: 26 de mar. de 2022.

O artigo 1º da proposta sugere o acréscimo ao texto constitucional do art. 152-A, que prevê que lei complementar instituirá o IBS, o qual será uniforme em todo o território nacional e, nos termos do inciso IV do §1º do art. 152-A, prevê que o imposto não será objeto de concessão de isenções, incentivos ou benefícios tributários ou financeiros, inclusive de redução de base de cálculo ou de crédito presumido ou outorgado, ou sob qualquer outra forma que resulte, direta ou indiretamente, em carga tributária menor que a decorrente da aplicação das alíquotas nominais.

Na sequência, o §9º do art. 152-A autoriza a devolução parcial do imposto recolhido pelos contribuintes de baixa renda através de mecanismos de transferência de renda, nos termos a serem regulados por lei complementar, excetuando expressamente a regra restritiva disposta no inciso IV do § 1º do art. 152-A.

Da leitura da proposta apresentada na PEC 45/2019, em comparativo com as atuais regras, que concedem benefícios tributários para os produtos da cesta básica, infere-se que ela objetiva pôr fim à concessão de qualquer regime tributário diferenciado que resulte redução da carga tributária.

Como decorrência dessa previsão legal, na hipótese de sua aprovação, haveria a reoneração dos produtos da cesta básica, já que atualmente são produtos que, em regra, estão à margem da incidência tributária, em razão da concessão de tratamento tributário diferenciado.

Não obstante a diretriz restritiva estabelecida, foi prevista a possibilidade de um mecanismo de devolução parcial do imposto recolhido pelos contribuintes de baixa renda, através de transferência de renda, nos termos a serem regulamentados por lei complementar.

Com isso, parece que a proposta contida na PEC 45/2019, ao mesmo tempo em que dá um tratamento uniforme para os produtos da cesta básica, mediante a previsão de incidência do IBS, autoriza a devolução parcial do imposto para os contribuintes de baixa renda.

Depreende-se da justificativa da proposta apresentada[52] que ela está alicerçada a partir do entendimento de que a função essencial do tributo sobre o consumo deve ser arrecadatória, visando o adequado financiamento das políticas públicas, de sorte que o tributo não seja utilizado para fins de política setorial ou regional.

[52] Disponível em: https://www.camara.leg.br/proposicoesWeb/prop_mostrarintegra?codteor=1728369&filename=PEC+45/2019. Acesso em: 26 de mar. de 2022.

Por outro vértice, ao registro de que essa compreensão não significa que o modelo proposto não deva contemplar medidas que mitiguem o efeito regressivo da tributação sobre o consumo, a proposta contempla a previsão de regra para mitigar o efeito regressivo da carga tributária incidente sobre o consumo, relativa à previsão de devolução parcial do imposto recolhido, através de mecanismos de transferência de renda.

Desse modo, parte do imposto pago pelos contribuintes de baixa renda seria devolvido através de mecanismos de transferência de renda. Segundo consta na justificativa apresentada, esse modelo seria viabilizado pelo cruzamento do sistema em que os consumidores informam o seu CPF na aquisição de bens e serviços (já adotado por vários Estados brasileiros) com o cadastro único dos programas sociais.

Em arremate, alega o proponente que se trata de um mecanismo muito menos custoso e muito mais eficiente do ponto de vista distributivo que o modelo tradicional de desoneração da cesta básica de alimentos.

Da leitura da proposta em conjunto com a sua justificativa, verifica-se que haveria uma correlação entre o consumo de bens e serviços e a devolução do imposto para as famílias de baixa renda.

Já no âmbito do Senado Federal tramita a PEC 110/2019[53], que recupera o texto da PEC 293/2004 e conta com juízo de admissibilidade positivo no âmbito da Comissão de Constituição, Justiça e Cidadania – CCJ. A proposta ainda não foi apreciada em definitivo no âmbito daquela Comissão, porém, conta com voto pela sua aprovação, nos termos do voto complementar substitutivo à PEC 110/2019, apresentado pelo seu Relator, Senador Roberto Rocha, em 16/03/2022.

A proposta originária, em resumo, destina-se a alterar o sistema tributário nacional, promovendo a substituição de nove tributos por um único, o imposto sobre operações com bens e serviços- IBS. Os tributos a serem substituídos são: IPI, Cofins (e Cofins-importação), PIS, Pasep, Cide-combustíveis, IOF, salário-educação, ICMS e ISS.

Como característica do IBS, consta a previsão na alínea "a" do inciso VIII do § 7º do art. 155 da CF, que as operações com alimentos, inclusive os destinados ao consumo animal, poderão, por meio de lei complementar, ter tratamento tributário diferenciado, excepcionando a regra geral

[53] Disponível em: https://legis.senado.leg.br/sdleg-getter/documento?dm=8012655&ts=1602268351873&disposition=inline. Acesso em: 26 de mar. de 2022.

que prevê que o IBS não poderá ser objeto de isenção, redução de base de cálculo, concessão de crédito presumido, anistia, remissão ou qualquer outro tipo de incentivo ou benefício fiscal ou financeiro.

Fora isso, a proposta sugere o acréscimo do inciso IV ao art. 146 da CF, dispondo que lei complementar definirá os critérios e a forma pela qual poderá ser realizada a devolução de tributos incidentes sobre bens e serviços adquiridos por famílias de baixa renda.

Na justificativa da proposta da PEC 110/2019[54], consta a alegação de que o IBS seria criado nos moldes do que existe em países industrializados e sem tributar medicamentos e alimentos. Registra ainda que a ideia é simplificar o atual sistema, permitindo a unificação de tributos sobre o consumo e, ao mesmo tempo, reduzir o impacto sobre os mais pobres.

Com isso, verifica-se que a proposta, ao mesmo tempo em que permite a concessão de benefícios tributários relativos à alimentação, também prevê a possibilidade de devolução do imposto incidente sobre bens e serviços adquiridos por famílias de baixa renda.

No texto substitutivo à PEC 110/2019, recentemente apresentado à CCJ, informou o seu Relator Roberto Rocha que o texto proposto é uma convergência entre as PECs 45/2019 e 110/2019, tendo como ponto de partida o relatório final apresentado no âmbito da Comissão Mista Temporária da Reforma Tributária (CM-RT), elaborado pelo Deputado Aguinaldo Ribeiro, datado de 18/05/2021, que, por sua vez, também levou em consideração na sua análise a proposta de reforma que decorre do PL 3.887/2020. Sublinhe-se, a título meramente informativo, que a CM-RT encerrou os seus trabalhos com a apresentação do relatório e o seu encaminhamento ao Presidente do Congresso Nacional, sem que o parecer fosse deliberado no âmbito daquela Comissão.

Bem, o substitutivo, a partir da análise do voto do seu Relator, revela uma sensível diferença em relação à proposta originária da PEC 110/2019, com especial destaque para a criação de um IVA Dual, consistente na criação de dois tributos. Um, incidente sobre operações com bens e prestações de serviços (IBS), com competência compartilhada entre os Estados, o DF e os Municípios, e outro, a contribuição sobre operações com bens e prestações de serviços (CBS), de competência da União. O IBS decorre da fusão

[54] Disponível em: https://legis.senado.leg.br/sdleg-getter/documento?dm=7977850&ts=1602268349752&disposition=inline. Acesso em: 26 de mar. de 2022.

do ICMS e do ISS, já a CBS deriva da fusão da COFINS, COFINS-importação e PIS. Além disso, o substitutivo também propõe a substituição do IPI pelo imposto seletivo (IS) e exclui da proposta o IOF, a Cide-combustíveis e o salário-educação.

Em relação à previsão de concessão de tratamento tributário diferenciado no âmbito do IBS, verifica-se que a proposta substitutiva parece não inovar em relação à proposta originária da PEC 110/2019, na medida em que mantém a previsão de que o imposto não será objeto de concessão de isenções, incentivos ou benefícios tributários e financeiros, inclusive alíquota zero, redução de base de cálculo ou crédito presumido ou outorgado, ou qualquer outra forma que resulte, direta ou indiretamente, em valor menor que o decorrente da aplicação das alíquotas nominais sobre a base de cálculo integral, nos termos da redação proposta para o inciso X do § 1º do art. 156-A, porém, apresenta ao final da redação proposta a exceção à regra geral, ao incluir o termo: excetuadas as hipóteses previstas nesta Constituição.

E, nessa perspectiva, o inciso II do § 8º do art. 156-A, prevê que lei complementar disporá sobre a instituição de regimes especiais e favorecidos de tributação por meio de isenção ou adoção de alíquota zero, devolução total ou parcial do imposto aos adquirentes de bens e serviços e alterações nas regras de creditamento.

Em relação à CBS, com regramento semelhante àquele previsto para o IBS, consta a previsão inserta no §21 do art. 195, disciplinando que lei disporá sobre a instituição de regimes especiais e favorecidos de tributação com relação à contribuição por meio de isenção ou adoção de alíquotas reduzidas, devolução total ou parcial da contribuição aos adquirentes dos bens e serviços e alterações nas regras de creditamento.

Nesse compasso, conforme revela o voto do Relator, a proposta substitutiva autoriza que lei complementar institua regimes especiais e favorecidos de tributação, por meio de isenção ou adoção de alíquotas reduzidas, devolução total ou parcial do imposto aos adquirentes dos bens e serviços ou alteração nas regras de creditamento.

Outrossim, identifica-se ainda no substitutivo a manutenção da regra de restituição de tributos para as famílias de baixa renda, ao prever no inciso III do § 8º do art. 156-A que lei complementar poderá prever a devolução total ou parcial, às famílias de baixa renda, do imposto incidente sobre suas aquisições de bens e serviços.

E, nessa perspectiva, no relatório da proposta substitutiva, o relator[55] discorre sobre a restituição dos valores pagos a título de tributos diretamente a famílias de baixa renda como sendo uma política redistributiva mais eficiente, reportando-se a:

> "estudos mostram que a isenção de tributação sobre itens da cesta básica e outros fortemente consumidos pela população mais pobre não é a forma mais eficiente de se fazer política distributiva. Em primeiro lugar, porque não há garantias de que o menor tributo será repassado para os consumidores na forma de menores preços. Em segundo lugar, porque, ainda que os pobres, proporcionalmente à sua renda, tenham maiores gastos com alimentos e outros itens essenciais à sobrevivência, em valores absolutos, o seu consumo é inferior ao das camadas mais abastadas na população. Assim, os gastos tributários associados à isenção de itens da cesta básica beneficiam mais fortemente as populações mais ricas do que as economicamente menos favorecidas."

Ao que parece, a proposta, ao mesmo tempo em que permite a concessão de benefícios tributários no âmbito dos novos tributos, especificamente em relação ao IBS, autoriza a criação de mecanismos de devolução do imposto pago às famílias de baixa renda, ao fundamento de que se trata de medida distributiva mais eficiente.

Apenas por cautela, sublinhe-se, a devolução dos impostos incidentes sobre o consumo à parcela da população, trata-se de medida de natureza orçamentária e financeira, afastando-se do viés tributário, porquanto a devolução não está alicerçada em repetição de indébito.

Por fim, conforme antes revelado, tramita na Câmara dos Deputados o PL 3.387/20, proposto pelo Poder Executivo Federal, em 21/07/2020, prevendo a instituição da Contribuição Social sobre Operações com Bens e Serviços- CBS, em substituição ao PIS/Pasep e Cofins.

No que toca à tributação sobre os produtos integrantes da cesta básica, verifica-se que o inciso II do art. 22 da proposta assegura a concessão de isenção da CBS para as receitas decorrentes da venda desses produtos, consoante listagem contida no Anexo I da proposta; bem como replica a isenção para as receitas decorrentes de importações destes produtos, à luz da previsão contida no inciso II do art. 79.

[55] Disponível em: https://legis.senado.leg.br/sdleg-getter/documento?dm=9089001&ts=1647985052821&disposition=inline Acesso em: 26 de mar. de 2022.

Outrossim, os produtos listados no Anexo I da proposta parecem guardar a mesma amplitude existente na legislação atual, ou seja, não se restringem aos produtos originários da cesta básica, tal como estabelecido no Decreto-Lei nº 399, de 1938.

Do teor das propostas em tramitação, identifica-se que o PL 3.887/2020 mantém a sistemática tributária atual, mediante a desoneração dos produtos da cesta básica, o que atrai todas as críticas efetuadas ao longo deste artigo, em especial, àquelas decorrentes da análise efetuada no âmbito da Corte de Contas, que sugerem seja a política desonerativa revisitada, dada a sua comprovada ineficácia quando comparada com programas de transferência direta da renda, para fins de aumento do bem-estar da população menos favorecida economicamente e redução da pobreza.

A PEC 110/2019, em sua atual roupagem, apresenta um desenho que harmoniza duas políticas públicas. A primeira, autorizando, via lei complementar, a possibilidade de concessão de tratamento tributário diferenciado para os produtos integrantes da cesta básica de alimentos, o que parece não se afastar do modelo atualmente vigente. A segunda, estabelecendo a possibilidade de lei complementar regulamentar a devolução do imposto incidente sobre o consumo de bens e serviços adquiridos por famílias de baixa renda, na linha de uma medida no campo da assistência social, de natureza orçamentária e financeira.

A proposta parece que incorre em sério risco de aumentar o valor que o Estado poderá desembolsar para a sua efetivação, quando comparada com as regras atuais.

Ainda, à lei complementar ficou designada a difícil tarefa de definir o que são famílias de baixa renda.

Já a PEC 45/2019 propõe uma ruptura com o modelo existente ao vedar a possibilidade de concessão de qualquer benefício tributário para o tributo que pretende instituir, incidente sobre o consumo de bens e serviços (IBS), dando ênfase para o seu caráter arrecadatório.

Por outro lado, como medida sugerida para conter a regressividade da carga tributária, a PEC 45/2019 propõe a previsão de restituição de parte do tributo incidente sobre o consumo para contribuintes de baixa renda, nos termos a serem regulamentados por lei complementar.

Ao que tudo indica, o ponto alto dessa proposta perpassa pela quebra do paradigma atual de tributação dos produtos da cesta básica, que se reconhece deficitário.

No entanto, o ponto de preocupação reside na forma como será materializada a devolução do tributo, a sua sistemática de atualização e, principalmente, quem serão os contribuintes destinatários da medida. Aqui, parece que o ideal seria uma medida que, necessariamente, englobasse o contribuinte que, no mínimo, recebe um salário mínimo, e não só os cidadãos de baixa renda[56]. Observa-se que se trata da possibilidade de devolução do tributo que incide sobre o consumo de bens e serviços, diferenciando-se do modelo atual voltado exclusivamente para a não oneração de bens de consumo.

A devolução dos tributos parece ser medida altamente inclusiva, focalizada no cidadão-contribuinte que se pretende beneficiar, ou seja, com menores chances de desvios da medida. Além disso, a sua adoção pode contribuir para o aumento do sentimento de pertencimento do cidadão à sociedade, já que ele poderá escolher os "produtos" que quer comprar, bem como retroalimentar o sistema econômico.

Reforça-se a compreensão de que a medida proposta não se confunde com benefício tributário, sendo uma política pública idealizada no contexto da assistência social que pode, inclusive, conviver harmonicamente com outros programas de transferência de renda, como é o caso do Programa Bolsa Família.

Seja qual for a política pública ao final adotada, imprescindível ter presente que ela exige avaliação periódica do seu impacto fiscal e social, considerando as constantes alterações econômicas e sociais que permeiam a sociedade, devendo as medidas se amoldarem à realidade evolutiva, sob pena de serem ineficazes, quer do ponto de vista redistributivo, quer do ponto de vista econômico.

Conclusões

Inicialmente, no estudo das classificações dos tributos de acordo com as suas bases de incidência, foi possível concluir, em harmonia com diversos entendimentos doutrinários, que a tributação sobre o consumo, que recai sobre operações de venda de bens e prestação de serviços, envolve não ape-

[56] Nos termos do Decreto 6.135, de 2007, que dispõe sobre o Cadastro Único para Programas Sociais do Governo Federal, família de baixa renda é aquela com renda familiar mensal per capita de até meio-salário mínimo ou a que possua renda familiar mensal de até três salários mínimos. Da norma vigente, pode-se chegar à conclusão de que contribuinte de baixa renda pode ser aquele com renda *per capita* de até meio salário mínimo.

nas impostos, a exemplo do IPI, ICMS e ISS, mas, também, contribuições, como é o caso da contribuição ao PIS e da Cofins.

Seguindo essa classificação, também se concluiu que esses tributos possuem efeitos regressivos, diante da constatação de que a carga tributária é transferida ao consumidor final da cadeia de produção, mesmo que este não seja o contribuinte de direito, onerando-o de modo desproporcional à sua renda consumida. Daí a importância da existência de mecanismos que mitiguem esses efeitos.

Além disso, também foi possível concluir que, a despeito de haver divergência na doutrina a respeito da possibilidade de dosagem da tributação sobre o consumo pela capacidade contributiva dos contribuintes de fato, foi demonstrado que, da garantia da própria igualdade como direito fundamental decorre o direito destes contribuintes de recorrerem à isonomia tributária, que com o auxílio da capacidade contributiva, tem por objetivo a realização do valor justiça fiscal.

Dessa forma, diante da correlação entre isonomia tributária e capacidade contributiva, deve-se reconhecer a sua aplicação mesmo aos contribuintes de fato. O que reforça ainda mais esse entendimento é o princípio da seletividade, que orienta a tributação sobre o consumo de acordo com a essencialidade do produto, auxiliando na aplicação da capacidade contributiva para minimizar os efeitos prejudiciais da tributação incidente sobre a cesta básica aos mais pobres.

A partir desse resgate principiológico, identifica-se que o atual contexto normativo, ao disciplinar a matéria, prevê a concessão de uma política pública desonerativa dos tributos que incidem sobre o consumo, a exemplo da incidência da alíquota zero sobre os produtos que integram a cesta básica. Em igual medida, registrou-se que se trata de uma política pública que representa significativo impacto fiscal, pela perspectiva da renúncia de receita, e que se mostra ineficaz para fins de redução da desigualdade social, mormente quando ela é comparada com programas de redistribuição de renda.

Em um contexto em que a reforma tributária está em debate, as propostas que tramitam no Congresso Nacional disciplinam o tema de modo diverso, ao prever, desde a manutenção das regras desonerativas atuais, passando pela conjugação de medidas desonerativas aliadas à política de devolução de impostos, até a proposição da reoneração dos produtos da cesta básica combinada como a devolução do imposto incidente sobre o consumo.

Pela leitura da situação apresentada, considerando a sistemática atual de tributação sobre o consumo dos produtos da cesta básica, bem como as alterações pretendidas via reforma tributária, sublinha-se a necessidade de aperfeiçoamento do tratamento dispensado à matéria. Como está, não está bom. Como se propõe, há muito o que melhorar. Independentemente da opção política que será adiante tomada, o acerto da sua escolha perpassa, necessariamente, por controle da política e transparência.

Referências

ÁVILA, Humberto. O princípio da isonomia em matéria tributária. In: TÔRRES, Heleno Taveira (Coord.). *Tratado de Direito Constitucional Tributário: estudos em homenagem a Paulo de Barros Carvalho.* São Paulo: Saraiva, 2005. p. 407-439.

AVI-YONAH, Reuven. Os três objetivos da tributação. *Revista Direito Tributário Atual,* v. 2008, n. 22, p. 7-29. São Paulo: Dialética/IBDT, 2008.

BELTRÃO, Demétrius Amaral. Isenção e isonomia: aspectos econômicos da tributação. In: *Revista Direito Tributário Atual,* n. 26. Instituto Brasileiro de Direito Tributário. São Paulo: Dialética, 2011. p. 207-230.

CALCIOLARI, Ricardo Pires. Progressividade tributária, segurança e justiça fiscal. In: MARTINS, Ives Gandra da Silva; BRITO, Edvaldo (Orgs.). *Direito tributário – Doutrinas essenciais.* Vol.1. São Paulo: Revista dos Tribunais, 2011. p. 833-863.

CAMPEDELLI, Laura Romano; BOSSA, Gisele Barra. O efeito perverso da regressividade no sistema tributário brasileiro. *Revista Consultor Jurídico.* nov. 2014, p. 1-5. Disponível em: https://www.conjur.com.br/2014-nov-06/efeito-perverso-regressividade-sistema--tributario-brasileiro?imprimir=1 Acesso em 26 mar. 2022.

CARRAZZA, Roque Antonio. *Curso de direito constitucional tributário.* 31. ed. São Paulo: Malheiros, 2017. 1152p.

FERNANDES, Ricardo Vieira de Carvalho; GASSEN, Valcir. Tributação, desigualdade social e reforma tributária: os três poderes e os objetivos da República. *Revista Jurídica da Presidência.* Brasília, Edição comemorativa, 2016, p. 353-381. Disponível em: https://revistajuridica.presidencia.gov.br/index.php/saj/article/view/1200/1183 Acesso em: 26 mar. 2022.

GASSEN, Valcir; D'ARAÚJO, Pedro Júlio Sales; PAULINO, Sandra Regina da F. Tributação sobre consumo: o esforço em onerar mais quem ganha menos. *Sequência (Florianópolis).* Florianópolis, n. 66, jul. 2013, p. 213-234. Disponível em: https://periodicos.ufsc.br/index.php/sequencia/article/view/2177-7055.2013v34n66p213/25066 Acesso em: 26 mar. 2022.

MARTINS, Marcelo Guerra. Consciência Fiscal e Aperfeiçoamento da Cidadania: o Problema dos Tributos Indiretos. *Direito Público.* Porto Alegre, v. 13, n. 73, jan./fev. 2017, p. 75-94. Disponível em: https://www.portaldeperiodicos.idp.edu.br/direitopublico/article/view/2607/pdf. Acesso em: 26 mar. 2022.

MELLO, Celso Antônio Bandeira de. *O conteúdo jurídico do princípio da igualdade.* 3. ed. São Paulo: Malheiros, 2015. 46p.

ROTHMANN, Gerd Willi. Tributação, sonegação e livre concorrência. In: FERRAZ, Roberto (Coord.). *Princípios e limites da tributação 2 – Os princípios da ordem econômica e a tributação.* São Paulo: Quartier Latin do Brasil, 2009. p. 331-371.

SCACCHETTI, Camila. *"Dai a César o que é de César": Do Dízimo ao ICMS: Raízes da Tributação sobre o Consumo.* 2019, 229f. Dissertação (Mestrado em História Econômica) – Faculdade de Filosofia, Letras e Ciências Humanas, Universidade de São Paulo, 2019.

SICCA, Gerson dos Santos. Isonomia tributária e capacidade contributiva no Estado contemporâneo. In: *Revista de Informação Legislativa*, Brasília, ano 41, n. 164, out./dez. 2004. p. 213-235.

TEIXEIRA, Luciana da Silva; PALOS, Luciola Calderari da Silveira e; SIMÕES, Walter. Cesta Básica. *Consultoria Legislativa.* Estudo Técnico, março de 2019. Disponível em: http://bd.camara.leg.br › cesta_basica_teixeira_palos_simoes. Acesso em: 26 de mar. de 2022.

TORRES, Ricardo Lobo. Justiça distributiva: social, política e fiscal. In: *Revista de Direito Renovar*, vol. 1, jan./abr. 1995. Rio de Janeiro: Renovar, 1995. p. 99-116.

_______. *Tratado de Direito Constitucional Financeiro e Tributário: valores e princípios constitucionais tributários.* Vol. II. Rio de Janeiro: Renovar, 2005. 690p.

TRIGUEROS, Miguel Eduardo Pecho; AMILIVIA, Gustavo González. Tendencias de la imposición al consumo en América Latina: 2000-2012. *Dirección de Estudios y Investigaciones Tributarias – Documentos de Trabajo n. 01-2014* – CIAT. Jan. 2014. 64p. Disponível em https://www.ciat.org/Biblioteca/DocumentosdeTrabajo/2014/2014_DT_01_tendencias_Pecho_amilivia.pdf. Acesso em 26 mar. 2022.

VALADÃO, Alexsander Roberto Alves. *O mínimo existencial e as espécies tributárias.* 2008, 347p. Tese (Doutorado em Direito) – Universidade Federal do Paraná, 2008.

VASCONCELLOS, Mônica Pereira Coelho de. *ICMS: Distorções e medidas de reforma.* 2013, 163p. Dissertação (Mestrado em Direito) – Faculdade de Direito, Universidade de São Paulo, 2013.

VELLOSO, Andrei Pitten. *Constituição tributária interpretada.* 3. ed. Porto Alegre: Livraria do Advogado, 2016. 630p.

_______. A teoria da igualdade tributária e o controle de proporcionalidade das desigualdades de tratamento. In: *Revista Tributária e de Finanças Públicas,* São Paulo, ano 15, n. 76, p.42-43, set./out. 2007.

VITA, Jonathan Barros. As novas funções dos tributos no sistema social: distributividade como nova forma de promoção da democracia e da liberdade. In: GRUPENMACHER, Betina Treiger (Coord.). *Tributação: Democracia e Liberdade – homenagem à ministra Denise Martins Arruda.* São Paulo: Noeses, 2014. p. 659-678.

2
INCENTIVOS E BENEFÍCIOS FISCAIS E SEUS ASPECTOS CONTROVERTIDOS

Andréa Mussnich Barreto
Núbia Nette Alves Oliveira de Castilhos

Introdução

A temática dos benefícios fiscais, apesar de fartamente explorada, ainda é objeto de muitas dúvidas, tanto na doutrina como na jurisprudência dos tribunais e, porque não dizer, até mesmo na legislação. Não raras vezes, nos deparamos com situações que necessitam de especial cuidado na avaliação dos aspectos envolvidos antes de um prognóstico em temas polêmicos, como prazo de duração do benefício, existência ou não de contrapartidas – as chamadas condições onerosas, aspectos ligados à revogação, como o princípio da anterioridade, geral e nonagesimal e suas implicações com o princípio da segurança jurídica, a formatação dos incentivos e benefícios dentro das propostas de reforma tributária em tramitação, entre outros.

O presente artigo busca transitar por esses pontos controvertidos, oferecendo um panorama sobre eles, incluindo como o Judiciário tem se posicionado e, ao final, discorrer sobre o que é recomendável em termos de produção de normas, considerando as sensibilidades envolvidas na matéria.

Apesar das indefinições terminológicas, e da utilização muitas vezes como sinônimos dos conceitos de benefício e incentivo fiscal, benefícios "são favores tributários para categorias de contribuintes. São gastos indiretos do governo que configuram renúncia de receita e que se valem da legislação tributária para atender a objetivos econômicos e sociais."

(ANDRADE: 2017). Os benefícios tributários também podem ser caracterizados como "regime especial de tributação no qual é estabelecida uma situação de favorecimento fiscal, cuja aplicação é restrita àqueles que possuem características especiais definidas em norma legal, fundadas em objetivos de interesse público superiores aos arrecadatórios".[1]

Os incentivos fiscais, segundo o voto condutor no RE 577.348 [2] (crédito prêmio do IPI), "são todas as normas jurídicas ditadas com finalidades extrafiscais de promoção do desenvolvimento econômico e social que excluem total ou parcialmente o crédito tributário."

A concessão dessas benesses pode ocorrer apenas por intermédio de lei em sentido estrito, nos termos do art. 150, § 6º da Constituição Federal, e seu nascimento está vinculado ao atendimento de diversos princípios constitucionais, sendo um dos mais latentes o da isonomia. Sobre esse princípio e a concessão de isenções (enquanto benefícios tributários que são), vale relembrar TORRES (2013, p. 314), quando ele nos diz que "a tendência atual do direito constitucional tributário é no sentido de considerar odiosas as isenções, a não ser que se comprove robustamente a sua necessidade frente aos princípios da capacidade contributiva e do desenvolvimento econômico."

1. A identificação de incentivos e benefícios que caracterizam renúncia Fiscal

Dentro do arcabouço legal brasileiro, não é possível discorrer sobre incentivos e benefícios fiscais sem antes fazer referência às normas que devem nortear a sua concessão ou ampliação. Trata-se do art. 113 do Ato das Disposições Constitucionais Transitórias (ADCT) e do art. 14 da Lei Complementar nº 101, de 4 de maio de 2000 (Lei de Responsabilidade Fiscal – LRF).

O primeiro, incluído pela Emenda Constitucional nº 95, de 2016, reza que "A proposição legislativa que crie ou altere despesa obrigatória ou renúncia de receita deverá ser acompanhada da estimativa do seu impacto orçamentário e financeiro." Disposição elevada a *status* constitucional e, portanto, sujeita a controle de constitucionalidade, perfaz vetor fundamental em termos de responsabilidade dos agentes públicos no âmbito de proposições que criem ou ampliem renúncias de receitas.

[1] Parecer PGFN/CAT/Nº 508/2013.

[2] STF, RE 577.348, Tribunal Pleno, Rel. Min. Ricardo Lewandowski, Publicado em 26.02.10.

Tão importante quanto o art. 113 do ADCT, é o art. 14 da LRF, esse de feição mais rigorosa, completa o comando constitucional, na medida em que além de estabelecer a necessidade de estimativa do impacto orçamentário-financeiro no exercício em que a legislação deva iniciar sua vigência e nos dois seguintes, também determina que a renúncia tenha sido considerada na estimativa de receita da lei orçamentária, na forma do art. 12 da LRF, e de que não afetará as metas de resultados fiscais previstas no anexo próprio da lei de diretrizes orçamentárias; ou que a renúncia esteja acompanhada de medidas de compensação. Vejamos a íntegra do dispositivo:

> Art. 14. A concessão ou ampliação de incentivo ou benefício de natureza tributária da qual decorra renúncia de receita deverá estar acompanhada de estimativa do impacto orçamentário-financeiro no exercício em que deva iniciar sua vigência e nos dois seguintes, atender ao disposto na lei de diretrizes orçamentárias e a pelo menos uma das seguintes condições:
>
> I – demonstração pelo proponente de que a renúncia foi considerada na estimativa de receita da lei orçamentária, na forma do art. 12, e de que não afetará as metas de resultados fiscais previstas no anexo próprio da lei de diretrizes orçamentárias;
>
> II – estar acompanhada de medidas de compensação, no período mencionado no *caput*, por meio do aumento de receita, proveniente da elevação de alíquotas, ampliação da base de cálculo, majoração ou criação de tributo ou contribuição.
>
> § 1º A renúncia compreende anistia, remissão, subsídio, crédito presumido, concessão de isenção em caráter não geral, alteração de alíquota ou modificação de base de cálculo que implique redução discriminada de tributos ou contribuições, e outros benefícios que correspondam a tratamento diferenciado.
>
> § 2º Se o ato de concessão ou ampliação do incentivo ou benefício de que trata o *caput* deste artigo decorrer da condição contida no inciso II, o benefício só entrará em vigor quando implementadas as medidas referidas no mencionado inciso.
>
> § 3º O disposto neste artigo não se aplica:
>
> I – às alterações das alíquotas dos impostos previstos nos incisos I, II, IV e V do art. 153 da Constituição, na forma do seu § 1º;
>
> II – ao cancelamento de débito cujo montante seja inferior ao dos respectivos custos de cobrança.

Como se vê, o § 1º do art. 14 da LRF, define, de forma não exaustiva, o que considera como renúncia:

> "A renúncia compreende anistia, remissão, subsídio, crédito presumido, concessão de isenção em caráter não geral, alteração de alíquota ou modificação de base de cálculo que implique redução discriminada de tributos ou contribuições, e outros benefícios que correspondam a tratamento diferenciado."

Mas como identificar se estamos diante de um incentivo ou benefício tributário que implica renúncia de receitas? Identificando os desvios ao sistema tributário de referência. Essa a posição defendida no Parecer SEI 6092/2020/ME[3], conforme veremos a seguir.

A identificação da renúncia de receitas ou do gasto tributário indireto pode não ser uma tarefa fácil. Não obstante o § 1º do art. 14 da LRF já veicular alguns institutos jurídicos que ele considera como renúncia de receitas, a caracterização dessas figuras e de outras como tal depende, segundo o Acórdão nº 747/2010 do Tribunal de Contas da União (TCU), do sistema tributário de referência adotado.

O que é um sistema tributário de referência? O citado Acórdão do TCU aduz que "*os países procuram definir a estrutura tributária que será usada como parâmetro para identificar os desvios a ela. Essa estrutura é composta pela legislação que inclui todas as regras necessárias para determinar a obrigação tributária.*"

O gasto tributário, por sua vez, "*é uma forma indireta de os governos atuarem na economia, renunciando à parcela de arrecadação dos tributos a partir de normas tributárias que criam desvios sobre a tributação padrão, permitindo que o valor poupado dos contribuintes possa induzir comportamentos ou atender às suas necessidades.*" (ANDRADE: 2015).

No documento intitulado "*Gasto tributário – Conceito e Critério de Classificação*", cujo objetivo é apresentar o conceito de gasto tributário utilizado e abordar os elementos que envolvem o processo de classificação, a Secretaria Especial da Receita Federal do Brasil (RFB) adota o seguinte conceito:

> Gastos tributários são gastos indiretos do governo realizados por intermédio do sistema tributário, visando a atender objetivos econômicos e sociais e constituem-se em uma exceção ao Sistema Tributário de Referência, reduzindo a arrecadação potencial e, consequentemente, aumentando a disponibilidade econômica do contribuinte.

[3] Ministério da Economia, Parecer SEI 6092/2020/ME.

> Os sistemas tributários, via de regra, não possuem outro objetivo senão o de gerar recursos para a administração. No entanto, são permeados por situações que promovem isenções, anistias, presunções creditícias, reduções de alíquotas, deduções, abatimentos e diferimentos de obrigações de natureza tributária.
>
> Tais desonerações, em sentido amplo, podem servir para diversos fins. Algumas delas se constituem em alternativas às ações políticas de Governo e têm por objetivo a promoção do desenvolvimento econômico ou social, não realizadas no orçamento, mas, sim, por intermédio do sistema tributário. Caso essas desonerações configurem desvios ao Sistema Tributário de Referência, estaremos diante dos denominados Gastos Tributários.[4]

Vejamos o entendimento do órgão sobre "*Sistema Tributário de Referência*", expresso no documento antes identificado:

> A definição do Sistema Tributário de Referência de um país é importante, pois a partir desta estrutura de referência é que os desvios são identificados e classificados como gastos tributários. Existem três enfoques para o conceito de sistema tributário de referência: conceitual, segundo o qual tributa-se o que se enquadra num conceito teórico da base de incidência; legal, no qual a Lei é que define a base imponível; e do subsídio análogo, similar ao enfoque legal, mas que considera gasto tributário somente as concessões tributárias que são análogas a um subsídio direto.
>
> Cada país possui um modelo específico de sistema tributário de referência que geralmente é composto por: estrutura legal, convenções contábeis, deduções de pagamentos compulsórios, provisões para facilitar a administração e provisões relacionadas a obrigações fiscais internacionais (BID 2009). O Brasil adotou o enfoque legal, com um Sistema Tributário de Referência baseado na legislação tributária vigente, em normas contábeis, em princípios econômicos, em princípios tributários e na doutrina especializada.
>
> A utilização da legislação tributária vigente como referência deriva principalmente do princípio da legalidade tributária e do princípio da reserva legal, dispostos no art. 150, III da Constituição Federal de 1988 e no artigo 97 da Lei nº 5.172/1966, Código Tributário Nacional – CTN. Segundo esses princípios, somente a lei, em sentido estrito, pode instituir, majorar ou reduzir tributos

[4] Disponível em: www.receita.economia.gov.br/dados/receitadata/renuncia-fiscal/demonstrativos-dos-gastos-tributarios/conceito-degasto-tributario. Acesso em: 16 jun. 2020.

> e é ela que estabelece os elementos essenciais do tributo: fato gerador, sujeito passivo, base de cálculo, alíquotas e penalidades.
>
> Todavia, a lei, apesar de ser a principal, não é única fonte a ser considerada para a construção do sistema tributário de referência. Alguns princípios ou regras que norteiam a aplicação dos tributos não estão expressos ou não são abordados na legislação e, por isso, é importante a busca por outras fontes para auxiliar na interpretação e compreensão do tributo e para traçar as suas principais características.
>
> Nesse sentido, as doutrinas jurídica, contábil e econômica, a jurisprudência e as teorias econômicas sobre a tributação são fontes que contribuem para o delineamento da estrutura de implementação dos principais tributos presentes no Brasil.
>
> Insta salientar que a utilização da Lei para a determinação do sistema tributário de referência não leva em consideração o status normativo do ato que criou a exceção, ou seja, o status constitucional de uma norma não garante sua inclusão como um item que forma o sistema de referência de um determinado tributo. É preciso analisar a essência da regra de exceção a fim de se verificar se essa possui o caráter de gasto tributário, independentemente da posição hierárquica da norma. (...).[5]

Tudo leva a crer que muito embora possa não ser o método mais simples para se verificar se estamos diante de um benefício tributário que implica em renúncia de receitas, a identificação de desvios ao sistema tributário de referência nos parece ser adequada e útil à verificação de situações concretas para fins de aplicação do art. 14 da LRF.

Em regra, desonerações que se apresentam como um desvio da estrutura normal de tributação são de caráter não geral, ao contrário das desonerações que se apresentam dentro dessa estrutura normal ou de referência tributária, as quais serão gerais.

Ainda nessa mesma lógica, não é válido o argumento de que determinado benefício seria geral porque, dentro de um grupo de contribuintes todos nessa condição estariam sendo beneficiados, situação que não reivindicaria as medidas do art. 14 da LRF. Ora, se o benefício, para ser considerado geral, ou dentro do sistema tributário de referência, reclamar

[5] Disponível em: https://receita.economia.gov.br/dados/receitadata/renuncia-fiscal/demonstrativos-dos-gastos-tributarios/arquivos-eimagens/sistema-tributario-de-referencia-str-vl-01.pdf. Acesso em: 9 out. 2020.

apenas que a sua concessão se dê para setor específico ou grupo específico de contribuintes, praticamente todos os benefícios, com raras exceções, serão gerais, fulminando-se, com esse raciocínio, boa parte do art. 14 da LRF.

Com efeito, no intuito de corroborar a importância de norma da envergadura da LRF, privilegiando interpretações legais que reforcem a necessidade de homenagear a responsabilidade fiscal, vale a pena trazer a lume trechos da ementa da Medida Cautelar em Mandado de Segurança nº 34.474/DF[6], que apreciou pedido de sustação de tramitação da PEC nº 241/2016, sobre o novo regime fiscal. Naquela oportunidade, o Ministro do STF consignou que:

> A responsabilidade fiscal é fundamento das economias saudáveis, e não tem ideologia. Desrespeitá-la significa predeterminar o futuro com déficits, inflação, juros altos, desemprego e todas as consequências negativas que dessas disfunções advêm. A democracia, a separação de Poderes e a proteção dos direitos fundamentais decorrem de escolhas orçamentárias transparentes e adequadamente justificadas, e não da realização de gastos superiores às possibilidades do Erário, que comprometem o futuro e cujos ônus recaem sobre as novas gerações.

2. O princípio da segurança jurídica e os incentivos e benefícios por prazo determinado e/ou sob condição onerosa e sua revogação

Os incentivos e os benefícios fiscais podem ser concedidos por prazo indeterminado ou por prazo determinado; sem condições onerosas, ou com a obrigação de contrapartidas. A nós, interessam aqueles com prazo determinado e sob condições onerosas.

A previsão do art. 178 do CTN, embora faça menção apenas à isenção, é utilizada pela doutrina e jurisprudência como extensível aos outros incentivos e benefícios fiscais. Segundo o artigo, "A isenção, salvo se concedida por prazo certo e em função de determinadas condições, pode ser revogada ou modificada por lei, a qualquer tempo, observado o disposto no inciso III do art. 104."

Uma primeira questão interessante a ser comentada diz respeito à conjunção "*e*", que liga as orações "A isenção, salvo se concedida por prazo

[6] STF, MS 34.474/DF MC, Relator Ministro Roberto Barroso, julgamento em 26 de outubro de 2016.

certo" e "em função de determinadas condições". A polêmica é se essa conjunção estabelece que ambos os requisitos, o prazo certo e em função de determinadas condições, devem estar presentes para que o benefício tenha a limitação de não poder ser revogado ou modificado a qualquer tempo. A nós, a resposta parece ser positiva. Corrobora essa posição artigo elaborado por Procurador da Fazenda Nacional – (PINHEIRO: 2020, p. 1067):

> Na primeira redação do dispositivo em foco, a conjunção utilizada era "ou". Na atual redação, houve maior rigor do legislador em antever dois requisitos cumulativos para a proteção do contribuinte contra alterações na regra de exclusão do crédito tributário. (...)

Para melhor esclarecer o que são esses requisitos e condições exigidos pela lei instituidora do benefício, vejamos trecho doutrinário (PINHEIRO: 2020, p. 1067-1068), que bem contextualiza o tema, *verbis*:

> "a condição de fruição de uma isenção denominada 'condicionada' é o cumprimento pelo contribuinte a certo número de requisitos onerosos, geralmente ligados a investimentos em áreas consideradas de interesse público, ou em locais que se pretende desenvolver, em determinado período de tempo. Em última análise, as isenções onerosas são ferramentas de intervenção do Estado sobre a economia visando à indução da prática de atividades determinadas, de interesse público; sendo, portanto, preponderante a estipulação pela lei de condições onerosas ligadas à prática de investimentos ou atividades de interesse público pelo contribuinte. Não é suficiente, portanto, para a manutenção do direito à fruição do benefício após uma lei superveniente revogadora, que a previsão legal isentiva se limitasse a uma simples circunstância específica sobre a qual devesse recair o favor fiscal. Afigura-se imprescindível, para que se admita como tal, que a regra da isenção condicionada preveja situação fática que caracterize verdadeiro ônus ao contribuinte."

Do princípio da segurança jurídica deriva a proteção à confiança legítima e à boa fé do contribuinte (GIANNETTI, 2017). Se o Estado concede incentivos ou benefícios onerosos e por prazo certo a determinado grupo de contribuinte devem pré-existir razões de interesse público, normalmente o desenvolvimento de alguma região geográfica, ou a implantação de empreendimentos considerados imprescindíveis à população que justifiquem a concessão da benesse.

Ao fixar uma data certa para o desenlace que se concretizou sob determinadas condições, e estando essas condições sob implementação, caracterizado o ato jurídico perfeito, o Estado abre mão de parcela da discricionariedade que lhe cabe quanto à revogação desses benefícios. Se, antes de findo o prazo o Poder Público resolve rever o ajuste, seja por qual razão for, o contribuinte terá direito a não se ver às voltas com o prejuízo de seu investimento, que dependerá de comprovação, uma vez que não bastará a mera alegação de prejuízo. Se for o caso de lei declarada inconstitucional, o instituto jurídico da modulação de efeitos é um bom caminho ofertado pela legislação para a proteção de benefícios condicionados e gravados com cláusula temporal.

No tocante a esse tipo de benefício fiscal, e uma vez cumpridos pelo contribuinte os requisitos exigidos pela legislação, a jurisprudência do Supremo Tribunal Federal costuma exigir a proteção da confiança e o respeito à segurança jurídica e ao direito adquirido. Nesse sentido, e a título de exemplo, vale citar o RE 191.748/SP[7], o RE 1.250.662[8] e o AI 591766[9].

A importância do art. 178 do CTN pode também ser vista na Ação Direta de Inconstitucionalidade nº 5635, nesta data conclusa ao Relator, Ministro Roberto Barroso, movida pela Confederação Nacional da Indústria, contra dispositivos da Lei do Estado do Rio de Janeiro nº 7.428/2016 que, com amparo no Convênio ICMS 42/2016, estabeleceram depósito como condição à fruição de benefícios e incentivos fiscais de ICMS, onde a Procuradoria-Geral da República se manifestou sobre isenções concedidas por prazo certo e sob condição onerosa da seguinte forma:

> (...).
>
> Ainda na eventualidade de se reconhecer que a Lei nº 7.428/2016 trata de mera revogação parcial de benefício fiscal, deve-se dar interpretação conforme aos dispositivos que regulamentam os benefícios atingidos pela lei, a fim de que não atinjam as isenções concedidas por prazo certo e sob condição onerosa. Isso porque a jurisprudência do Supremo Tribunal Federal entende que a isenção tributária concedida nesses termos gera direito adquirido ao contribuinte beneficiado. Nesse sentido, vale conferir: AGRAVO REGIMENTAL EM RECURSO EXTRAORDINÁRIO. CONSTITUCIONAL. TRIBUTÁ-

[7] STF, RE 191748/SP, Segunda Turma, Rel. Min. Carlos Velloso, Publicado em 30.05.1997.

[8] STF, RE 1250662, Rel. Min. Gilmar Mendes, Publicado em 14.02.2020.

[9] STF, AI 591766, Rel. Min. Marco Aurélio, Publicado em 11.09.2006.

> RIO. ISENÇÃO CONDICIONADA E DEFERIDA A PRAZO CERTO. LIVRE SUPRESSÃO. IMPOSSIBILIDADE. SÚMULA 544 DO STF. ALEGADA OFENSA AO ART. 97 DA CF. INEXISTÊNCIA. AGRAVO IMPROVIDO. I – O acórdão recorrido encontra-se em consonância com a jurisprudência desta Corte, no sentido de que a isenção tributária, quando concedida por prazo certo e mediante o atendimento de determinadas condições, gera direito adquirido ao contribuinte beneficiado. Incidência da Súmula 544 do STF. II – A obediência à cláusula de reserva de plenário não se faz necessária quando houver orientação consolidada do STF sobre a questão constitucional discutida. III – Agravo regimental improvido. (RE 582926 AgR, Relator Ministro RICARDO LEWANDOWSKI, DJe 27.5.2011)

Constata-se, portanto, a força que o dispositivo possui em sede da Corte Suprema, onde já foi editada Súmula a respeito – Súmula 544 – "Isenções tributárias concedidas, sob condição onerosa, não podem ser livremente suprimidas." E não poderia ser de outra forma, uma vez que o entendimento privilegia a segurança jurídica nas relações entre o fisco e os contribuintes e entre esses e o Estado brasileiro.

Sobre as isenções condicionadas, importa também citar o disposto no artigo 177 do CTN, o qual é expresso ao definir que a isenção, salvo disposição de lei em contrário, não é extensiva aos tributos instituídos posteriormente à sua concessão, o que faz todo sentido, dada a impossibilidade de uma isenção alcançar tributos ainda não existentes.

No entanto, na hipótese inversa, de extinção de tributos sobre os quais ainda pendem benefícios tributários concedidos sob condição onerosa, e instituição de outros tributos, a resposta demanda uma maior digressão.

Um primeiro ponto a se avaliar é se o novo tributo é mero sucedâneo do anterior, guardando fortes semelhanças entre as respectivas regras matrizes. Nesse caso, e diante do teor da Sumula 544 do STF, com a mera repetição dos principais elementos caracterizadores do tributo, que pode contar apenas com uma nova roupagem, a opção mais segura é a manutenção dos benefícios tributários concedidos por prazo certo sob condição onerosa até o seu exaurimento, sob pena de malferir os princípios da segurança jurídica e do direito adquirido.

Nesse sentido, vale citar o RE 74.502/SP[10], que determinou a manutenção da isenção concedida sob condição onerosa do Imposto sobre Vendas

[10] STF, RE 74502/SP, Segunda Turma, Rel. Min. Antonio Neder, Julgado em 30.04.1974.

e Consignações – IVC, no regime do Impostos sobre Circulação de Mercadoria – ICM, "porque subsistem na vigência deste tributo as inspirações de política fiscal que motivaram a concessão do benefício quanto ao IVC, e também por ser nítida a afinidade entre os dois impostos".

Exemplo prático desse tipo de afinidade entre o tributo a ser extinto e o novo a ser instituído, que pode fragilizar a possibilidade de aplicação segura do artigo 177 do CTN para extinção dos benefícios anteriormente concedidos é a Contribuição sobre Bens e Serviços – CBS, proposta no Projeto de Lei nº 3.887/2020[11], encaminhado pelo Governo Federal à Câmara dos Deputados para substituição ao Programa de Integração Social (PIS) e para a Contribuição para o Financiamento das Seguridade Social (Cofins), dadas as semelhanças entre as contribuições.

No entanto, o raciocínio pode não ser tão simples naquelas hipóteses em que há extinção do tributo sobre o qual foi concedido o benefício sob condição onerosa, com a instituição de outro cujas características permitam concluir se tratar, efetivamente, de tributo inédito, com natureza distinta daquele que foi extinto.

Nesses casos, e embora o tributo inicialmente objeto do favor fiscal seja extinto, há de se ponderar que haverá nova oneração da carga tributária por outro tributo, ainda que o contribuinte tenha cumprido com os requisitos onerosos impostos pela lei.

Vale trazer à lume, nesse contexto, o disposto no § 2º do art. 41 do ADCT, que assim dispõe:

> Art. 41. Os Poderes Executivos da União, dos Estados, do Distrito Federal e dos Municípios reavaliarão todos os incentivos fiscais de natureza setorial ora em vigor, propondo aos Poderes Legislativos respectivos as medidas cabíveis.
>
> § 1º Considerar-se-ão revogados após dois anos, a partir da data da promulgação da Constituição, os incentivos que não forem confirmados por lei.
>
> § 2º A revogação não prejudicará os direitos que já tiverem sido adquiridos, àquela data, em relação a incentivos concedidos sob condição e com prazo certo.
>
> § 3º Os incentivos concedidos por convênio entre Estados, celebrados nos termos do art. 23, § 6º, da Constituição de 1967 , com a redação da Emenda

[11] Disponível em: https://www.camara.leg.br/proposicoesWeb/prop_mostrarintegra?codteor=1914962. Acesso em: 03 nov. 2020.

Constitucional nº 1, de 17 de outubro de 1969, também deverão ser reavaliados e reconfirmados nos prazos deste artigo.

Constata-se, portanto, que nem mesmo o advento de um novo texto constitucional, situação de genuína ruptura em relação ao ordenamento constitucional anterior, poderia ser usado como fundamento para o afastamento dos direitos que já tiverem sido adquiridos em relação aos benefícios tributários setoriais concedidos sob condição e por prazo certo que foram revogados.

Não custa lembrar que as propostas de reforma tributária hoje sob análise do órgão legislativo submetem-se, todas, aos ditames da Constituição Federal de 1988, de sorte que, mesmo aquelas propostas que promovam alterações constitucionais, como verdadeiro poder reformador derivado, devem guardar observância ao núcleo pétreo da Carta Magna, dentre o qual insere-se o respeito à segurança jurídica e ao direito adquirido.

O mencionado dispositivo do ADCT da Constituição de 1988, alinhado à jurisprudência do STF e ao princípio da segurança jurídica e do respeito ao direito adquirido, insculpido no art. 5º, XXXVI, da Constituição Federal de 1988, levam à conclusão de que devem ser preservados ao máximo os casos de direitos adquiridos relativos aos benefícios concedidos sob condição envolvendo tributos extintos, o que pode ser viabilizado via previsão de abatimento dos novos tributos somente até esgotada a fruição dos benefícios já tidos por adquiridos, mas também com a previsão de regras de transição que permitam a manutenção e a fruição do benefício até o fim do seu prazo. A definição de qual o prazo de transição adequado poderá depender de cada setor, dos seus respectivos números, valores dos investimentos realizados como cumprimento dos requisitos, e até mesmo o prazo de amortização poderá ser avaliado como um parâmetro possível.

Sobre a possibilidade de o prazo de transição para um novo sistema tributário auxiliar da solução desses casos em que ainda remanesceria tempo de fruição do benefício condicionado, interessa citar a Lei nº 13.898, de 11 de novembro de 2019, Lei de Diretrizes Orçamentárias para 2020, cujo § 2º do art. 116 reza que deverão conter cláusula de vigência de, no máximo, cinco anos, os projetos de lei aprovados ou as medidas provisórias que vinculem receitas; ou concedam, ampliem ou renovem benefícios de natureza tributária, cláusula esta que tem sido replicada nas Leis de Diretrizes Orçamentárias mais recentes, ao menos desde o ano de 2013. Tal restrição, aplicada ao longo do tempo, tende a reduzir os prazos dos benefícios fiscais, o que pode vir a facilitar esse tipo de discussão em um cenário de reforma tributária com a previsão de períodos de transição com duração razoável para absorção desses favores fiscais.

A obrigatoriedade da cláusula de vigência trazida pela LDO torna o benefício por prazo certo? Em nossa opinião, a resposta é negativa, uma vez que a função da estipulação de prazo veiculada pela LDO não é colocar incentivos ou benefícios tributários sob o abrigo do art. 178 do CTN, mas impedir que vigorem para sempre, *ad eternum*, e que os Poderes da República, sobretudo Executivo e Legislativo, possam revê-los, reavaliá-los de tempos em tempos. Corrobora o raciocínio a função da conjunção "e" no art. 178, como antes visto, ou seja, para vincular o legislador seria necessário tempo mais onerosidade.

Uma vez expostos os argumentos, jurisprudência e legislação referentes aos benefícios fiscais concedidos por prazo certo e sob condição onerosa no contexto de extinção de tributos e criação de outros, interessa ainda analisar-se qual o tratamento que algumas das principais propostas de reforma tributária apresentadas estão conferindo à hipótese.

No caso da Proposta de Emenda Constitucional nº 110/2019[12], em trâmite no Senado Federal, o texto original prevê, no inciso VIII do § 7º do art. 153 a ser acrescido pelo art. 1º da proposta, que o Imposto sobre Bens e Serviços a ser criado não poderá ser objeto de incentivos ou benefícios fiscais ou financeiros, exceto se estabelecidos por lei complementar e em relação a operações com alimentos, medicamentos, transporte público de passageiros, bens do ativo imobilizado, saneamento básico, educação infantil, ensino fundamental, médio e superior e educação profissional. O texto original, por outro lado, não conta com nenhum dispositivo específico sobre o tratamento daqueles benefícios fiscais concedidos por prazo certo e sob condição onerosa em relação aos tributos que estão sendo substituídos, mas prevê prazo de seis anos para a extinção dos tributos. Há proposta de emenda à mencionada PEC que prevê que os benefícios fiscais concedidos por prazo certo e em função de determinadas condições relativamente aos tributos substituídos terão sua fruição integral assegurada, ainda que mediante abatimento do pagamento do IBS federal e do IBS estadual.

[12] Disponível em: https://legis.senado.leg.br/sdleg-getter/documento?dm=7977850&ts=1602268349752&disposition=inline. Acesso em: 03 nov. 2020.

Já no caso da Contribuição sobre Bens e Serviços – CBS, proposta pelo Governo Federal para substituição ao Programa de Integração Social (PIS) e para a Contribuição para o Financiamento das Seguridade Social (Cofins), no Projeto de Lei nº 3.887/2020[13], encaminhado à Câmara dos Deputados, o artigo 124 prevê que serão “respeitadas as isenções referentes à contribuição para o PIS/Pasep e à Cofins que tenham sido concedidas por prazo certo e de forma condicional, na forma do art. 178 do Código Tributário Nacional”. A previsão homenageia a segurança jurídica, o direito adquirido e tem o condão de evitar judicializações desnecessárias.

A Proposta de Emenda Constitucional nº 45/2019[14], em trâmite na Câmara dos Deputados, veda toda e qualquer possibilidade de concessão de benefícios e incentivos fiscais relacionados ao Imposto sobre Bens e Serviços – IBS –, e não prevê nenhuma regra referente aos benefícios e incentivos fiscais concedidos sob condição onerosa em relação aos tributos a serem extintos. Prevê, no entanto, 10 anos para a transição completa do sistema de cobrança de tributos.

3. Aplicação das regras de anterioridade à revogação de benefícios fiscais

Sobre a regra da anterioridade, geral e nonagesimal, assim determina o texto constitucional:

> Art. 150. Sem prejuízo de outras garantias asseguradas ao contribuinte, é vedado à União, aos Estados, ao Distrito Federal e aos Municípios:
>
> I (...);
>
> III – cobrar tributos:
>
> a) (...);
>
> b) no mesmo exercício financeiro em que haja sido publicada a lei que os instituiu ou aumentou;
>
> c) antes de decorridos noventa dias da data em que haja sido publicada a lei que os instituiu ou aumentou, observado o disposto na alínea b;
>
> (...).

[13] Disponível em: https://www.camara.leg.br/proposicoesWeb/prop_mostrarintegra?codteor=1914962. Acesso em: 03 nov. 2020.

[14] https://www.camara.leg.br/proposicoesWeb/prop_mostrarintegra;jsessionid=D79E8C64739B0499F15FD4A67B5BC93D.proposicoesWebExterno2?codteor=1728369&filename=PEC+45/2019. Acesso em: 03 nov. 2020.

§ 1º A vedação do inciso III, *b*, não se aplica aos tributos previstos nos arts. 148, I, 153, I, II, IV e V; e 154, II; e **a vedação do inciso III, *c*, não se aplica aos tributos previstos** nos arts. 148, I, 153, I, II, III e V; e 154, II, nem à fixação da base de cálculo dos impostos previstos nos arts. 155, III, e 156, I.

Art. 155. Compete aos Estados e ao Distrito Federal instituir impostos sobre:

(...).

XII – cabe à lei complementar:

h) definir os combustíveis e lubrificantes sobre os quais o imposto incidirá uma única vez, qualquer que seja a sua finalidade, hipótese em que não se aplicará o disposto no inciso X, *b* .

(...).

§ 4º Na hipótese do inciso XII, *h* , observar-se-á o seguinte:

IV – as alíquotas do imposto serão definidas mediante deliberação dos Estados e Distrito Federal, nos termos do § 2º, XII, *g* , observando-se o seguinte:

c) poderão ser reduzidas e restabelecidas**, não se lhes aplicando o disposto no art. 150, III, *b* .**

Art. 177. Constituem monopólio da União:

(...).

§ 4º A lei que instituir contribuição de intervenção no domínio econômico relativa às atividades de importação ou comercialização de petróleo e seus derivados, gás natural e seus derivados e álcool combustível deverá atender aos seguintes requisitos:

I – a alíquota da contribuição poderá ser:

b) reduzida e restabelecida por ato do Poder Executivo**, não se lhe aplicando o disposto no art . 150,III, *b*;**

Art. 195. A seguridade social será financiada por toda a sociedade, de forma direta e indireta, nos termos da lei, mediante recursos provenientes dos orçamentos da União, dos Estados, do Distrito Federal e dos Municípios, e das seguintes contribuições sociais:

§ 6º As contribuições sociais de que trata este artigo só poderão ser exigidas após decorridos noventa dias da data da publicação da lei que as houver instituído ou modificado, **não se lhes aplicando o disposto no art. 150, III, "b".**

Segundo o magistério de Leandro Paulsen (PAULSEN: 2017, p. 181), *verbis*:

> "A ideia de anterioridade da lei visa a garantir que o novo contribuinte não seja surpreendido com um novo ônus tributário de uma hora para a outra, sem que que se possa preparar para a nova carga tributária, ou seja, concretiza um comando que tem como fundamento a segurança jurídica e como conteúdo a garantia de certeza do direito, assegurando o conhecimento prévio da lei. A anterioridade, portanto, sempre se relaciona com inovação legislativa relativa à instituição ou majoração de tributo".

Não obstante a clareza da referida regra constitucional para as hipóteses em que a lei institui ou majora tributo, o mesmo não se pode afirmar com relação aos atos normativos que revogam favores fiscais anteriormente concedidos, tendo-se em vista a razoabilidade de precedentes antigos no sentido de que, regra geral, a revogação de lei isentiva não se equipararia à criação ou majoração de tributo, e a eficácia da lei revogadora poderia ser imediata. Neste sentido, pode-se citar os seguintes julgados: AI 783545[15], ADI 4.016 MC[16], RE 566032[17].

Mencionada controvérsia, no entanto, já se encontra superada no âmbito do Supremo Tribunal Federal, que sedimentou o entendimento de que a revogação ou diminuição de benefício fiscal deve, necessariamente, observar o princípio da anterioridade, por acarretar majoração indireta de tributos: RE 1053254 AgR[18], RE 1213427[19] AgR e RE 564.225 AgR[20], dentre outros.

A controvérsia que remanesce, no entanto, é se a revogação de benefício implica na incidência de ambas as regras de anterioridade (geral e nonagesimal), ou se deverão respeitar o critério específico de cada espécie tributária.

Entende a Fazenda Nacional que a aplicação de uma ou outra dentre as variações da regra da anterioridade, cumulativamente ou não, está,

[15] STF, Rel. Min. Ricardo Lewandowski, Publicado DJE 15.09.2010.

[16] STF, ADI 4016 MC, Rel. Min. Gilmar Mendes, Publicado DJE de 24.4.2009.

[17] STF, RE 566032, Tribunal Pleno, Rel. Min. Gilmar Mendes, Publicado DJe 23.10.2009.

[18] STF, RE 1053254 AgR, Primeira Turma, Rel. Min. Roberto Barroso, Publicado DJe 13.11.2018.

[19] STF, RE 1213427 AgR, Segunda Turma, Rel. Min. Edson Fachin, Publicado DJe 12.12.2019.

[20] STF, RE 564.225 AgR, Primeira Turma, Rel. Min. Marco Aurélio, Publicado DJe 18.11.2014.

necessariamente, atrelada ao tributo que foi modificado. O procurador da Fazenda Nacional Carlos de Araújo Moreira, no Agravo Regimental no ARE 1.236.984, interposto pela Fazenda Nacional, assim pontuou sobre a discussão:

> O princípio da anterioridade é um corolário do princípio da segurança jurídica, dirigindo-se para o futuro e obstando a incidência imediata das normas impositivas, por meio da necessidade de serem observados lapsos temporais mínimos entre a publicação da lei e a sua incidência. Nesse sentido, deve-se atentar ao desenho que a Constituição Federal concebeu para as regras de anterioridade, analisando os dispositivos que tratam tanto dos casos em que há aplicação cumulada da anterioridade anual e da anterioridade nonagesimal, como dos casos em que incide uma ou outra regra ou nenhuma delas:
>
> Perceba-se que a Constituição estatuiu como serão observadas as duas variantes da anterioridade. Assim, nos termos do art. 150, §1º, do art. 195, §6º, do art. 155, §4º, IV, "c", e do art. 177, §4º, I, "b", já transcritos, a anterioridade será aplicada da seguinte forma:
>
> I)O Imposto de Renda é regido, apenas, pela regra da anterioridade do exercício;
>
> II)Sobre o Empréstimo Compulsório (investimento público), IGF, ITR, o ISS, o ICMS, o IPTU e o IPVA e tributos não especificados na constituição (residuais, taxas e contribuições de melhoria) incidem, cumulativamente, a regra da anterioridade do exercício e a anterioridade mitigada. No caso do IPTU e do IPVA, a anterioridade mitigada não se aplica em aspectos de sua base de cálculo;
>
> III)Sobre o IPI, ICMS sobre combustíveis e lubrificantes (art. 155, §4º, IV, "c"), CIDE sobre combustíveis (art. 177, §4º, I, "b") e as Contribuições Sociais incidem, apenas, a anterioridade mitigada;
>
> IV)Em vários outros tributos, Imposto de Importação, Imposto de Exportação, Imposto Extraordinário de guerra, IOF, Empréstimo Compulsório (calamidade pública ou guerra), não incide a regra.

Entendemos, assim, que a aplicação de uma ou outra dentre as variações da regra de anterioridade, cumulativamente ou não, depende do tributo que foi modificado pela legislação nova.

No entanto, o tema ainda pende de definição do Supremo Tribunal Federal. No tocante aos Decretos que reduziram o percentual utilizado para calcular o benefício referente ao REINTEGRA, por exemplo, há precedentes de ambas as Turmas do Supremo Tribunal Federal no sentido tanto da aplicação cumulativa da anterioridade de exercício e da anterioridade nonagesimal, quanto no sentido apenas desta última. No caso do REINTEGRA, ainda que se entenda que houve aumento indireto de tributo, esse tributo só poderia ser o PIS e a COFINS, em face do liame, ainda que orçamentário, previsto no art. 22, § 5º, da Lei 13.043[21], de 2014, o que evidencia ser o caso, tão somente, de aplicação da anterioridade nonagesimal, regra aplicável às contribuições sociais.

Recentemente foi reconhecida a repercussão geral da controvérsia (ARE 1285177, Tema 1108 RG)[22], oportunidade em que deve ser sepultada a discussão, definindo-se, igualmente, se a revogação de benefício fiscal acarreta a aplicação indistinta de ambas as regras de anterioridade, independentemente do tributo objeto do favor fiscal, ou se a incidência das regras deverá observar o critério específico de cada espécie tributária.

No contexto das propostas de reforma tributária hoje existentes, e diante do entendimento já consagrado pelo STF, de que a revogação de benefícios fiscais importa aumento indireto de tributo e deve obediência às regras de anterioridade, conclui-se, ainda, prudente que a revogação desses favores fiscais, ainda que instituída via Emenda Constitucional, guarde observância a essa limitação constitucional ao poder de tributar, diante da sua natureza de cláusula pétrea, tal como definido pelo STF na ADI 939[23].

[21] Art. 22. No âmbito do Reintegra, a pessoa jurídica que exporte os bens de que trata o art. 23 poderá apurar crédito, mediante a aplicação de percentual estabelecido pelo Poder Executivo, sobre a receita auferida com a exportação desses bens para o exterior.
(...).
§ 5º Do crédito de que trata este artigo:
I – 17,84% (dezessete inteiros e oitenta e quatro centésimos por cento) serão devolvidos a título da Contribuição para os Programas de Integração Social e de Formação do Patrimônio do Servidor Público – Contribuição para o PIS/Pasep; e
II – 82,16% (oitenta e dois inteiros e dezesseis centésimos por cento) serão devolvidos a título da Contribuição para o Financiamento da Seguridade Social – COFINS.

[22] STF, ARE 1285177, Rel. Min. Luiz Fux, 15/10/2020.

[23] STF, ADI 939, Tribunal Pleno, Rel. Min. Sydney Sanches, Publicado DJe 18.03.1994: EMENTA: – Direito Constitucional e Tributário. Ação Direta de Inconstitucionalidade de Emenda Constitucional e de Lei Complementar. I.P.M.F. Imposto Provisório sobre a Movimentação ou a Transmissão de Valores e de Créditos e Direitos de Natureza Financeira – I.P.M.F. Artigos 5., par. 2., 60, par. 4., incisos I e IV, 150, incisos III, "b", e VI, "a", "b", "c" e "d", da Constituição Federal. 1. Uma Emenda Constitucional, emanada, portanto, de Constituinte derivada, incidindo em violação a Constituição originaria, pode ser declarada inconstitucional, pelo

Conclusões

Ao longo do presente artigo passamos pela definição dos institutos do benefício e incentivo fiscais e a necessidade de observância do art. 113 do ADCR e do art. 14 da LRF para sua concessão e/ou ampliação. Defendemos que a identificação dos desvios ao Sistema Tributário de Referência é o método adequado para verificar se estamos diante de benefícios e incentivos tributários que implicam renúncias de receitas.

Vimos que o princípio da segurança jurídica deve incidir em situações de concessão de benefícios e incentivos por prazo certo e sob condições onerosas e, no contexto de extinção de tributos e criação de outros, analisamos o tratamento que algumas das principais propostas de reforma tributária em discussão no Congresso Nacional estão conferindo à hipótese.

Entendemos que essas propostas devem preservar ao máximo os casos de direitos adquiridos relativos aos benefícios concedidos sob condição envolvendo tributos extintos, o que pode ser viabilizado via previsão de abatimento dos novos tributos até esgotada a fruição dos benefícios já tidos por adquiridos, ou com a previsão de regras de transição que permitam a manutenção e a fruição do benefício até o fim do seu prazo.

Supremo Tribunal Federal, cuja função precípua e de guarda da Constituição (art. 102, I, "a", da C.F.). 2. A Emenda Constitucional n. 3, de 17.03.1993, que, no art. 2., autorizou a União a instituir o I.P.M.F., incidiu em vício de inconstitucionalidade, ao dispor, no parágrafo 2. desse dispositivo, que, quanto a tal tributo, não se aplica "o art. 150, III, "b" e VI", da Constituição, porque, desse modo, violou os seguintes princípios e normas imutáveis (somente eles, não outros): 1. – o princípio da anterioridade, que e garantia individual do contribuinte (art. 5., par. 2., art. 60, par. 4., inciso IV e art. 150, III, "b" da Constituição); 2. – o princípio da imunidade tributária reciproca (que veda a União, aos Estados, ao Distrito Federal e aos Municípios a instituição de impostos sobre o patrimônio, rendas ou serviços uns dos outros) e que e garantia da Federação (art. 60, par. 4., inciso I,e art. 150, VI, "a", da C.F.); 3. – a norma que, estabelecendo outras imunidades impede a criação de impostos (art. 150, III) sobre: "b"): templos de qualquer culto; "c"): patrimônio, renda ou serviços dos partidos políticos, inclusive suas fundações, das entidades sindicais dos trabalhadores, das instituições de educação e de assistência social, sem fins lucrativos, atendidos os requisitos da lei; e "d"): livros, jornais, periódicos e o papel destinado a sua impressão; 3. Em consequência, e inconstitucional, também, a Lei Complementar n. 77, de 13.07.1993, sem redução de textos, nos pontos em que determinou a incidência do tributo no mesmo ano (art. 28) e deixou de reconhecer as imunidades previstas no art. 150, VI, "a", "b", "c" e "d" da C.F. (arts. 3., 4. e 8. do mesmo diploma, L.C. n. 77/93). 4. Ação Direta de Inconstitucionalidade julgada procedente, em parte, para tais fins, por maioria, nos termos do voto do Relator, mantida, com relação a todos os contribuintes, em caráter definitivo, a medida cautelar, que suspendera a cobrança do tributo no ano de 1993.

Por fim, quanto a polêmica sobre a revogação ou diminuição de benefício fiscal e o princípio da anterioridade, espelhamos a posição atual do STF, que sedimentou o entendimento de que em tal situação deve-se observar o princípio da anterioridade, por acarretar majoração indireta de tributos, sendo que a controvérsia que remanesce é se a revogação de benefício implica na incidência de ambas as regras de anterioridade (geral e nonagesimal), ou se deverão respeitar o critério específico de cada espécie tributária. Concluímos que a aplicação de uma ou outra dentre as variações da regra da anterioridade, cumulativamente ou não, está, necessariamente, atrelada ao tributo que foi modificado.

Referências

ANDRADE, José Maria Arruda de. *Como entender os benefícios tributários, financeiros e creditícios.* www.conjur.com.br. Acesso em: 22 set. 2017.

_______. *A política econômica e a governança dos gastos tributários indiretos.* www.conjur.com.br. Acesso em: 05 mar. 2020.

BRASIL. Câmara dos Deputados. Proposta de Emenda à Constituição nº 45, de 3 de abril de 2019a. Altera o Sistema Tributário Nacional e dá outras providencias. Disponível em: https://www.camara.leg.br/proposicoesWeb/fichadetramitacao?idProposicao=2196833. Acesso em: 03 nov. 2020.

BRASIL. Receita Federal do Brasil. Demonstrativo de Gastos Tributários. https://receita.economia.gov.br/dados/receitadata/renuncia-fiscal/demonstrativos-dos-gastos-tributarios/arquivos-eimagens/sistema-tributario-de-referencia-str-v1-01.pdf. Acesso em: 9 dez. 2020.

_______. Demonstrativo de Gastos Tributários. www.receita.economia.gov.br/dados/receitadata/renuncia-fiscal/demonstrativos-dos-gastos-tributarios/conceito-degasto-tributario. Acesso em: 16 jul. 2020.

BRASIL. Senado Federal. Proposta de Emenda à Constituição nº 110, de 9 de julho de 2019b. Altera o Sistema Tributário Nacional e dá outras providencias. Disponível em: https://www25.senado.leg.br/web/atividade/materias/-/materia/137699. Acesso em: 03 nov. 2020.

_______. Proposta de Emenda à Constituição nº 110, de 9 de julho de 2019c (Substitutivo). Altera o Sistema Tributário Nacional para prever a instituição de impostos sobre bens e serviços e do imposto seletivo e dá outras providências. Disponível em: https://legis.senado.leg.br/sdleg-getter/documento?dm=8050102&ts=1576781837031&disposition=inline. Acesso em: 03 nov. 2020.

GIANNETTI, Leonardo Varella. *Segurança Jurídica e Incentivos Fiscais: Um tema antigo, mas ainda presente nas lides tributárias. In* SEGUNDO, Hugo de Brito Machado; MURICI, Gustavo Lanna; RODRIGUES, Raphael Silva (Orgs.). *O Cinquentenário do código tributário nacional*, vol. 1, Belo Horizonte: D'Plácido, 2017.

PAULSEN, Leandro. *Constituição e código tributário comentados à luz da doutrina e da jurisprudência.* 18 ed. São Paulo: Saraiva, 2017.

PINHEIRO, Bruno Alves, *in Constituição e Código Tributário Comentados Sob a Ótica da Fazenda Nacional*/Cláudio Seefelder e Rogério Campos, Coordenadores-Gerais. São Paulo: Thomson Reuters Brasil, 2020.

TORRES, Ricardo Lobo. *Curso de Direito Financeiro e Tributário*. Rio de Janeiro: Renovar, 2013.

3
CIDADANIA FISCAL E A REFORMA TRIBUTÁRIA – UMA OPORTUNIDADE DE APROFUNDAMENTO DA RELAÇÃO FISCO/CONTRIBUINTE

JERSILENE DE SOUZA MOURA

Introdução

O Brasil é uma das economias mais importantes do mundo. De acordo com Grzybovski e Hahn (2006), no Brasil, prepondera a cultura do não pagamento de tributos e do desconhecimento do papel do Estado como regulador da vida em sociedade, sendo os tributos meio de manter o seu funcionamento. Isso é uma das causas que afasta o cidadão do pagamento espontâneo dos tributos, ficando a adimplência mais restrita ao medo de eventual penalidade, do que ao compromisso cívico de contribuir para o bem comum.

Há que se ressaltar, também, que as empresas que deixam de cumprir suas obrigações acabam por gerar uma concorrência desleal em relação àquelas que recolhem regularmente seus tributos.

A necessidade de mudar esse paradigma de uma percepção negativa no pagamento de tributos para uma percepção positiva é fundamental para a evolução da governança pública e para a democracia que "cada vez mais se consolida, a partir da afirmação da cidadania, da ampliação do espaço de participação popular, do desenvolvimento da sociedade civil e da defesa intransigente dos direitos humanos"[1]

[1] FALCÃO, Martins, Humberto & Marini, Caio. *Um Guia de Governança para Resultados na Administração Pública*. Publix, 2010, p. 13.

Neste desiderato de democracia como valor (FALCÃO, 2010), o presente artigo pretende abordar aspectos de cidadania fiscal alcançados pelas principais propostas de reforma tributária em discussão no Congresso Nacional.

Essas reformas preveem, em seus dispositivos, regras voltadas à promoção da cidadania fiscal? As propostas têm sido debatidas pela sociedade civil de forma abrangente e satisfatória?

O presente artigo tem por base pesquisa documental em redes abertas e noções teóricas de educação fiscal/cidadania fiscal.

Iniciando por um arcabouço teórico de cidadania fiscal, passando pela varredura de dispositivos correlatos à noção de cidadania fiscal porventura existentes nos textos propostos, a fim de aferir de que forma a reforma tributária pode contribuir para o amadurecimento e coesão social, num país tão cheio de desigualdades.

1. Da educação/cidadania fiscal

Desde os primórdios da humanidade, começaram a ser estabelecidas relações de troca, onde os interesses eram negociados numa relação de contínuo benefício, como demonstrado no livro The Gift (MAUSS, 1925), que aborda a capacidade humana universal de dar, receber e dar novamente.

Sobre o aspecto tributário, há um debate nesse mesmo contexto, pois os cidadãos também pagam seus impostos com a perspectiva de um retorno por parte do governo (LARSEN, 2018). Estudos indicam que há fatores demográficos como a idade, gênero e educação correlacionados com a forma de ver o tributo, bem como que há grandes variações de acordo com o país (LARSEN, 2018).

Conforme aponta Larsen (2018), economistas têm testado os contribuintes que apresentam uma conduta pró-social de comportamento e que tendem a fazer o que os outros fazem. A reciprocidade significa que há um compromisso maior de seguir individualmente o que o grupo faz. Assim, quando a maioria dos membros de uma sociedade sentem-se obrigados ao pagamento de tributos, a tendência é que esta seja uma conduta disseminada, sendo pouco aceitos comportamentos destoantes. Entretanto, o inverso também é verdadeiro, ou seja, numa sociedade em que existe aversão ao pagamento de tributos, ou uma percepção negativa, a tendência é que não seja dada importância ou valor à higidez tributária. Se a tributação é considerada uma conduta social, o comportamento individual dos contribuintes será fortemente influenciado pelo comportamento dos outros.

Ainda de acordo com Larsen (2018), a sociedade tende a observar a lei ainda que haja conflitos pessoais ou desvantagens. Contribuintes respeitam mais a lei à medida que entendem que o ato de pagar tributos é um ganho social. Observar isso é essencial na hora de criar tributos e comunicá-los à sociedade. Para finalizar, o Slogan da Agência Fiscal da Suécia é: *Vår åsikt om skatter ska vi uttrycka med vår röstsedel-och inte genom felaktig deklaration*, ou seja: Nossas opiniões fiscais devem ser expressas no voto (eleições), não por declarações fiscais defeituosas (tradução livre desta articulista).[2] Portanto, na Suécia, a questão de obedecer a ordem democrática e pagar tributos é independente das opiniões políticas, já que estas são decididas no voto.

No que se refere ao Brasil, estudos têm demonstrado uma baixa percepção da importância do pagamento de tributos, a qual, segundo pesquisadores, poderia ser minimizada com programas de educação fiscal. (Grzybovski e Hahn, 2006; Linhares, 2011). E como bem pontua Rocha (2018):

> Solidariedade social não é algo que se possa criar por meio de um texto normativo. É uma questão cultural.
>
> A questão que se percebe é que, considerando a situação brevemente exposta acima, a arrecadação tributária se realiza em um ambiente de constante litigiosidade e animosidade. Há anos Ives Gandra da Silva Martins insiste que as normas tributárias se incluem no conjunto das ditas "normas de rejeição social". Essa análise, em uma primeira aproximação, parece refletir a situação brasileira atual – embora, como veremos adiante, não possa ser considerada uma característica ontológica da tributação. O ato de pagar tributo não é visto – como deveria ser – como um exercício de cidadania fiscal. É uma forma de evitar a ação repressiva do Estado, no mais das vezes vista como absurda, desproporcional e injusta.[3]

A Constituição de 1988 é entendida como uma constituição dirigente, com um programa de transformações políticas e sociais (Moraes, 2006). Todavia, para que haja uma participação maior do cidadão nos destinos da

[2] Larsen, Lotta Björklund. *A Fair Share of Tax – A Fiscal Anthropology of Contemporary Sweden*. Palgrave Macmillan, 2018, p. 135.

[3] Rocha, Sergio Andre. *Reconstruindo a confiança na relação fisco-contribuinte*. Revista de Direito Tributário Atual nº 39. Disponível em: http://ibdt.org.br/RDTA/39/reconstruindo-a-confianca-na-relacao-fisco-contribuinte/. Acesso em: 15 jun. 2019. p. 508.

Nação, ele precisa estar consciente de seus direitos e deter informações mínimas que lhe possibilitem uma emancipação social, sendo a educação fiscal um meio para promover essa conscientização. Assim:

> Educação Fiscal é projeto político-ético-pedagógico, destinado ao convencimento de que a democracia é uma prática pedagógica, continuada, visando a formação do sujeito capaz de transformar a sociedade, a partir de uma consciência que sopesa as suas ações, avalia livremente os seus atos.[4]

Um dos estudos mais relevantes sobre educação fiscal é atribuído a Fernando Sainz de Bujanda, professor de Finanças Públicas e Direito Fiscal na Faculdade de Direito de Madrid, que em 22 de agosto de 1966, na Conferência na cidade do México, lança sua *Teoría de la educación tributaria.*

O texto da conferência foi publicado pela Revista da Faculdade de Direito da Universidade de Madrid em 1967 e dele se extraem referências que vieram a alicerçar o entendimento e o sentido de educação tributária.

De acordo com o renomado professor catedrático, a Educação Tributária é uma parte do conceito geral de educação e ramo da ciência pedagógica – *que es el único capaz de ofrecer una visión comprensible de la conducta del contribuyente*[5]. Ainda de acordo com Bujanda, a abordagem econômica é insuficiente para explicar a conduta do contribuinte que, pode sim, sofrer sua influência, mas não é um único fator que direciona seu comportamento: *Factores étnicos, históricos, políticos, se combinan para dar un «estilo» a cada colectividad. Individualmente, cada contribuyente utiliza o sufre su experiencia personal para arreglar sus relaciones con el Fisco.*[6]

Dentro de uma ciência pedagógica, há que se perquirir sobre os ideais educacionais específicos e os métodos para alcançá-los, o que também deve ser buscado na sua vertente de educação fiscal, no seu desiderato de melhoria intencional do educando partícipe da relação fiscal. Educação Fiscal, portanto, não é apenas o cumprimento da obrigação legal por parte do contribuinte, mas a consciência e a exigência também do comportamento adequado por parte da Administração tributária. Nas palavras de Bujanda:

[4] Oliveira, Daniela Olímpio de. *Sociologia da questão tributária no Brasil, numa leitura Habermasiana: Ocultamento e desocultamento da moral tributária.* p. 26.

[5] Bujanda, Fernando Sainz de. *Teoria de la educacion tributaria.* Madrid, Revista De La Facultad de Derecho de La Universidad de Madrid. Núm. 24. Vol. IX, 1967. p 18.

[6] Bujanda, Fernando Sainz de. *Teoria de la educacion tributaria.* Madrid, Revista De La Facultad de Derecho de La Universidad de Madrid. Núm. 24. Vol. IX, 1967. p. 22.

Despertar y avivar la conciencia en vez de adormecerla es el gran método educativo. Tener conciencia tributaria supone, efectivamente, que las prestaciones tributarias no se producen con ayuda de engaños y de anestésicos dirigidos a hacerlas imperceptibles o poco dolorosas, sino, antes al contrario, como pagos que sean, en su oportunidad y en su sentido, plenamente inteligibles y libremente aceptados, y que generen, por tanto, sacrificios mensurables que el contribuyente realice con el apoyo moral de un sentimiento de solidaridad.[7]

Em sua notável conferência Bujanda também pontuou sobre os benefícios que podem ser alcançados com a Educação fiscal, quais sejam: justiça e racionalidade do sistema tributário; simplificação da administração financeira e um novo senso do processo tributário que se tornará muito mais simplificado e coeso.

No Brasil, algumas dissertações e teses também vieram a abordar o tema:

> Educação Fiscal é política promotora de Estado social. Deve ir além, e ser gestora, se cumprir, realmente, com seu papel de formadora da cidadania, nos valores e princípios daquele Estado. Se com uma mão tira da economia a matéria prima, o tributo, para sua usinagem; com a outra mão devolve, à política, o seu produto acabado, o orçamento público.(...) Educação Fiscal, seja em que país for, existirá onde haja políticas públicas garantidoras da democracia e da dignidade humana, mas, sobretudo, investimento em consciência individual e cultura educativa do processo tributário-orçamentário. Bem público, que é, de interesse de todos. Jamais de alguns.[8]
>
> A educação fiscal busca mostrar a outra vertente dessa questão. Cuida-se de desenvolver, no educando, a consciência de que o pagamento de tributos, num Estado fiscal, garante os recursos necessários ao financiamento das políticas públicas de efetivação dos direitos fundamentais.[9]

A educação fiscal, como exercício para a cidadania, "passa pela conscientização individual dos valores ético-culturais do Estado social, tendo

[7] Bujanda, Fernando Sainz de. *Teoria de la educacion tributaria.* Madrid, Revista De La Facultad de Derecho de La Universidad de Madrid. Núm. 24. Vol. IX, 1967. p. 42.

[8] Oliveira, Daniela Olímpio de. *Sociologia da questão tributária no Brasil, numa leitura Habermasiana: Ocultamento e desocultamento da moral tributária.* p. 22, 23 e 24.

[9] Aguiar, Cecília Bezerra de. *A construção da cidadania solidária por meio da educação fiscal: uma análise dos observatórios sociais.* p. 101.

como substrato a aberta realidade material do mundo tributário e orçamentário, ou seja, o mundo fiscal." [10]

Assim, de acordo com Oliveira, podemos conceituar Educação fiscal:

> como política pública de Estado social voltada para à formação integral do cidadão, apto a relacionar, criticamente, tributo, orçamento público, ética e cidadania, como condição ao pleno desenvolvimento individual e social, sustentáveis.[11]

A tributação passa a ser, assim, um meio de densificação do princípio da dignidade da pessoa humana e um dever decorrente da cidadania (Buffon, 2007), pois:

> Não há como exigir-se a concretização dos direitos fundamentais sem que haja, em contrapartida, a contribuição dos cidadãos para que tal intento seja alcançado. Ou seja, não há como concretizar direitos fundamentais sem que haja o cumprimento, por parte dos cidadãos, de um dos principais deveres de cidadania: pagar tributos. Isso verifica-se, por óbvio, porque a realização dos direitos fundamentais, especialmente aqueles de cunho prestacional, implica a assunção de um significativo ônus financeiro. Ocorre que tal encargo social vem sendo "esquecido", pois uma parcela expressiva da sociedade restringe a concepção de cidadania apenas à esfera dos direitos, descurando da faceta obrigacional daquela.[12]

Portanto, "discutir tributação é discutir a realização de um projeto social de Estado, na delimitação dos espaços público e privado, bem como o desenho de uma esfera social pronta para enfrentar políticas de redistribuição."[13]

[10] Oliveira, Daniela Olímpio de. *Sociologia da questão tributária no Brasil, numa leitura Habermasiana: Ocultamento e desocultamento da moral tributária*, p. 24.

[11] Oliveira, Daniela Olímpio de. *Sociologia da questão tributária no Brasil, numa leitura Habermasiana: Ocultamento e desocultamento da moral tributária*, p. 25.

[12] Buffon, Marciano. *Cidadania fiscal: o dever fundamental de pagar tributos e os direitos fundamentais* In: Torres Neto, Argemiro; Machado, Sandra Maria Olimpio (Coord.); Marino, Carlos Eduardo dos Santos; Belchior; Germana Parente Neiva; Silva, Imaculada Maria Vidal da (Org.). 15 anos do programa de educação fiscal do Estado do Ceará:Memórias e perspectivas. Fortaleza: Edições Fundação Sintaf, 2014, p. 166.

[13] Oliveira, Daniela Olímpio de. *Sociologia da questão tributária no Brasil, numa leitura Habermasiana: Ocultamento e desocultamento da moral tributária*, p. 13.

Dentre os problemas levantados para o alcance de um maior envolvimento da sociedade nesta discussão, está a falta de informação e a tributação indireta, havendo "correlação entre o caráter velado dos tributos indiretos e a falta de consciência por parte dos cidadãos-contribuintes, a qual impede a realização de uma efetiva cidadania fiscal."[14]

Prosseguindo, Maia arremata:

> O exercício da cidadania fiscal, pois, em que a tributação seja acompanhada de um controle da destinação dos recursos públicos, pode proporcionar uma sociedade de cidadãos prósperos. O sentimento de pertença a uma coletividade e a noção de solidariedade despertam ainda a consciência de outro dever eminentemente relacionado àquele, qual seja, o dever de contribuir para o bem comum através da tributação, o qual deve ser acompanhado pela fiscalização da aplicação desses recursos.
>
> Para a contínua evolução da concepção de cidadania, notadamente nos seus aspectos de cidadania solidária e a consequente cidadania fiscal, imprescindíveis são os projetos de educação, de incentivo à participação democrática e ao controle social, para que se assegure, através da fiscalização, o retorno para a sociedade do montante por ela destinado à tributação.[15]

Portanto, podemos constatar que o pagamento voluntário se dá com uma perspectiva de retorno ou reciprocidade – ganho social, de observância a um comportamento geral e como uma relação de justiça e confiança (Mauss, 1925; Larsen, 2018). No Brasil a baixa percepção da importância do pagamento de tributos está atrelada a um ambiente de constante litigiosidade e animosidade (Rocha, 2018), ao desconhecimento da função social do tributo (Grzybovski e Hahn, 2006; Linhares, 2011), que perpassa tanto o desconhecimento da tributação indireta, como a importância do controle e fiscalização da aplicação dos recursos, além do sentimento de solidariedade e pertença (Maia, 2015; Rocha, 2018).

Uma reforma tributária pode ser uma excelente oportunidade para trazer à discussão melhorias desta relação fisco/contribuinte e formas de promoção de uma efetiva cidadania fiscal.

[14] MAIA, Debora Bezerra de Menezes Serpa Maia. *Tributação Indireta e Cidadania Fiscal: Uma análise dos mecanismos de conscientização para mitigação da anestesia fiscal*, p. 43.

[15] MAIA, Debora Bezerra de Menezes Serpa Maia. *Tributação Indireta e Cidadania Fiscal: Uma análise dos mecanismos de conscientização para mitigação da anestesia fiscal*, p. 42.

2. Breve análise do trato da cidadania fiscal nas propostas em curso

A partir destes conceitos de educação e cidadania fiscais, passaremos a analisar o texto de cada uma das proposituras, buscando em suas disposições regras e fundamentos promotores da cidadania fiscal.

Iniciando pela PEC 45/2019, verifica-se que nenhum de seus dispositivos legais trata, especificamente, de cidadania fiscal, em que pese este tema seja citado na justificativa da propositura, ao tratar da transparência e da alíquota uniforme do Imposto Sobre Bens e Serviços- IBS[16]:

> A reforma da tributação sobre o consumo no Brasil é urgente por várias razões. As falhas do modelo brasileiro de tributação de bens e serviços prejudicam sobremaneira o crescimento do país, além de gerar distorções competitivas e **impossibilitar o conhecimento, pelos cidadãos, da carga tributária incidente sobre os bens e serviços que consomem. (...)**
>
> Este modelo não apenas reduz a grande rigidez que caracteriza o atual regime fiscal do Brasil, como também **dá grande transparência ao custo para os consumidores/eleitores do financiamento de cada política pública. Contribui-se, assim, para elevar o grau de responsabilidade política do país, ao tornar mais claro para os eleitores o custo do financiamento do orçamento da União, de seu Estado e de seu Município. (...)**
>
> No inciso VI estabelece-se que a alíquota do IBS será uniforme para todos os bens, serviços e direitos. Com a adoção de alíquota uniforme, garante-se a impossibilidade de captura do sistema tributário por interesses setoriais e eliminam-se as perversas consequências, em termos de contencioso e de custo de conformidade, dos sistemas de alíquotas múltiplas, além dos planejamentos tributários decorrentes da classificação dos bens ou serviços. Além disso, a **alíquota uniforme garante transparência do tributo cobrado por cada ente federativo, permitindo o exercício da cidadania mediante a participação dos cidadãos na discussão sobre a carga tributária.** (Grifos nossos)

A ausência de transparência na compreensão do tributo é um dos fatores que dificultam o entendimento pelo cidadão. No entendimento de Maia (2015), a falta de informação e a tributação indireta impede a realização de uma efetiva cidadania fiscal.

[16] BRASIL. Câmara dos Deputados. *Proposta de Emenda à Constituição – PEC 45/2019*. Disponível em: https://www.camara.leg.br/proposicoesWeb/prop_mostrarintegra?codteor=1728369&filename=PEC+45/2019. Acesso em: 03 nov. 2020.

A PEC 110/2019, em trâmite no Senado Federal, embora não traga as mesmas justificativas apresentadas pela PEC 45/2019, possui semelhanças com esta proposta, pois também trabalha com a criação de um imposto único sobre o consumo, o mesmo ocorrendo com a Emenda nº 192 à PEC 45/2019, da qual se sobressai a ausência de participação da União no comitê gestor.

A Emenda nº 178 apresentada na PEC 45/2019, por sua vez, opera na junção do ICMS e do ISS, e na unificação das contribuições ao PIS/Cofins e PASEP, trazendo em sua justificativa a simplificação e eficiência tributária:[17]

> 7 – Simplificação e eficiência tributária
>
> A tributação diferenciada para cada produto e, em alguma medida, para cada empresa leva a um ambiente complexo que demanda das empresas gastos administrativos elevados, abre espaço para judicializações e ampla sonegação. Além disso, a guerra fiscal entre os entes tem criado ambiente de insegurança jurídica para as empresas e gerado grave crise fiscal.
>
> As medidas aqui propostas simplificam os impostos sobre consumo, reduzem a litigância, absorvem as mudanças nos produtos e serviços derivados das novas tecnologias, aumentam a transparência na arrecadação dos tributos, mantém a carga tributária nos patamares atuais e desestimulam a transferência da poupança nacional para paraísos fiscais. Tais propostas se viabilizam através das seguintes medidas:
>
> i) Unificação do ICMS e ISS em um Imposto de Valor Agregado, com alíquota única, arrecadação no destino com legislação nacional;
>
> ii) ii) Unificação do PIS, PASEP e COFINS numa contribuição social de valor agregado;
>
> iii) Tributa a transferência de recursos ao exterior, com alíquota dobrada no caso de remessa para paraísos fiscais;

A PEC 128/2019, por seu turno, de acordo com justificação apresentada, tem "o objetivo precípuo de modificar as bases de incidência tributária em vigor no Brasil, diminuindo a participação dos tributos sobre o consumo e aumentando a tributação sobre os lucros e ganhos."[18]

[17] BRASIL. Câmara dos Deputados. *Proposta de Emenda na Comissão 178/2019*. Disponível em: https://www.camara.leg.br/proposicoesWeb/fichadetramitacao?idProposicao=2223716. Acesso em: 03 nov. 2020.

[18] BRASIL. Câmara dos Deputados. *Proposta de Emenda à Constituição – PEC 128/2019*. Disponível em: https://www.camara.leg.br/proposicoesWeb/fichadetramitacao?idProposicao=2215866. Acesso em: 03 nov. 2020.

Desmembra o Imposto sobre bens e serviços – IBS em dois tributos, um federal e outro dos estados e municípios, criando um IVA dual. Retoma a tributação sobe lucros e dividendos, bem como sobre a movimentação financeira, para reduzir a tributação sobre o consumo.

Também merece nota o PL 3.887/2020 que cria a Contribuição Social sobre Operações com Bens e Serviços – CBS em substituição ao PIS/Cofins, e ressalta a simplificação e transparência na tributação sobre o consumo como uma de suas vantagens, conforme justificativa encaminhada com a referida propositura[19]:

> 5. Essa definição permite a utilização no desenho da CBS de toda a literatura e experiência consolidadas internacionalmente acerca da tributação sobre operações com bens e serviços. Mediante a utilização da técnica de tributação do valor adicionado, **essa nova legislação garante neutralidade, alinhamento internacional, simplificação e transparência na tributação do consumo.**
>
> 15. A nova contribuição não objetiva gerar aumento de arrecadação em relação aos níveis atuais. Os cálculos para determinação da alíquota tomaram como premissas a tributação homogênea e o creditamento amplo, além da exclusão dos tributos sobre consumo de sua base de cálculo, Imposto sobre Produtos Industrializados (IPI), Imposto sobre Operações Relativas à Circulação de Mercadorias e Prestações de Serviços de Transporte Interestadual e Intermunicipal e de Comunicação (ICMS) e Imposto Sobre Serviços de Qualquer Natureza (ISS). **A própria CBS também não incidirá sobre ela mesma, assegurando transparência à tributação e permitindo a identificação do montante exigido.** (Grifos nossos)

Observa-se, assim, que as propostas em curso almejam precipuamente uma maior transparência e simplificação dos tributos, que é um dos problemas levantados para o alcance de um maior envolvimento da sociedade, havendo "correlação entre o caráter velado dos tributos indiretos e a falta de consciência por parte dos cidadãos-contribuintes, a qual impede a realização de uma efetiva cidadania fiscal."[20]

[19] BRASIL. Câmara dos Deputados. *Projeto de Lei PL 3887/2020*. Disponível em: https://www.camara.leg.br/proposicoesWeb/fichadetramitacao?idProposicao=2258196. Acesso em: 05 nov. 2020.

[20] MAIA, Debora Bezerra de Menezes Serpa Maia. *Tributação Indireta e Cidadania Fiscal: Uma análise dos mecanismos de conscientização para mitigação da anestesia fiscal*. p.13.

Contudo, para além da simplificação e transparência, as reformas poderiam ser uma boa oportunidade para o envolvimento maior da sociedade civil na discussão mais aprofundada sobre a função social dos tributos, como meio de realização das políticas públicas.

Também seria um momento oportuno para se inserir questões relacionadas aos direitos dos contribuintes. Neste aspecto, mencionamos a Carta de Direitos dos Contribuintes, da XXX Jornada dos Países Membros do Instituto Latino Americano de Direito Tributário[21], aprovada, por unanimidade, na Assembleia do Instituto em 09 de novembro de 2018, que, apesar de não possuir caráter obrigatório, traz questões relevantes que poderiam ser contempladas no bojo das reformas em curso, como por exemplo, direito de formular reclamações e sugestões em relação ao funcionamento da Administração Tributária, tratamento respeitoso, boa administração em prazo razoável, igualdade de tributação de acordo com a capacidade contributiva, conforme se extrai dos seguintes artigos:

> *11) Derecho a formular quejas y sugerencias en relación con el funcionamiento de la Administración tributaria. Tales quejas se tramitarán, preferentemente, en un órgano independiente que tendrá el perfil de una Defensoría o Procuradoría del Contribuyente.*
>
> *12) Derecho a ser tratado con el debido respeto y consideración por los servidores públicos de la Administración Tributaria.*
>
> *13) Derecho a una buena Administración, de tal forma que toda persona tiene derecho a que las instituciones, órganos y organismos de un Estado traten sus asuntos imparcial y equitativamente y dentro de un plazo razonable.*
>
> *14) Derecho a la igualdad tributaria y a la tributación de acuerdo con la capacidad contributiva individual. En función de ello, el contribuyente tiene derecho a ser gravado por actos, hechos o circunstancias que sean indicativos de riqueza real, efectiva y actual (exclusión de los tributos que gravan capacidad económica ficticia) y a que la cuantificación tenga en cuenta la capacidad singular manifestada por cada contribuyente.*

Relevante também seria prever mecanismos relacionados a uma relação mais cooperativa entre o contribuinte e a Administração tributária, atenta ao princípio da boa-fé entre as partes, e favorecendo o tratamento diferenciado para os contribuintes que tenham condutas mais assertivas, conforme preveem os artigos 137 a 142, da referida Carta:

[21] INSTITUTO LATINOAMERICANO DE DERECHO TRIBUTARIO – ILAT. http://www.iladt.org/frontend/docs/Carta_Derechos_Contribuyente_ILADT_aprobada_y_Presentacion.pdf Acesso: 06 nov. 2020.

137) Derecho a los acuerdos entre la Administración tributaria y el contribuyente, en el marco de una relación cooperativa, en un procedimiento preventivo y atendiendo al perfil de riesgo fiscal del contribuyente.

138) Derecho a que la relación cooperativa se desarrolle con pleno respeto a los derechos y garantías expuestos en esta Carta.

139) Derecho a que el contribuyente, al que se le atribuya un comportamiento reiterado de cumplimiento y cooperación, disponga de un trato preferente en términos de facilidad en la obtención de aplazamientos y fraccionamientos y otras facilidades para el pago de los tributos.

140) Derecho a la formulación de criterios que rijan las relaciones cooperativas, a través de Códigos de Buenas Prácticas.

141) Derecho a que los administradores y representantes de las compañías que deban conocer los deberes fiscales de la compañía, a acreditar que han actuado de acuerdo a los protocolos y códigos internos de Buenas Prácticas.

142) Derecho a obtener, en el marco de los foros cooperativos una cuantificación provisional de la liquidación o determinación de la deuda, a título orientativo, así como, criterios interpretativos vinculantes sobre normas tributarias, cuando se crea necesario.

Uma reforma tributária que traga à discussão melhorias da relação entre fisco/contribuinte poderia proporcionar um efetivo ganho para a cidadania fiscal que engloba, no escólio de Maia (2015), duas vertentes: uma, referente ao conhecimento da função social do tributo, e a outra, sobre a importância do controle e fiscalização da aplicação dos recursos arrecadados pelo Estado.

Todavia, nos parece que as discussões ainda se mostram incipientes quando se trata do envolvimento da sociedade civil.

4. Propostas em curso e participação da sociedade civil

De uma rápida pesquisa no portal da Câmara dos Deputados na internet, constatamos a existência de 70 proposições legislativas de Emenda à Constituição, cujo assunto é Reforma Tributária[22]. Várias destas propostas já foram arquivadas e as principais em tramitação podem ser resumidas na Proposta de Emenda Constitucional nº 45, de 03 de abril de 2019; Pro-

[22] BRASIL. Câmara dos Deputados._https://www.camara.leg.br/buscaProposicoesWeb/resultadoPesquisa?numero=&ano=&autor=&inteiroTeor=reforma+tributaria&emtramitacao=Todas&tipoproposicao=%5BPEC+-+Proposta+de+Emenda+%C3%A0+Constitui%C3%A7%C3%A3o%5D&data=03/11/2020&page=false.

posta de Emenda Constitucional nº 110, de 09 de julho de 2019; Emenda nº 178 à Proposta de Emenda Constitucional nº 45, de 2019; Proposta de Emenda Constitucional nº 128, de 16 de agosto de 2019; Emenda nº 192 à Proposta de Emenda à Constituição nº 45, de 2019; e Emenda nº 5 à Proposta de Emenda à Constituição nº 110, de 2019, além do PL 3887/2020 proposto pelo Executivo Federal.

Em pesquisa na rede mundial de computadores, verificamos que a participação da sociedade civil nestas discussões aparece de forma pontual e singela, com algumas poucas manifestações e/ou solicitações, como, por exemplo:

a) manifesto do Fórum Nacional das Instituições Filantrópicas (FONIF) intitulado "Taxação da Solidariedade", assinado por Associação Brasileira de Instituições Educacionais Evangélicas (Abiee), Associação Nacional de Educação Católica do Brasil (Anec), Associação Paulista de Fundações (APF), Confederação Brasileira de Fundações (Cebraf), Conferência Nacional dos Bispos do Brasil (CNBB), Confederação das Santas Casas e Hospitais Filantrópicos (CMB), Confederação Israelita do Brasil (Conib), Conferência dos Religiosos do Brasil (CRB), Federação Brasileira de Associações Socioeducacionais de Adolescentes (Febraeda) e Federação das Santas Casas e Hospitais Beneficentes do Estado de São Paulo (Fehosp)[23]
b) proposta de organizações ambientalistas e sua frente parlamentar, com seu pedido de reforma tributária sustentável;[24]
c) solicitação de audiência pública para debates sobre a reforma tributária, encabeçada pelo Instituto Ethos;[25]

[23] FÓRUM NACIONAL DAS INSTITUIÇÕES FILANTRÓPICAS – FONIF. *Leia o manifesto das organizações da sociedade civil sobre os projetos de Reforma Tributária*. Notícias 01/09/2020. Disponível em: https://fonif.org.br/noticias/leia-o-manifesto-das-organizacoes-da-sociedade-civil-sobre-os-projetos-de-reforma-tributaria/. Acesso em: 02 nov. 2020.

[24] BRASIL. Câmara dos Deputados. https://www.camara.leg.br/noticias/687045-FRENTE-AMBIENTALISTA-E-SOCIEDADE-CIVIL-APRESENTAM-PROPOSTAS-DE-REFORMA-TRIBUTARIA-SUSTENTAVEL.

[25] INSTITUTO ETHOS. *Organizações solicitam audiência pública para debates sobre a Reforma Tributária*. Disponível em: https://www.ethos.org.br/conteudo/posicionamentos/organizacoes-solicitam-realizacao-de-audiencia-publica-para-subsidiar-os-debates-sobre-a-reforma-tributaria/. Acesso em: 03 nov. 2020.

d) manifestação da Confederação da Agricultura e Pecuária do Brasil (CNA) defendendo em audiência uma reforma tributária sem aumento de tributos;[26]

No Senado Federal consta o registro de 13 (treze) audiências públicas realizadas e registradas no seu site.[27] Interessante observar que o registro destas reuniões aponta para participação tímida de instituições representativas da sociedade civil. Embora, algumas destas reuniões tenham contado com divulgação em site de interesse de investidores.[28]

Na Câmara dos deputados, verifica-se o registro de 101 requerimento de audiências públicas para tratar da PEC 45/19.[29]

Em que pese estes registros, as propostas têm conseguido pouco avanço, pois, até a presente data, nada de concreto foi aprovado e, considerando o ano eleitoral, é provável que as discussões somente retornem no primeiro semestre de 2023.

De todo o exposto, podemos verificar que as propostas se destinam precipuamente a simplificar a tributação, apesar de haver várias questões de difícil consenso e de árdua solução, notadamente as relacionadas a aspectos federativos de legitimidade ativa, cobrança e distribuição dos impostos que se pretende unificar. O pequeno avanço das discussões pode ser resultado do parco envolvimento da sociedade civil como legítima "dona" e destinatária dos recursos arrecadados, o que demandaria um exercício efetivo da cidadania fiscal, do qual o Brasil ainda é muito carente.

[26] NOTÍCIAS AGRÍCOLAS. *Em audiência pública no Congresso, CNA mostra impactos da reforma tributária para o agro.* Publicado em 28/08/2020. Disponível em: https://www.noticiasagricolas.com.br/noticias/politica-agricola/267224-em-audiencia-publica-no-congresso-cna-mostra-impactos-da-reforma-tributaria-para-o-agro.html#.X6b9fLlKiUl. Acesso em: 05 nov. 2020.

[27] SENADO FEDERAL. *Comissão Mista Temporária da Reforma Tributária.* Documentos de Audiências Públicas. Disponível em: https://legis.senado.leg.br/comissoes/audiencias?0&codcol=2334. Acesso em: 02 nov. 2020.

[28] INFOMONEY. *Paulo Guedes discute reforma tributária em audiência pública com o Congresso;* acompanhe. 5 ago 2020. Disponível em: https://www.infomoney.com.br/politica/paulo-guedes-discute-reforma-tributaria-em-audiencia-publica-com-o-congresso-acompanhe/. Acesso em: 02 nov. 2020.

[29] BRASIL. Câmara dos Deputados._https://www.camara.leg.br/proposicoesWeb/fichadetramitacao?idProposicao=2196833.

Conclusões

O presente artigo abordou aspectos de cidadania fiscal existentes nas principais proposituras legislativas referentes à reforma tributária que se encontram em curso no Brasil.

Observamos que a participação cidadã na discussão destas propostas ainda é bastante incipiente e que não há, em seus dispositivos, regras voltadas para a geração de um maior envolvimento da sociedade na questão dos tributos. Não verificamos na redação das propostas nenhum dispositivo dirigido, diretamente, à promoção da cidadania fiscal e aos direitos dos contribuintes.

De outra banda, as propostas, pelas suas justificativas, visam a conferir maior simplificação e transparência à cobrança dos tributos, o que vai ao encontro do necessário conhecimento de como funciona a tributação, para que a sociedade comece a compreender melhor suas regras e passe a se envolver mais nas discussões concernentes aos tributos, como meio de funcionamento do Estado e de viabilização de suas políticas públicas.

Assim, respondendo à questão formulada no presente artigo, as reformas tributárias em curso não preveem em seus dispositivos regras voltadas diretamente à promoção da cidadania fiscal e as discussões indicam uma participação ainda tímida da sociedade civil, que deveria ser, a nosso ver, a protagonista nesta mudança.

Em última análise, a reforma tributária é uma questão muito cara ao Brasil, sendo salutar que sua discussão seja abrangente e envolva a sociedade civil, promovendo a cidadania fiscal, como forma de legitimação das escolhas políticas a serem definidas durante sua tramitação.

Referências

AGUIAR, Cecília Bezerra de. *A construção da cidadania solidária por meio da educação fiscal: uma análise dos observatórios sociais*. Dissertação apresentada ao Programa de Pós-Graduação em Direito da UniversidadeFederal do Ceará, como requisito parcial à obtenção do título de mestre em Direito. Disponível em: http://www.repositorio.ufc.br/handle/riufc/12821. Acesso em: 02 mar. 2020.

BRASIL. Câmara dos Deputados. *Proposta de Emenda à Constituição – PEC 45/2019*. Disponível em: https://www.camara.leg.br/proposicoesWeb/prop_mostrarintegra?codteor=1728369&filename=PEC+45/2019. Acesso em: 03 nov. 2020.

BRASIL. Câmara dos Deputados. *Proposta de Emenda à Constituição – PEC 128/2019*. Disponível em: https://www.camara.leg.br/proposicoesWeb/fichadetramitacao?idProposicao=2215866. Acesso em: 03 nov. 2020.

BRASIL. Câmara dos Deputados. *Proposta de Emenda na Comissão 178/2019*. Disponível em: https://www.camara.leg.br/proposicoesWeb/fichadetramitacao?idProposicao=2223716. Acesso em: 03 nov. 2020.

BRASIL. Câmara dos Deputados. *Proposta de Emenda na Comissão 192/2019*. Disponível em: https://www.camara.leg.br/propostas-legislativas/2224673. Acesso em: 03 nov. 2020.

BRASIL. Câmara dos Deputados. *Projeto de Lei PL 3887/2020*. Disponível em: https://www.camara.leg.br/proposicoesWeb/fichadetramitacao?idProposicao=2258196. Acesso em: 05 nov. 2020.

BRASIL. Senado Federal. *Proposta de Emenda à Constituição nº 110/2019*. Disponível em: https://www25.senado.leg.br/web/atividade/materias/-/materia/137699. Acesso em: 02 nov. 2020.

BUFFON, Marciano. *A tributação como instrumento de densificação do princípio da dignidade da pessoa humana*. Tese de doutorado em Direito para obtenção do título de Doutor em Direito pelo Programa de Pós-Graduação em Direito da Universidade do Vale do Rio dos Sinos – UNISINOS, 2007. Disponível em http://www.dominiopublico.gov.br/download/teste/arqs/cp042871.pdf. Acesso em: 21 fev. 2020.

BUFFON, Marciano. *Cidadania fiscal: o dever fundamental de pagar tributos e os direitos fundamentais* In: TORRES NETO, Argemiro; MACHADO, Sandra Maria Olimpio (Coord.); MARINO, Carlos Eduardo dos Santos; BELCHIOR; Germana Parente Neiva; SILVA, Imaculada Maria Vidal da (Org.). 15 anos do programa de educação fiscal do Estado do Ceará:Memórias e perspectivas. Fortaleza: Edições Fundação Sintaf, 2014.

BUJANDA, Fernando Sainz de. *Teoria de la educacion tributaria*. Madrid, Revista De La Facultad de Derecho de La Universidad de Madrid. Núm. 24. Vol. IX, 1967.

FALCÃO, Martins, Humberto & Marini, Caio. *Um Guia de Governança para Resultados na Administração Pública*. Publix, 2010.

CÂMARA DOS DEPUTADOS. *Frente Ambientalista e sociedade civil apresentam propostas de reforma tributária sustentável*. Fonte: Agência Câmara de Notícias. 25 de agosto de 2020. Disponível em: https://www.camara.leg.br/noticias/687045-FRENTE-AMBIENTALISTA-E-SOCIEDADE-CIVIL-APRESENTAM-PROPOSTAS-DE-REFORMA-TRIBUTARIA-SUSTENTAVEL. Acesso em: 06 nov. 2020.

FÓRUM NACIONAL DAS INSTITUIÇÕES FILANTRÓPICAS – FONIF. *Leia o manifesto das organizações da sociedade civil sobre os projetos de Reforma Tributária*. Notícias 01/09/2020. Disponível em: https://fonif.org.br/noticias/leia-o-manifesto-das-organizacoes-da-sociedade-civil-sobre-os-projetos-de-reforma-tributaria/. Acesso em: 02 nov. 2020

FURTADO, Celso. *O Longo Amanhecer: reflexões sobre a formação do Brasil*. Rio de Janeiro: Paz e Terra, 1999.

GRZYBOVSKI, Denize; HAHN, Tatiana G., *Educação fiscal: premissa para melhor percepção da questão tributária*. RAP Rio de Janeiro 40(5):841-64, Set./Out. 2006.

INFOMONEY. *Paulo Guedes discute reforma tributária em audiência pública com o Congresso;* acompanhe. 5 ago 2020. Disponível em: https://www.infomoney.com.br/politica/paulo-guedes-discute-reforma-tributaria-em-audiencia-publica-com-o-congresso-acompanhe/. Acesso em: 02 nov. 2020.

INSTITUTO ETHOS. *Organizações solicitam audiência pública para debates sobre a Reforma Tributária*. Disponível em: https://www.ethos.org.br/conteudo/posicionamentos/organizacoes-solicitam-realizacao-de-audiencia-publica-para-subsidiar-os-debates-sobre--a-reforma-tributaria/. Acesso em: 03 nov. 2020.

INSTITUTO LATINOAMERICANO DE DERECHO TRIBUTARIO – ILAT. *Carta Fe Derechos del Contribuyente para Los Paises Miembros del Instituto Latinoamericano de Derecho Tributario (ILADT).* Disponível em: http://www.iladt.org/frontend/DocumentPage.aspx. Acesso em: 02 out. 2020.

LARSEN, Lotta Björklund. *A Fair Share of Tax – A Fiscal Anthropology of Contemporary Sweden.* Palgrave Macmillan, 2018.

LINHARES, Bianca de Freitas. *Cultura Política e Percepção Tributária: uma análise sobre a sustentação da democracia brasileira.* Tese de Doutorado em ciência Política apresentada ao Programa de Pós-graduação em Ciência Política da UFRGS. Disponível em: https://www.lume.ufrgs.br/bitstream/handle/10183/30634/000779965.pdf?sequence. Acesso em: 11 jun. 2019.

MAIA, Debora Bezerra de Menezes Serpa Maia. *Tributação Indireta e Cidadania Fiscal: Uma análise dos mecanismos de conscientização para mitigação da anestesia fiscal.* Dissertação apresentada ao Programa de Pós-graduação em Direito da Universidade Federal do Ceará como requisito parcial para obtenção do título de Mestre em Direito. Fortaleza, 2015. Disponível em: http://www.repositorio.ufc.br/handle/riufc/16367. Acesso em: 03 mar. 2020.

MAUSS, Marcel. *The gift.* Londres: Macat, 2017.

MORAES, Alexandre de. *Direito Constitucional.* 19. Ed. São Paulo: Atlas, 2006.

NOTÍCIAS AGRÍCOLAS. *Em audiência pública no Congresso, CNA mostra impactos da reforma tributária para o agro.* Publicado em 28/08/2020. Disponível em: https://www.noticiasagricolas.com.br/noticias/politica-agricola/267224-em-audiencia-publica-no-congresso-cna-mostra-impactos-da-reforma-tributaria-para-o-agro.html#.X6b9fLlKiUl. Acesso em: 05 nov. 2020

OLIVEIRA, Daniela Olímpio de. *Sociologia da questão tributária no Brasil, numa leitura Habermasiana: Ocultamento e desocultamento da moral tributária.* Tese apresentada ao Programa de Pós-graduação em Sociologia e Direito da Universidade Federal Fluminense como requisito parcial para obtenção do título de Doutora em Ciências Jurídicas e Sociais. Disponível em: https://docero.com.br/doc/5s558n. Acesso em: 19 set. 2019.

ROCHA, Sergio Andre. *Reconstruindo a confiança na relação fisco-contribuinte.* Revista de Direito Tributário Atual nº 39. Disponível em: http://ibdt.org.br/RDTA/39/reconstruindo-a-confianca-na-relacao-fisco-contribuinte/. Acesso em: 15 jun. 2019.

SENADO FEDERAL. *Comissão Mista Temporária da Reforma Tributária.* Documentos de Audiências Públicas. Disponível em: https://legis.senado.leg.br/comissoes/audiencias?0&codcol=2334. Acesso em: 02 nov. 2020.

4
O IMPOSTO SOBRE BENS E SERVIÇOS E OS IMPASSES NA REPRESENTAÇÃO JUDICIAL: UMA VISÃO CRÍTICA

James Siqueira
Victor de Ozêda Alla Bernardino

Introdução

O sistema tributário nacional é sem dúvidas um dos principais entraves para o desenvolvimento econômico social do país, o que em grande parte se explica pela sua complexa estrutura e emaranhando de normas, que não conferem unicidade ao sistema e prejudica o fluxo de riquezas, o desenvolvimento produtivo do país, bem como o aumento do custo de conformação fiscal[1].

A imprescindibilidade de uma reforma tributária, especialmente no que toca a tributação do consumo[2], reflete o espírito do tempo. Contudo, a busca por um modelo consensual é marcada por debates calorosos, seguidos de impasses, que interditam a aprovação das propostas.

[1] "One key element of this is a fragmented consumption tax system that raises the cost of capital by failing to refund input tax paid on fixed assets and makes Brazil the country with the highest tax compliance costs". (OECD, *OECD Economic Surveys-Brazil 2018*, OECD Publishing, Paris. Disponível em: http://www.oecd.org/economy/brazil-economic-snapshot/. Acesso em: 25 set. 2020, p. 38).

[2] "Pouca dúvida resta de que a reforma da tributação de bens e serviços é condição necessária para atrair mais investimento e assegurar crescimento econômico mais rápido e sustentado". (VARSANO, Ricardo. *A tributação do valor adicionado, o ICMS e as reformas necessárias para conformá-lo às melhores práticas internacionais*. BID, fev. 2014. Documento para Discussão IDB-DP-335, p. 50).

Desde a redemocratização inúmeras foram as tentativas de se emplacar uma reforma tributária abrangente e estrutural, que ao menos mitigasse as principais mazelas do atual sistema. Todavia, até o presente momento, não houve avanços significativos. A grande maioria das tentativas ou foram suplantadas ou deram espaço para alterações mais tímidas, sem a amplitude desejada pela sociedade.

A partir dos últimos anos, as discussões sobre reforma tributária ganharam corpo, voltando à ordem do dia. Muitos atores desse processo identificaram a abertura de uma janela de oportunidade[3] para a tão almejada aprovação.

Na atualidade, a Proposta de Emenda à Constituição – PEC nº 45, de 3 de abril de 2019 e a Proposta de Emenda à Constituição – PEC nº 110, de 9 de julho de 2019 assumiram o protagonismo do debate, centralizando as discussões de tal forma que fundamentam os trabalhos da Comissão Mista Temporária da Reforma Tributária, integrada por representantes do Senado Federal e da Câmara dos Deputados, cujo escopo é construir um texto único sobre a matéria.

Ambas as propostas têm um objetivo comum: simplificar o modo como se tributa o consumo no Brasil, especialmente com a redução dos inúmeros tributos existentes na cadeia tributária em um único ou poucos tributos.

Sabe-se que a atual tributação sobre o consumo no Brasil é compartilhada. Em outras palavras, é exercida simultaneamente pela União, Estados e Municípios, por meio de uma lindada repartição de competências, estruturada de modo a evitar, ao menos na teoria, sobreposições.

Nesse contexto, cada ente federado possui sua estrutura de arrecadação, fiscalização, cobrança e defesa jurídica destacada e especializada na atividade, garantindo a autonomia da tributação pelos entes.

Com a unificação, especialmente pela PEC nº 45, de 2019, os tributos incidentes sobre o consumo, que hoje são federais, estaduais e municipais,

[3] "Nunca o ambiente político foi tão favorável à reforma tributária quanto hoje. Fala-se em criar um novo modelo tributário que corrija as grandes distorções do sistema criado no Brasil na década de 1960 e, em boa medida, mantido na Constituição de 1988. Desde então, gradualmente a sociedade vem se convencendo de que precisa de um sistema mais simples, moderno e justo". (ROSSI, Baleia. APPY, Bernard. *A janela de oportunidade para a reforma tributária: Proposta na Câmara prevê substituir cinco tributos por um só*. Folha de São Paulo. São Paulo, 7 de mai. 2019. Disponível em: https://www1.folha.uol.com.br/opiniao/2019/05/a-janela-de-oportunidade-para-a-reforma-tributaria.shtml. Acesso em: 25 set. 2020).

cederiam espaço para um imposto único nacional, o Imposto sobre Bens e Serviços – IBS, cuja arrecadação, fiscalização, cobrança e defesa jurídica seria exercida também de maneira compartilhada entre os entes federados, por meio de um Comitê Gestor Nacional do IBS.

É justamente sobre essa unificação que o presente artigo pretende se debruçar, especialmente no que toca aos reflexos na defesa jurídica tributária, isto é, na representação judicial dos entes em eventuais litígios envolvendo o novo tributo único.

Para tanto, o estudo buscará identificar lacunas relevantes e, na medida do possível, endereçá-las, conferindo contornos, ainda que imprecisos, à representação judicial na solução de litígios do IBS, problemática que não é abordada com profundidade pelas propostas de reforma constitucionais e não ganha os holofotes das discussões, sendo sempre deixada para um segundo ou terceiro momento, não obstante seja essencial à realização da simplicidade almejada pelas reformas.

Diga-se que, sob o enfoque específico dos desafios inerentes à representação judicial – e já antecipando o que será desenvolvido mais adiante –, a PEC nº 45, de 2019, passa a impressão de que a palavra complexidade foi criada originariamente para ela, muito embora a ideia vulgarmente trombeteada seja seu antônimo.

Alerta-se, por fim, que o objetivo do estudo não é, de forma alguma, exaurir o tema, mas apenas contribuir para o debate acerca da forma de representação judicial na solução de litígios do IBS e, em certa medida, impulsionar a discussão, cuja importância, especialmente para os operadores do direito tributário, é inversamente proporcional ao descuido com que o tópico vem sendo tratado no âmbito das reformas tributárias.

1. Não é federal, nem estadual e tampouco municipal

A Proposta de Emenda à Constituição nº 45, de 2019, é forjada nos estudos promovidos pelo Centro de Cidadania Fiscal – CCiF, instituto que se autodeclara "independente e imparcial" no mesmo passo que também comunica "parcerias" com agentes privados de diferentes setores da economia, a saber: AMBEV, Braskem, Carrefour, Coca-Cola Brasil, Huawei, Itaú, Natura, Raízen, Souza Cruz, Vale e Votorantim[4]. Com tais fontes de

[4] Conforme informações disponíveis no sítio eletrônico. Disponível em: https://ccif.com.br/parceiros/. Acesso em: 8 dez. 2020.

financiamento, empresas-líderes em seus respectivos mercados, invariável e diretamente expostas à tributação sobre o consumo, o CCiF diz em seu estatuto estar comprometido com "interesses difusos da população brasileira". Diz também ter sido criado para pensar o sistema tributário brasileiro, primando pela sua simplificação e pelo seu aprimoramento[5].

Seu principal objetivo é a simplificação do sistema tributário, especialmente o incidente sobre o consumo. Para tanto, propõe a substituição dos atuais tributos federais que recaem sobre os produtos industrializados e sobre a receita ou faturamento (Imposto sobre Produtos Industrializados – IPI, Contribuição para o Financiamento da Seguridade Social – COFINS, e Contribuição para o Programa de Integração Social – PIS); do imposto estadual incidente sobre a circulação de mercadorias e a prestação de alguns serviços (Imposto sobre Operações relativas à Circulação de Mercadorias e sobre Prestações de Serviços de Transporte Interestadual e Intermunicipal e de Comunicação – ICMS); e do imposto municipal incidente sobre a prestação dos demais serviços (Imposto sobre Serviços de Qualquer Natureza – ISS); por um único imposto, o Imposto sobre Bens e Serviços – IBS, de caráter nacional e incidência uniforme em todo o território nacional.

A proposta, portanto, tem como objetivo central a unificação de tributos de competência de todos os entes da federação, na medida em que unificará tributos da União (PIS, COFINS, IPI), dos Estados (ICMS) e dos Municípios (ISS).

O atual sistema tributário, como se sabe, é altamente impactado pela adoção da forma federativa de estado, de modo que os entes da federação atuam de maneira coordenada sob todo o território nacional de acordo com

[5] "1.1 O Centro de Estudos Tributários e Financeiros, Consultoria e Pesquisa de Interesse Público Limitada, que opera com o nome de fantasia de Centro de Cidadania Fiscal (CCiF), tem como objetivo contribuir para o aprimoramento das políticas públicas no Brasil, em particular, mas não exclusivamente, da política fiscal e da legislação tributária.

[...]

1.3 Em sua atuação o CCiF privilegiará medidas que contribuam para o desenvolvimento sustentável do País, visando: a) ampliar o potencial de crescimento de longo prazo da economia brasileira; b) garantir a sustentabilidade fiscal, de modo a não transferir custo excessivo para as gerações futuras; c) fomentar a transparência das ações, planos e políticas de governo; d) reduzir as desigualdades sociais e regionais; e) garantir o uso sustentável dos recursos naturais". (CCIF, Centro de Cidadania Fiscal. *Estatuto: objetivos, forma de atuação e governança*. São Paulo, 2015, p. 1-2. Disponível em: https://ccif.com.br/wp-content/uploads/2020/06/Diretrizes-de-Atua%C3%A7%C3%A3o-CCiF-Estatuto.pdf. Acesso em: 25 set. 2020).

atribuições e competências rigidamente estabelecidas pelo texto constitucional, dentro das quais gozam de autonomia. O que se materializa, em parte, pela competência legislativa que permite a edição de atos normativos primários sobre as matérias autorizadas pela Constituição, dentre elas, a edição de leis que abstratamente instituem tributos (competência tributária).

Assim, a União, os Estados e os Municípios são os responsáveis, de forma autônoma, pela arrecadação, cobrança e fiscalização dos seus tributos, bem como pela representação judicial e extrajudicial em eventuais litígios correlatos.

Com a implementação do IBS e a unificação desses tributos em uma única exação tributária, de índole nacional, rompe-se, ao menos quanto aos tributos substituídos, com a noção atualmente vigente, pois em relação ao IBS não haveria mais uma rígida delimitação de competências entre os entes federados, mas uma comunhão dirigida à administração, arrecadação, cobrança, fiscalização e defesa jurídica.

Visando enfrentar esse novo paradigma descortinado pela implementação do IBS, a proposta de reforma constitucional tributária prevê que uma lei complementar criará um Comitê Gestor Nacional do IBS, composto por representantes da União, Estados e Municípios, com a finalidade, dentre outras, de gerenciar a arrecadação, fiscalização, cobrança e a representação judicial e extrajudicial em eventuais litígios envolvendo o IBS[6].

[6] "Art. 152-A [...]
§ 6º A lei complementar referida no caput criará o comitê gestor nacional do imposto sobre bens e serviços, integrado por representantes da União, dos Estados e do Distrito Federal e dos Municípios, a quem caberá:
I – editar o regulamento do imposto, o qual será uniforme em todo o território nacional;
II – gerir a arrecadação centralizada do imposto;
III – estabelecer os critérios para a atuação coordenada da União, dos Estados, do Distrito Federal e dos Municípios na fiscalização do imposto;
IV – operacionalizar a distribuição da receita do imposto, nos termos estabelecidos no parágrafo 5º deste artigo;
V – representar, judicial e extrajudicialmente, a União, os Estados, o Distrito Federal e os Municípios nas matérias relativas ao imposto sobre bens e serviços.
§ 7º A representação judicial e extrajudicial do comitê gestor será exercida de forma coordenada pelos procuradores da Fazenda Nacional, dos Estados e dos Municípios. (BRASIL. Câmara dos Deputados. *Proposta de Emenda à Constituição nº 45, de 3 de abril de 2019. Altera o Sistema Tributário Nacional e dá outras providencias*, p. 4-5. Disponível em: https://www.camara.leg.br/proposicoesWeb/fichadetramitacao?idProposicao=2196833. Acesso em: 02 out. 2020).

Além da determinação para que a lei complementar institua o Comitê, a proposta prevê, ainda, que a referida lei complementar definirá prazos para que a União, Estados e Municípios indiquem seus representantes e para que publique o regulamento do IBS[7].

Apresenta-se, portanto, o objetivo de se estruturar um Comitê Gestor Nacional do IBS, que será integrado por representantes da União, dos Estados e dos Municípios, sem precisar o seu quantitativo total de integrantes, tampouco o quantitativo de cada ente federado. Ao referido Comitê caberá a incumbência de representar judicialmente e extrajudicialmente os entes federados em litígios envolvendo o IBS, os quais, de acordo com a proposta, seriam de competência da Justiça Federal, tendo em vista a introdução da figura do Comitê Gestor do IBS no rol de pessoas abarcadas pela competência definida no art. 109, I, da Constituição da República de 1988[8].

De acordo com Fredie Didier Jr[9], a competência da Justiça Federal além de constitucional é taxativa, de modo que somente as hipóteses previstas no texto constitucional podem avocar a sua atuação.

Atualmente, compete à Justiça Federal, nos termos do art. 109, inciso I, da Constituição da República de 1988, dentre outras, processar e julgar as causas em que União, entidade autárquica ou empresa pública federal

[7] Art. 115. O Presidente da República enviará ao Congresso Nacional, no prazo de cento e oitenta dias contados da publicação desta emenda constitucional, projeto de lei relativo à lei complementar a que se refere o art. 152-A da Constituição.
§ 1º A lei complementar a que se refere o art. 152-A da Constituição estabelecerá prazos para:
I – a indicação dos representantes da União, dos Estados e do Distrito Federal e dos Municípios que integrarão o comitê gestor nacional a que ser refere o parágrafo 6º do art. 152-A da Constituição Federal;
II – a publicação, pelo comitê gestor nacional, do regulamento do imposto a que se refere o art. 152-A da Constituição Federal.
§ 2º Na hipótese de os Estados ou os Municípios não indicarem seus respectivos representantes no prazo previsto no inciso I do parágrafo anterior, caberá ao Presidente da República fazer a indicação, no prazo de trinta dias. [Ibid., p. 11].

[8] "Art. 109. ....

....

I – as causas em que a União, entidade autárquica, empresa pública federal ou o comitê gestor nacional do imposto sobre bens serviços a que se refere o art. 152-A forem interessados na condição de autores, réus, assistentes ou oponentes, exceto as de falência, as de acidentes de trabalho e as sujeitas à Justiça Eleitoral e à Justiça do Trabalho; (Ibid., p. 1).

[9] DIDIER JUNIOR, Fredie. *Curso de Direito Processual Civil: introdução ao direito processual civil, parte geral e processo do conhecimento.* 22. ed. Salvador: Juspodivm, 2020, p. 301.

forem interessadas na condição de autoras, rés, assistentes ou oponentes, ressalvada as causas de falência, acidente do trabalho e às sujeitas à jurisdição da Justiça Eleitoral e da Justiça do Trabalho.

Logo, no atual sistema as lides envolvendo os tributos federais, em razão do inerente interesse da União, são processadas e julgadas pela Justiça Federal, o que não ocorre com as lides tributárias relacionadas aos tributos estaduais e municipais, cuja competência jurisdicional recai sobre a Justiça Estadual.

Ocorre que, com a criação do IBS, tributo único sob consumo, de índole nacional e que substituirá, como visto, tributos federais, estaduais e municipais, há uma quebra de paradigma, pois a princípio, estar-se-ia diante de um tributo que não é federal, nem estadual e tampouco municipal, mas "nacional", cuja competência jurisdicional, de acordo com as regras atuais, seria uma incógnita.

Visando dar conta do questionamento anterior, a PEC nº 45, de 2019, como visto, almeja introduzir no art. 109, I, da Constituição da República de 1988, uma nova figura capaz de atrair a competência da Justiça Federal, o Comitê Gestor Nacional do IBS. De acordo com a proposta, então, em todo litígio em que o Comitê Gestor Nacional do IBS for interessado caberá à Justiça Federal processar e julgar a lide, resolvendo, em tese, a questão da competência jurisdicional[10].

Caminho diferente foi adotado por outras propostas que tramitam no Congresso Nacional, as quais optaram por atribuir referida competência à Justiça Estadual, como ocorre na PEC nº 110, de 2019, em sua redação original, e na Emenda Parlamentar nº 192 à PEC nº 45, de 2019, usualmente conhecida como "PEC dos Estados".

Diante da divergência, não se pode deixar de reconhecer o acerto da PEC nº 45, de 2019, ao atribuir à Justiça Federal a competência para solucionar os litígios envolvendo o IBS. No que respeita ao delineamento da fase judicial, se a PEC em questão teve um mérito certamente foi o de ampliar o art. 109 da Carta. Com efeito, além de tratar de forma mais direta sobre competência jurisdicional – tópico em relação ao qual vários projetos silenciam –, o texto aparentemente se guia por um racional mais lógico e prati-

[10] Percebe-se, no ponto, que toda e qualquer discussão judicial envolvendo o IBS atrairá o interesse do Comitê Gestor Nacional, de modo que se pode afirmar que competirá à Justiça Federal processar e julgar as causas relacionados ao IBS.

cável, reconhecendo à jurisdição da Justiça Federal o predicado de resolver conflitos associados a um tributo pensado para ter aplicação uniforme.

Convicção que é reforçada por diversos atributos da Justiça Federal, dentre os quais, sua índole nacional, atestada pela sua presença em todo o território nacional, por ter sido concebida para solucionar causas de interesse especial da federação[11] e por ser organizada de forma nacional e centralizada junto ao Conselho da Justiça Federal. Além do seu caráter nacional, por sua maior especialização na matéria tributária, com a instituição de varas especializadas no tema[12] e, especialmente, considerando uma maior racionalidade na gestão e formação da jurisprudência, na medida em que ao invés de 26 Tribunais Estaduais e o do Distrito Federal julgando a matéria, teríamos apenas 6 Tribunais Regionais Federais, o que confere uma maior uniformização jurisprudencial.

Mas os encômios param por aqui. Não obstante o acerto na opção pela Justiça Federal, a definição da competência jurisdicional está longe de solucionar todos os problemas decorrentes da unificação dos tributos e da criação do Comitê Gestor Nacional IBS. Pelo contrário.

Diversos são os pontos que carecem de adequado tratamento pelas propostas, pois são cirurgicamente deixados para serem disciplinados em momento posterior – como se fosse possível adiar um debate difícil –, mas que pela relevância e impacto social demandam uma atenção imediata, o que faz emergir o seguinte questionamento: quem será responsável por materializar a incumbência conferida pela PEC nº 45, de 2019 ao Comitê Gestor Nacional do IBS de representar os entes federados em juízo? E o mais importante, como se dará tal representação?

Segundo a PEC nº 45, de 2019, o IBS, do ponto de vista do contribuinte, será um imposto único, mas da perspectiva dos entes federados foi idealizado de modo que cada ente tenha seu próprio tributo, com autonomia,

[11] "Como se pode depreender, é ampla e variada a competência da Justiça Federal, abrangendo, como observado por Teori Zavascki, as causas de interesse da União (CF, art. 109, I e IV), as causas fundadas nas relações internacionais (CF, art. 109, II, III, V, V-A e X), as causas relativas à tutela da nacionalidade (CF, art. 109, X) e outras causas de interesse especial da federação (CF, art. 109, IV, VI, VII, IX e XI)". (MENDES, Gilmar Ferreira. BRANCO, Paulo Gustavo Gonet. *Curso de direito constitucional*. 15. ed. rev. e atual. São Paulo: Saraiva, 2020, p. 1141).

[12] Cita-se, como exemplo, a Primeira e Segunda Vara Federal Tributária de Porto Alegre, conforme Resolução nº 97, de 19 de novembro de 2004, do Tribunal Regional Federal da 4ª Região.

inclusive, para fixação de alíquotas diversas. O somatório dessas alíquotas (federal, estadual e municipal) comporá a alíquota do IBS que será sentida pelo contribuinte[13].

Portanto, é como se dentro de um único tributo existissem três, um de cada ente federativo, o que, no mínimo, confere uma maior complexidade para a solução do questionamento apresentado.

A PEC nº 45, de 2019, a pretexto de responder ao questionamento, traz uma engenhosa solução ao atribuir ao Comitê Gestor Nacional do IBS a representação judicial da União, Estados e Municípios. Contudo, peca ao não indicar como será essa representação, limitando-se a prever a necessidade de edição de uma Lei Complementar para tanto, adiantando, apenas, que a representação judicial será materializada, de forma coordenada, pelos procuradores da Fazenda Nacional, dos Estados e dos Municípios (art. 152-A, § 7º, PEC nº 45/2019). O que essa estrutura significa em termos práticos não se sabe.

Tampouco trazem luzes as previsões contidas na proposta de Lei Complementar colocada para debate pelos idealizadores da PEC nº 45, de 2019[14], cuja incumbência, dentre outras, seria justamente disciplinar a forma dessa representação jurisdicional.

De acordo com a medida sugerida, o Comitê Gestor Nacional do IBS assumiria a denominação de Agência Tributária Nacional – ATN e a forma de uma autarquia sob regime especial, a exemplo do que ocorre com as agências reguladoras, sendo dotada de autonomia técnica, financeira e administrativa. Estaria vinculada à União, mas apenas para fins orçamentários[15].

[13] BRASIL. Câmara dos Deputados. *Proposta de Emenda à Constituição nº 45, de 3 de abril de 2019. Altera o Sistema Tributário Nacional e dá outras providencias*, p. 27. Disponível em: https://www.camara.leg.br/proposicoesWeb/fichadetramitacao?idProposicao=2196833. Acesso em: 02 out. 2020.

[14] CCIF, Centro de Cidadania Fiscal. *Texto-base da Lei Complementar do IBS*. Disponível em: https://ccif.com.br/wp-content/uploads/2020/09/CCiF_NT_LC-IBS.pdf. São Paulo, 2020b. Acesso em: 13 out. 2020.

[15] "Art. 23. Fica instituída a Agência Tributária Nacional (ATN), autarquia especial para implementar federalismo cooperativo e compartilhado entre as administrações tributárias da União, Estados, Distrito Federal e Municípios.
Parágrafo único. A ATN terá autonomia técnica, financeira e administrativa, nos termos das deliberações da Assembleia Geral. (CCIF, Centro de Cidadania Fiscal. Texto-base da Lei Complementar do IBS. Disponível em: "https://ccif.com.br/wp-content/uploads/2020/09/CCiF_NT_LC-IBS.pdf. São Paulo, 2020b. Acesso em: 13 out. 2020).

Além disso, a ATN contaria, em rápidas linhas, com uma Assembleia Geral[16], um Conselho de Administração[17], uma Diretoria Executiva[18] e, ligada a esta última e independentes entre si, os órgãos da Administração Tributária e do Contencioso Tributário. A rematada inspiração é a estrutura organizacional das sociedades anônimas.

Ainda, segundo a proposta, caberia ao órgão da Administração Tributária precipuamente coordenar de forma centralizada a atuação das administrações tributárias da União, dos Estados, do Distrito Federal e dos Municípios, replicando o teor da proposta na normatização infralegal do IBS[19]. Por outro lado, caberia ao Contencioso Tributário a coordenação da atuação das procuradorias da Fazenda Nacional, estaduais e municipais, bem como o julgamento dos processos administrativos tributários relacionados ao IBS[20].

Percebe-se, portanto, que a proposta de Lei Complementar que deveria responder aos questionamentos formulados acima, não o faz, ao menos

[16] "Órgão político e deliberativo da ATN com competência para, por exemplo, eleger os membros do Conselho de Administração e aprovar o plano de cargos e salários". [CCIF, Centro de Cidadania Fiscal. *Texto-base da Lei Complementar do IBS*. Disponível em: https://ccif.com.br/wp-content/uploads/2020/09/CCiF_NT_LC-IBS.pdf. São Paulo, 2020. Acesso em: 13 out. 2020, p. 60.]

[17] "Órgão técnico que exerce efetivamente a direção da ATN, a quem compete aprovar a normatização infralegal do IBS; aprovar a estrutura gerencial da Diretoria Executiva e demais órgãos, bem como os membros da Diretoria Executiva, dentre outros". (Ibid, p. 61).

[18] "Órgão executivo da ATN, composto por servidores de carreira da administração tributária e das procuradorias da União, dos Estados, do Distrito Federal e dos Municípios, selecionados e convidados para atuar na agência, a quem incumbe, por exemplo, elaborar e propor a normatização infralegal do IBS ao Conselho de Administração, solucionar consultas a respeito da legislação do IBS, convidar servidores das administrações tributárias e das procuradorias das fazendas da União, Estados, Distrito Federal e Municípios para atuarem na agência". (Ibid, p. 61).

[19] "Art. 28. A Administração Tributária será órgão submetido à Diretoria Executiva e terá como competência:
I – aplicar o disposto nesta lei complementar, na normatização infralegal do IBS e as alíquotas fixadas pelas leis ordinárias da União, Estados, Distrito Federal e Municípios;
II – definir o plano nacional de fiscalização e coordenar de forma centralizada a atuação das administrações tributárias da União, Estados, Distrito Federal e Municípios; e
III – indicar servidores à Diretoria Executiva para atuar na ATN". (Ibid., p. 64-65).

[20] "Art. 30. O Contencioso Tributário será órgão submetido à Diretoria Executiva e terá como competência:
I – o julgamento dos processos administrativos tributários; e
II – articulação das procuradorias da fazendas nacional, estaduais e municipais." (Ibid., p. 65).

no esboço apresentado. Pelo contrário, além de perpetuar as angústias externadas em relação à atuação jurisdicional, ao se omitir sobre pontos centrais, suscita outras inquietudes, agora na vertente administrativa, que deixaremos para abordar em outra oportunidade, pois fogem ao escopo do presente estudo.

Dessa forma, o problema apresentado anteriormente permanece sem solução, bem como não foram oferecidas respostas concretas aos questionamentos de qual seria a administração tributária responsável pela autuação fiscal e qual a procuradoria responsável pela representação judicial da ANT.

2. O efeito "autoimune" de complicar a pretexto de simplificar

A reflexão sobre o problema, a nosso sentir, exige um raciocínio em duas etapas. Primeiro é necessário definir qual a administração tributária deverá atuar na arrecadação, cobrança e fiscalização do IBS. Definida a administração tributária competente, define-se a procuradoria que atuará na representação judicial correlata.

Consoante a PEC nº 45, de 2019, o IBS incidirá sobre operações envolvendo bens e serviços e, segundo a proposta de lei complementar sugerida pelo CCiF[21], teria como fato gerador a "realização de negócio jurídico, oneroso, no desenvolvimento de atividade econômica, ou a importação, que tenha por objeto bem material ou imaterial, compreendidos os direitos, ou serviço [...]".

Nesse contexto, poder-se-ia cogitar a ocorrência do fato gerador em operações realizadas por sujeitos tributários dentro dos limites de um único município, entre municípios de um mesmo estado ou entre estados.

Diante dessa gama de possibilidades, a proposta de lei complementar sugerida pelo CCiF se dedica a definir o local do fato gerador[22], elemento

[21] Ibid., p. 69.

[22] "Art. 5º Para definição da alíquota aplicável e destinação dos recursos do IBS, o fato gerador ocorrerá, tratando-se de negócio jurídico que tenha por objeto:
I – bem móvel material, no local da entrega ou disponibilização do bem;
II – bem móvel imaterial, no local do domicílio do adquirente ou da pessoa que receber ou a quem for disponibilizado o bem;
III – bem imóvel, no local onde o bem imóvel está situado;
IV – prestação de serviço, no local do domicílio do tomador;
V – prestação de serviço executada na presença do tomador, no local da prestação;
VI – prestação de serviço relacionada à bem móvel material, no local da prestação;
VII – prestação de serviço relacionada à bem móvel imaterial, no local do domicílio do tomador;

que tem o condão de influenciar as alíquotas aplicáveis nas operações e a destinação dos valores arrecadados.

Como já externado em linhas anteriores, o IBS foi pensado, aos olhos do contribuinte, como um imposto único, mas, na verdade, é um tributo em camadas, isto é, um somatório de alíquotas que constituirá a alíquota sentida pelo contribuinte. Foi justamente para auxiliar a definição dessas camadas que o CCiF buscou delimitar de forma expressa o local da ocorrência do fato gerador e, por conseguinte, as alíquotas aplicáveis.

Assim, de acordo com o raciocínio apresentado, o fato gerador da comercialização de um bem móvel, por exemplo, ocorre no local da entrega ou disponibilização do bem (princípio do destino), de modo que a composição da alíquota contará com a quota da União (presente em todas as operações) acrescida das quotas do Estado e do Município nos quais se concretizou o fato gerador (local da entrega ou disponibilização).

VIII – prestação de serviço relacionada à bem imóvel, no local onde o bem imóvel está situado;
IX – prestação de serviço de transporte de passageiros, no local onde se inicia o transporte;
X – prestação de serviço de transporte de carga ou frete, no local da entrega do bem;
XI – prestação de serviço de comunicação em que há a transmissão por meio físico, no local da recepção dos serviços;
XII – prestação de serviço de comunicação por conexão móvel, no local do domicílio do tomador.
§1º Na hipótese dos incisos II, IV, VII e XII, considera-se o local do domicílio o que resultar da combinação de ao menos 2 (dois) dos seguintes critérios, que não indiquem informação conflitante entre si:
I – endereço fornecido pelo adquirente, ou pessoa que receber ou a quem for disponibilizado o bem ou tomador do serviço;
II – endereço de Protocolo da Internet (IP) do dispositivo utilizado para contratação do negócio jurídico;
III – endereço do dispositivo utilizado para contratação do negócio jurídico obtido por emprego de método de geolocalização;
IV – endereço atrelado ao cartão (crédito, débito ou congênere) utilizado para o pagamento do negócio jurídico;
V – localidade referente ao código de área da linha móvel ou da linha terrestre fixa utilizado para contratação do negócio jurídico; e
VI – endereço vinculado ao CPF ou CNPJ ou obtido mediante coleta de outras informações comercialmente relevantes no curso da execução do negócio jurídico.
§2º A ATN regulará o disposto no §1º, podendo, inclusive, considerar critérios adicionais.
§3º Caso o pagamento seja realizado antes da entrega do bem, nos termos do art. 7º e art. 8º, o local de ocorrência do fato gerador será aquele previsto para realização da entrega. (Ibid., p. 70-71).

O fato gerador do IBS despertará a aplicação de três alíquotas, cada uma pertencente a um ente federativo distinto (União, Estado e Município), e cuja arrecadação correlata lhe pertence.

Nessa perspectiva, nada mais intuitivo do que atribuir a cada ente federado o dever de arrecadar, cobrar e fiscalizar a quota parte do IBS que lhe pertence, ou seja, a quota parte correspondente à sua alíquota aplicada na operação, de modo que teríamos uma atuação simultânea dos entes federados envolvidos.

As vantagens dessa sistemática residem na autonomia de cada ente federado de exercer o seu poder/dever de arrecadar, cobrar e fiscalizar o IBS, não dependendo da diligência de um outro ente para tanto, e na existência de uma tripla fiscalização de um mesmo fato gerador, o que poderia inibir atuações fraudulentas.

Por outro lado, as desvantagens parecem sobrepor às vantagens, na medida em que essa tripla fiscalização poderia gerar enormes conflitos federativos, onerar o custo de conformidade fiscal, bem como trazer superlativa complexidade ao sistema tributário, característica altamente combatida pela PEC nº 45, de 2019. Estaríamos, portanto, diante de um claríssimo paradoxo: a pretexto de simplificar o sistema, o regime pretendido induziria à maior complexidade, traduzida na sobreposição de atribuições administrativas, desde a fiscalização até a cobrança.

Uma alternativa seria impor a responsabilidade pela arrecadação, cobrança e fiscalização a depender da abrangência territorial da operação que der origem ao IBS. Em outras palavras, se a operação que desencadeou o fato gerador do IBS ficou restrita a um determinado município, compete tão somente a ele a sua arrecadação, cobrança e fiscalização. Por seu turno, se a operação ocorre entre municípios, mas dentro de um mesmo estado, a responsabilidade deve recair sobre o ente estadual. Por fim, caso a operação envolva localidades de estados diversos, a atribuição deve ser imputada à União.

Essa proposta poderia ser sentida positivamente em virtude da sua relativa simplicidade, pois define de forma objetiva e sem sobreposições a responsabilidade pela arrecadação, cobrança e fiscalização do IBS, além de não contribuir com a elevação do custo de conformidade fiscal.

Mas ainda assim há senões e externalidades negativas.

Sobretudo em razão das evoluções tecnológicas, o conceito jurídico de serviços parece já não dar conta de seus imperativos concretos, vividos cotidianamente. Basta pensar, por exemplo, em um serviço que pressuponha a utilização de satélites. Digamos que uma fazenda no interior do Mato Grosso adote os conceitos da agricultura 5.0 e contrate um serviço de satélites operados a partir de Curitiba. O município da empresa rural reivindicará sua competência, enfatizando o local da prestação do serviço, ao passo que a União poderá advogar à ubiquidade, em vista da forma pela qual o serviço é prestado.

Pode-se ainda referir a Internet das Coisas, que de forma bastante sintética remete a serviços associados a dispositivos interconectados. Uma geladeira pode ser programada não só para identificar a ausência de determinados itens como também para disparar compras "on line" junto a certa rede de supermercados. Do serviço embutido no eletrodoméstico até a entrega física dos insumos adquiridos junto ao varejo alimentício, pode haver uma urdidura de prestações de serviços interrelacionados, operados a partir de diferentes localidades, que colocam em dificuldade a exata determinação de competências tributárias.

A par da circunstância de as bordas do conceito de serviços estarem cada vez mais fluídas e do critério territorial ser gradativamente relativizado, do ponto de vista dos sujeitos ativos da relação tributária, destaca-se o fato de um ente depender do ímpeto fiscalizatório e arrecadatório do outro para fins de manutenção do seu nível de receitas tributárias. Ou seja, se eventualmente um dado Estado perder ostensividade na cobrança, as consequências serão sentidas pelos demais entes, o que inviabiliza qualquer projeção orçamentária que se pretenda minimamente séria e não uma simples peça de vidência em torno de receitas que, para se traduzirem em caixa, dependem do engajamento de terceiros.

Entretanto, esse fator contingente poderia ser amenizado com a imposição de uma determinada regra que vincule eventuais perdas de receitas ao ente responsável pelo déficit de atuação na arrecadação, cobrança e fiscalização do IBS, estimulando que todos os entes sejam diligentes na auditoria tributária. Além disso, seria possível cogitar, especialmente para municípios pequenos, a possibilidade de delegação dessa atribuição para os demais entes federados, de modo inverso como ocorre atualmente com o ITR, por exemplo, e mediante uma contraprestação pelos serviços prestados, como já se dá atualmente com as contribuições destinadas ao Sistema S[23].

[23] Nos termos do art. 3º da Lei nº 11.457, de 16 de março de 2007, cabe à Secretaria da Receita Federal a fiscalização, arrecadação, cobrança e recolhimento das contribuições devidas a terceiros (como as pertencentes ao Sistema S), mediante retribuição prevista na referida legislação.

Todavia, é grande a dificuldade de se estipular, de forma segura, um critério de mensuração da quebra de arrecadação em razão da deficiência fiscalizatória, sendo ainda pertinente o registro de que tal definição é necessariamente conflituosa.

Noutro giro, temos ainda o problema inverso, consistente na ultratividade arrecadatória: mais de um ente se prestando a fiscalizar, de sorte que o sujeito passivo ver-se-ia na difícil e indesejada situação de defender-se em mais de uma trincheira em razão do mesmo fato gerador.

Como se vê, portanto, nenhuma proposta séria de simplificação da regra material prescinde de um debate franco e aprofundado acerca do modelo de fiscalização e de representação judicial que dará densidade prática ao novo tributo.

Mais do que se voltar à solução de problemas que logo se provariam concretos, as reflexões acima desenvolvidas se prestam a denunciar o vácuo existente nas propostas de reformas constitucionais tributária e nas discussões correlatas. E assim o fazem seja tomando como norte a engenhosa, porém precária delimitação do local do fato gerador do IBS realizada pelo CCiF[24], que melhor preserva a autonomia federativa dos entes, mas peca na demasiada complexidade imposta ao sistema, seja seguindo pela adoção do mecanismo pautado pela amplitude da operação que realizou o fato gerador do IBS, que agrada pela simplicidade, mas fragiliza a autonomia dos entes federados.

Ao contrário do grau de incerteza envolvendo as soluções apresentadas para a atividade de auditoria tributária, no que toca à identificação da procuradoria responsável pela representação judicial da ATN, não há dúvidas de que a solução perpassa a vinculação da representação judicial ao órgão de representação judicial do ente federado potencialmente responsável pela atuação tributária. São fenômenos decididamente conexos.

Assim, ao se discutir em juízo uma autuação municipal, a competência seria da procuradoria municipal, nos municípios que a possuem; se a autuação foi do ente estadual, a atribuição recairia nas procuradorias estaduais; e, caso se discuta uma autuação da Receita Federal do Brasil – RFB, a representação judicial caberia à Procuradoria-Geral da Fazenda Nacional[25].

[24] Ibid., p. 70-71.

[25] Não se desconhece a potencial discussão sobre a quem deveria atuar judicialmente em nome da União em futuro contexto envolvendo o IBS e a ATN, especialmente pela natureza

A questão consiste, portanto, em como adequar a premissa de representação judicial apresentada no parágrafo anterior aos dois modelos de atuação fiscal já explicitados.

Em relação à primeira sistemática de atuação fiscal apresentada, a aplicação da premissa levaria à conclusão de que a procuradoria de cada ente federado seria responsável pela discussão e defesa da quota parte do IBS que lhe toca, que lhe pertence, o que pode ocasionar transtornos imensuráveis, pois, em razão da construção em camadas do IBS (somatórios de alíquotas), teríamos um cenário com três procuradorias vinculadas a entes distintos atuando simultaneamente na defesa da quota parte de seu respectivo ente federado, mas tendo por base um mesmo elemento fático, isto é, o mesmo fato gerador. E aqui, uma vez mais, testemunharíamos o efeito "autoimune" de uma norma criada sob a forte retórica da redução de litigiosidade, mas que no jogo jogado do contencioso tributário tende a induzir ao aumento exponencial de situações de conflitos, traduzidos em demandas judiciais.

Por seu turno, apesar dos pesares, nos parece menos traumática a aplicação da premissa ao segundo modelo apresentado, de modo que a representação judicial caberia, conforme a delimitação dada pela abrangência territorial da operação que resultou na realização do fato gerador do IBS, à procuradoria vinculada ao ente federado correlato. Nesse modelo, ainda que não totalmente eliminadas, em função das já mencionadas fragilidades do critério territorial, ficam reduzidas as externalidades negativas relacionadas à possibilidade de se ter três procuradorias atuando judicialmente de forma simultânea sobre o mesmo acontecimento fático.

Ainda a sim remanesce uma aresta não aparada. O que fazer nos casos em que a discussão judicial é prévia a qualquer atuação do Fisco?

Nessas situações, caso se opte pela primeira sistemática de atuação fiscal, a atribuição de representação judicial caberia à Procuradoria-Geral

de autarquia de regime especial desta última, se a Procuradoria-Geral da Fazenda Nacional (art. 12 da LC nº 73/93) ou a Procuradoria-Geral Federal (art. 17 da LC nº 73/93). Todavia, ao menos no que toca a PEC nº 45/2019, objeto central do presente estudo, a discussão perde força diante da proposta de inserção no texto constitucional, de forma expressa, que a representação judicial e extrajudicial do comitê gestor será exercida de forma coordenada, no âmbito da União, pela Procuradoria-Geral da Fazenda Nacional. Assim, diante do novo parâmetro constitucional as regras infraconstitucionais que hoje conferem a representação judicial das autarquias à Procuradoria-Geral Federal, ao menos no ponto do IBS e ATN, não serão por ele recepcionadas.

da Fazenda Nacional por ser vinculada à União, pois como a discussão é preventiva, sem a existência de um fato concreto (atuação fiscal), o resultado poderá impactar todos os entes federados, de modo que nada mais lógico do que incumbir àquele que goza de maior amplitude federativa a tarefa de proceder a defesa judicial do tributo em tese.

De outro modo, no caso de se adotar a segunda sistemática de atuação fiscal, abrem-se dois caminhos. O primeiro, de forma similar ao explicitado no parágrafo anterior, impõe à Procuradoria-Geral da Fazenda Nacional a atribuição residual de atuar nas situações em que ausente uma atuação de quaisquer dos fiscos, tendo em vista sua maior amplitude federativa. O segundo caminho seria relacionar essa atuação antecipatória com a amplitude da discussão. Isto é, se o questionamento tem potencialidade, ainda que em tese, para envolver operações entre municípios de um mesmo estado, caberia à procuradoria estadual, para envolver localidades que extrapolam os limites territoriais do estado, competiria à Procuradoria-Geral da Fazenda Nacional e assim por diante.

Ainda assim esse modelo não parece ser o ideal porque tende a instalar um vestíbulo obrigatório na judicialização, ligado à superação de preliminares processuais sobre a competência na representação judicial. Dito de outro modo, a tendência é que haja dúvidas concretas concernentes à abrangência do conflito, que será determinante para a identificação da procuradoria competente, deixando em suspensão o conhecimento sobre o mérito por um hiato indefinido.

Mais litigância. Mais tempo. Mais custo de conformidade. Mais efeitos "autoimunes" de uma pretendida simplificação que não resiste ao teste dos fatos. Uma pretendida simplificação que a toda evidência se apresenta incapaz de tornar o sistema minimamente linear. Antes disso, uma pretendida simplificação que deve retorcê-lo ainda mais.

Basta colocar a discussão na chave da representação judicial e logo se verá que o discurso fácil de unificação tributária somente para em pé quando consegue eclipsar as complexas estruturas organizacionais que dão forma às diversas administrações tributárias. Mas, fora dos domínios da retórica, não há como escapar do aumento da complexidade do sistema de representação judicial tributário, constatação que caminha em sentido contrário ao próprio mote da PEC nº 45/2019 e de todo marketing envolvendo a necessidade de uma reforma tributária que simplifique o atual sistema de forma abrangente e estruturante.

É preciso compreender que o sistema judicial tributário que conhecemos foi estruturado com base em competências estremadas, sem a existência de competências comuns, como ora se propõe.

Consequentemente, um tributo nacional, tal como idealizado, quebra as cervicais de estruturas administrativas lapidadas e desenvolvidas ao longo de décadas. E não se trata de uma disrupção positiva; bem ao contrário, trata-se de uma reengenharia fadada ao impasse e à sobreposição fiscalizatória e de cobrança. A certeza de que o impacto será tectônico nas administrações tributárias pode até passar ao largo dos bastiões da simplicidade, embevecidos pela teoria, mas não escapa à sensibilidade de quem realmente vive o cotidiano do contencioso tributário, operadores que precisam ser ouvidos no processo reformador, conforme muito bem pontuado por Kiyoshi Harada[26]:

> Mas não é só. O IBS será regulado por um comitê gestor composto por representantes da União, dos 27 Estados e de mais de 5.550 municípios. Esse comitê terá a representação extrajudicial e judicial mediante coordenação das Procuradorias Fiscais da União, dos Estados e dos municípios. Se isso não for criar confusão e gerar atritos não sei o que é!
>
> [...]
>
> Composto que seja o triunvirato, como esse comitê gestor irá agir no contencioso administrativo e nas contendas judiciais de forma harmônica, como prescreve a PEC sob exame? Parece óbvio que o representante da União assumirá o comando, extrapolando de suas atribuições como um dos representantes do órgão colegiado, tal como o Confaz que vem assumindo funções normativas, sem ter personalidade jurídica.
>
> [...]
>
> A autodenominada reforma tributária, na verdade, nada simplifica, pelo contrário, tudo complica e traz uma tremenda insegurança jurídica decuplicando as discussões judiciais, dando matéria prima para os tribunais se ocuparem do IBS pelo menos por um século! Somente para compensar os Estados com as perdas de arrecadações a PEC sob comento fixou um prazo de 50 anos. Com as judicializações inevitáveis estará deflagrada a guerra dos cem anos.
>
> [...]

[26] HARADA, Kiyoshi. *Reforma tributária e insegurança jurídica*. Migalhas de Peso. São Paulo, 23 de jul. 2019. Disponível em: https://migalhas.uol.com.br/depeso/307115/reforma-tributaria-e-inseguranca-juridica. Acesso em: 19 out. 2020.

> Positivamente, essa autodenominada reforma tributária precisa ser repensada. Reformar radicalmente o sistema tributário que vigora mais de três décadas requer não apenas conhecimento teórico e doutrinário sobre direito tributário, como também, e principalmente experiência acumulada pela atuação profissional na área tributária ao longo de décadas. Não pode ser feita como que por um passe de mágica, por mais habilidosos e empolgantes que sejam os seus autores.
>
> Reforma tributária radical é coisa muito séria. Demanda muito tempo, reflexão e bastante conhecimento teórico-doutrinário e uma longa vivência prática para elaboração de uma proposta segura, descomplicada, factível e eficiente. Somente o conhecimento teórico sem a prática, por mais brilhante que ele seja, não passará de um canhão de última geração desprovido de bala. E apenas a prática do dia a dia, sem o indispensável conhecimento básico do Direito Tributário, por sua vez, não passará de uma bala de prata para municiar um velho canhão carcomido pelas ferrugens. Não será preciso testar dez vezes. Na primeira tentativa, com toda certeza, haverá uma explosão.

Nesse contexto, percebe-se que a PEC nº 45, de 2019, no tocante à solução jurisdicional dos conflitos envolvendo o IBS, acaba por tornar mais labiríntico o atual sistema tributário, inobstante ter como principal mote a simplificação da tributação e a redução do custo de conformidade fiscal.

Ao instituir um tributo que não se amolda ao atual sistema de repartição de competências tributárias, estruturado de forma bem divisada e sem sobreposições, a proposta pode ter injetado uma lufada de simplificação do ponto de vista econômico, mas deixou um rastro de conflitos sem o adequado tratamento, o que fragiliza essa áurea simplificadora da proposta. Como visto, inobstante as alternativas ora apresentadas, há enormes desafios a serem enfrentados pelos operadores do direito, com aptidão, inclusive, de sobrepor as vantagens verificadas do ponto de vista econômico.

Ora, se a questão for mesmo a simplificação, por que não considerar um modelo dual para o IBS? O tributo seria único para os contribuintes, mas tal unidade seria consequência da junção de um IBS federal e um IBS subnacional, compartilhando a mesma base de incidência e legislação.

Nesse modelo, haveria uma significativa redução e simplificação dos pontos de conflitos acerca da justiça competente para processar e julgar controvérsias ligadas ao tributo, bem como sobre a administração tributária responsável pela arrecadação, cobrança e fiscalização, na medida em que seriam tributos distintos, com fatos geradores independentes[27], acoplados tão somente para fins de simplificação do sistema tributário.

Além do mais, como a legislação do IBS seria nacional, nada mais lógico do que atribuir à Justiça Federal a competência para processar e julgar eventuais litígios envolvendo o IBS[28] e a procuradoria de cada ente tributário a responsabilidade pela representação judicial do "seu" IBS. No modelo, ainda, ficaria dispensada a figura da ATN da forma como concebida pelo CCiF[29], como uma autarquia especial de caráter nacional, bastando a criação de um colegiado deliberativo para aprovar as orientações normativas gerais direcionadas à aplicação uniforme do IBS pelos entes.

Conclusões

Iniciamos este estudo descortinando os pontos cardeais da PEC nº 45, de 2019, principal proposta de reforma tributária constitucional em tramitação no Congresso Nacional. Vimos que seu principal mote é a simplificação do sistema tributário atual por meio da unificação de diversos tributos incidentes sobre a cadeia de consumo em um único, o IBS.

Vimos, ainda, que o IBS seria um imposto de índole nacional, isto é, compartilhado entre União, Estados e Municípios, e que a sua administração e coordenação recairia sobre o Comitê Gestor Nacional, figura idealizada como uma autarquia de regime especial nacional denominada de Agência Tributária Nacional – ATN, a quem caberia exercer a representação judicial e extrajudicial em eventuais litígios envolvendo o novo tributo.

Demonstramos, contudo, que a simples atribuição da representação judicial à ATN está longe de solucionar os potenciais problemas decorrentes

[27] Reside, no ponto, a grande diferença do modelo do IBS dual para a situação analisada no estudo. Enquanto que uma das soluções para o IBS único concebido pela CCiF vislumbra uma atuação simultânea entre os entes federados, cada qual responsável pela sua alíquota, mas todos partindo de um fato gerador único; o IBS dual partiria da existência de dois fatos geradores distintos (um federal e outro subnacional), apenas compartilhando a mesma base de incidência e legislação.

[28] Como já vimos ao longo do estudo, a Justiça Federal reúne as características mais favoráveis para se processar e julgar eventuais conflitos envolvendo tributo cuja legislação é de âmbito nacional, pois está presente em todo o território nacional (índole nacional), foi concebida para solucionar causas de interesse especial da federação, por possuir uma organização nacional e centralizada na figura do Conselho da Justiça Federal e por possuir uma maior expertise na matéria tributária, já que conta, inclusive, com varas tributárias especializadas.

[29] Ibid., p. 75-77.

da unificação tributária almejada pela proposta. Pelo contrário, expomos que a sua instituição pode, inclusive, potencializar a complexidade do sistema judicial tributário e aumentar a insegurança jurídica.

Por outro lado, reconhecemos o acerto ao se escolher a Justiça Federal como palco para solução de eventuais conflitos envolvendo o IBS, seja pelo seu caráter nacional, sua aptidão natural para resolução de causas tributárias, sua administração e coordenação centralizada no Conselho da Justiça Federal ou pela melhor perspectiva de gestão de precedentes.

Propomos dois caminhos para a representação judicial na solução de conflitos relacionados ao IBS, ambas imperfeitas, pois partem da maculada premissa estruturada pela PEC nº 45, de 2019, mas que buscam conferir maior racionalidade à representação judicial, especialmente a solução pautada pela abrangência territorial da operação que realizou o fato gerador, porquanto mantém, em maior grau, a simplificação almejada pela proposta de reforma tributária.

Ao final, concluímos que o catalizador dos problemas identificados é a introdução, pela PEC nº 45, de 2019, de um tributo que rompe com a atual estrutura de repartição de competências tributárias, sem, contudo, aparar as arestas provocadas pela quebra de paradigma. Por essa razão vislumbramos que a melhor solução seria a adoção de um IBS dual, com fatos geradores distintos, mas com base de incidência compartilhada, legislação única nacional e cuja solução dos litígios, em razão da normatização de índole nacional, se dê perante a Justiça Federal, por meio da atuação das procuradorias dos entes federais titulares dos tributos envolvidos.

Referências

BRASIL. Câmara dos Deputados. *Proposta de Emenda à Constituição nº 45, de 3 de abril de 2019.* Altera o Sistema Tributário Nacional e dá outras providencias. Disponível em: https://www.camara.leg.br/proposicoesWeb/fichadetramitacao?idProposicao=2196833. Acesso em: 02 out. 2020.

BRASIL. Senado Federal. *Proposta de Emenda à Constituição nº 110, de 9 de julho de 2019.* Altera o Sistema Tributário Nacional e dá outras providencias. Disponível em: https://www25.senado.leg.br/web/atividade/materias/-/materia/137699. Acesso em: 25 set. 2020.

BRASIL. Senado Federal. *Proposta de Emenda à Constituição nº 110, de 9 de julho de 2019* (Substitutivo). Altera o Sistema Tributário Nacional para prever a instituição de impostos sobre bens e serviços e do imposto seletivo e dá outras providências. Disponível em: https://legis.senado.leg.br/sdleg-getter/documento?dm=8050102&ts=1576781837031&disposition=inline. Acesso em: 25 set. 2020.

CCIF, Centro de Cidadania Fiscal. *Estatuto: objetivos, forma de atuação e governança*. São Paulo, 2015. Disponível em: https://ccif.com.br/wp-content/uploads/2020/06/Diretrizes-de--Atua%C3%A7%C3%A3o-CCiF-Estatuto.pdf. Acesso em: 25 set. 2020.

_______. *Nota Técnica: Agência Tributária Nacional-ATN*. São Paulo, 2020. Disponível em: https://ccif.com.br/wpcontent/uploads/2020/07/NT_ATN_Corporation_V3.pdf. Acesso em: 13 out. 2020.

_______. *Texto-base da Lei Complementar do IBS*. Disponível em: https://ccif.com.br/wp--content/uploads/2020/09/CCiF_NT_LC-IBS.pdf. São Paulo, 2020. Acesso em: 13 out. 2020.

Didier Junior, Fredie. *Curso de Direito Processual Civil*: introdução ao direito processual civil, parte geral e processo do conhecimento. 22. ed. Salvador: Juspodivm, 2020.

Harada, Kiyoshi. *Reforma tributária e insegurança jurídica*. Migalhas de Peso. São Paulo, 23 de jul. 2019. Disponível em: https://migalhas.uol.com.br/depeso/307115/reforma--tributaria-e-inseguranca-juridica. Acesso em: 19 out. 2020.

Mendes, Gilmar Ferreira. Branco, Paulo Gustavo Gonet. *Curso de direito constitucional*. 15. ed. rev. e atual. São Paulo: Saraiva, 2020.

OECD, *OECD Economic Surveys-Brazil 2018*, OECD Publishing, Paris. Disponível em: http://www.oecd.org/economy/brazil-economic-snapshot/. Acesso em: 25 de set. 2020.

Rossi, Baleia. Appy, Bernard. *A janela de oportunidade para a reforma tributária: Proposta na Câmara prevê substituir cinco tributos por um só*. Folha de São Paulo. São Paulo, 7 de mai. 2019. Disponível em: https://www1.folha.uol.com.br/opiniao/2019/05/a-janela-de--oportunidade-para-a-reforma-tributaria.shtml. Acesso em 25 de set. 2020.

VARSANO, Ricardo. *A tributação do valor adicionado, o ICMS e as reformas necessárias para conformá-lo às melhores práticas internacionais*. BID, fev. 2014. (Documento para Discussão IDB-DP-335).

5
RETOMADA DA TRIBUTAÇÃO SOBRE DIVIDENDOS, JUSTIÇA FISCAL E INCENTIVO À ATIVIDADE ECONÔMICA

Ênio Alexandre Gomes Bezerra da Silva

Introdução

As revoluções na França, influenciadas pelo Iluminismo, e na Inglaterra, pela transformação nos processos de produção, modificaram as relações de poder existentes na sociedade. A propriedade imobiliária perdeu importância no processo de formação de riquezas e poder político, uma vez que a subordinação aos proprietários de terra perdeu sua força na sociedade. A terra era vista como propriedade do Estado e todos ligados à terra, em alguma medida, seriam propriedade do Estado. A terra era a principal fonte de riqueza da sociedade e o Estado se financiava a partir do uso da terra realizado por toda a sociedade.

Com o Estado deixando de ser proprietário da principal fonte de riqueza da sociedade e com processos que passaram a garantir a propriedade ligada ao indivíduo, o Estado não poderia invadir a riqueza produzida pela sociedade e se apropriar enquanto dono. Todo esse processo de mudança da sociedade gerou regras que hoje chegam a ser entendidas como direitos naturais da sociedade, a exemplo do direito de propriedade.[1]

Desde o momento em que o Estado deixou de ser o grande proprietário de toda riqueza social, com a separação entre público e privado e o surgi-

[1] Gassen, Valcir. *Matriz tributária: uma perspectiva para pensar o estado, a constituição e a tributação no Brasil.* São Paulo: Revista dos Tribunais. vol. 935/2013. p. 243.

mento de uma maior proteção do que fosse construído pelos indivíduos, a tributação passou a ser um dos temas mais relevantes da sociedade.[2]

A tributação é uma das matérias mais discutidas pelo direito, de forma plenamente justificável, uma vez que o Estado obtém recursos majoritariamente por essa via, com a finalidade de financiar a existência do nosso modelo de sociedade, toda a infraestrutura fornecida, os serviços e o ambiente em que desenvolvemos todas as nossas relações. Até mesmo valores mais fluidos como a democracia, a liberdade, a propriedade e igualdade demandam recursos que são custeados pela tributação.

Toda riqueza criada pela sociedade tem como base de construção a existência de um determinado modelo de Estado, ou seja, para que existam negócios é necessário o Estado protegendo e garantindo o funcionamento adequado de todos os modelos de geração de riqueza e propriedade. Mesmo a propriedade privada existe apenas porque há o Estado no qual foi garantida sua criação e transmissão. Para tudo isso é necessária a tributação.

Uma visão jurídica tradicional costuma pensar a tributação de forma autocentrada, limitando-se a criar conteúdo, de forma discricionária, para palavras que compõe a legislação que trata de tributação, sem ponderar de forma realista os seus efeitos. O grande jurista seria aquele com capacidade para entrar dentro da mancha de tinta que foi registrada pela legislação tributária, expondo o significado da palavra a partir de uma "super visão" do sentido do texto, dissociada da realidade e dos efeitos para a sociedade.

Essa fantasia da interpretação do direito, autocentrada, deixa de lado o aspecto mais relevante do Estado, construir um sistema jurídico que tenha como diretriz fornecer a sociedade uma vida mais digna por meio de uma tributação que considere a capacidade de cada indivíduo para contribuir com tal objetivo. Ora, existem inúmeras áreas do conhecimento humano que poderiam se prestar a auxiliar na construção do direito pela via legislativa e pela via da interpretação e que não são devidamente aproveitadas, como, por exemplo, a medicina, a economia, a estatística, a ciência política e a psicologia, aproximando o direito da realidade.

Especificamente em relação ao direito tributário, uma das disciplinas mais relevantes é a economia, uma vez que alterações tributárias podem provocar alterações econômicas positivas ou negativas para a sociedade.

[2] NABAIS, José Casalta. *O dever fundamental de pagar impostos*. Coimbra: Livraria Almedina, 1998.

Para os economistas da corrente liberal clássica, a função do tributo era apenas prover recursos para o funcionamento do Estado, em razão das ideias de autonomia, de autorregulação, de Estado mínimo e de neutralidade da tributação.[3] Como as atividades do Estado para essas correntes seriam bem restritas, a tributação teria pouca influência sobre a sociedade, devendo causar o menor sacrifício possível ao contribuinte e garantir a manutenção da posição de cada um na sociedade e na economia, características que seriam essenciais para dar legitimidade ao tributo.

Interessante que o modelo de tributação sobre a renda no Brasil, cheio de distorções e situações de privilégio, faz o inverso do que seria desejável por um modelo liberal clássico ao estabelecer alíquotas diferenciadas e até mesmo isenção em virtude da modelagem jurídica e da área de atuação empresarial, com a permissão da transfiguração da renda do trabalho em renda de capital e a fragmentação de empresas para manutenção em regimes de tributação favorecida.

Um dos pontos centrais na redução do impacto da tributação sobre a sociedade deveria ser o conceito de neutralidade, fazendo a ponderação entre equidade e eficiência, com objetivo de afetar o mínimo possível o equilíbrio geral existente na economia.[4] A ideia de afetar o mínimo possível o mercado é tão grande que mesmo defensores de políticas de igualdade reconhecem no tributo a característica de preservação do equilíbrio dos preços de mercado:

> O instrumento privilegiado da redistribuição pura é a redistribuição fiscal, que, por meio de tributações e transferências, permite corrigir a desigualdade das rendas produzida pela desigualdade das dotações iniciais e pelas forças de mercado, ao mesmo tempo que preserva ao máximo a função alocativa do sistema de preços.[5]

A neutralidade da tributação lida com a sua capacidade de produzir realocação de recursos em circulação na economia, o que pode gerar interferência no equilíbrio anterior da economia, uma vez que o tributo pode

[3] Nabais, José Casalta. *O dever fundamental de pagar impostos*. Coimbra: Livraria Almedina, 1998. p. 227.

[4] Caliendo, Paulo. *Direito tributário e Análise Econômica do Direito: uma visão crítica*. Rio de Janeiro: Elsevier, 2009. p. 101.

[5] Piketty, Thomas. *A economia da desigualdade*. Tradução: André Telles. Rio de Janeiro: Intrínseca, 2015. p. 112.

provocar o direcionamento de recursos para algumas atividades em detrimento de outras que poderiam ser mais eficientes, na medida em que tributa mais fortemente alguns setores em prejuízo de outros que podem ser substitutos próximos, como leciona Correia Neto:

> No que se refere à neutralidade, o termo traz no étimo opção político-ideológica clara: o tributo, tanto quanto possível, não deve interferir no processo de trocas econômicas ou, pelo menos, não deve gerar distorções. Mas, ao mesmo tempo em que aponta essa diretriz de estruturação do sistema fiscal, a ideia de extrafiscalidade sugere também que o tributo pode ir além e, de fato, alterar o curso dos acontecimentos sobre os quais incide. Isto é, a atividade tributária, mesmo que não deva, sempre pode fazer – para o bem ou para o mal – mais do que apenas prover os cofres públicos.[6]

Desse modo, a construção do sistema tributário deve ponderar a neutralidade para evitar impactos negativos na economia, como a destruição de setores mais produtivos em razão de benefícios destinados a setores menos produtivos. Vale ressaltar que a tributação também pode gerar incremento de eficiência, na medida em que os recursos do Estado são utilizados para educação, saúde, infraestrutura e outras ações que tornam a sociedade mais eficiente e rica.

Com a perda de força das concepções tradicionais das correntes econômicas liberais e o crescimento da força das concepções ligadas à intervenção na economia, o sistema tributário passou a ser utilizado também como ferramenta para atingir objetivos diversos dos arrecadatórios.[7]

Além da função de financiamento estatal, a partir da característica de realocação de recursos, o tributo também é utilizado para controlar a economia, em razão da aptidão que o pensamento keynesiano lhe atribui para influenciar o emprego, a renda, a inflação e o crescimento. Devemos mencionar que a utilização da tributação para interferir em variáveis econômicas é criticada por alguns autores, dentre os quais Milton Friedman, para o qual o equilíbrio econômico não responde diretamente às medidas de tributação.[8]

[6] CORREIA NETO, Celso de Barros. *O avesso do tributo: incentivos e renúncias fiscais no direito brasileiro.* São Paulo: Almedina, 2014, p. 77.

[7] CORRÊA, Walter Barbosa. *Contribuição ao Estudo da Extrafiscalidade.* São Paulo: Bentivegna, 1964, p. 20.

[8] CALIENDO, Paulo. *Direito tributário e Análise Econômica do Direito: uma visão crítica.* Rio de Janeiro: Elsevier, 2009, p. 102.

Os juristas tradicionais dificilmente realizariam qualquer reflexão a respeito dos fundamentos e da legitimidade da adoção de incentivos tributários, com base nos pressupostos e resultados econômicos que se pretendem produzir. Ocorre que, há uma série de princípios que balizam a criação e redução de tributos, não devendo ela ficar sujeita à discricionariedade absoluta da Administração Pública, afinal, há um compromisso com a sociedade que precisa da tributação para custear os mais diversos tipos de política.

A adequada aferição desses princípios que deveriam balizar a criação, aumento e redução dos tributos, passam, além da teoria econômica, pela estatística, afinal, como ponderar a distribuição da carga tributária sem consciência de quem deve colaborar e quem deve receber as políticas do Estado para implementação de uma sociedade que garanta o mínimo de dignidade e viabilize a geração de mais riqueza.

O caso do imposto sobre a renda na retomada da incidência sobre dividendos deve ser analisada sob a ótica desses diversos princípios que norteiam nossa sociedade e em função do contexto econômico de grande pobreza em que vivemos.

1. A tributação sobre dividendos

O Brasil decidiu, na década de 1990, isentar a renda decorrente dos dividendos, por intermédio do art. 75 da Lei 8.383 de 30 de dezembro de 1991, e de forma mais ampla no art. 10 da Lei nº 9.249, de 26 de dezembro de 1995. A redução da tributação sobre dividendos se baseou em ideias que circularam na Europa e Estados Unidos, como a tributação em taxa única e as deduções do rendimento do capital[9], cujo objetivo era aumentar os recursos disponíveis para investimento em atividades produtivas que aumentariam o crescimento da economia e a geração de empregos. Tais fundamentos ficam claros quando observamos um trecho da exposição de motivos da Lei nº 9.249, de 1995:

> 10. Com vistas a equiparar a tributação dos diversos tipos de rendimentos do capital, o Projeto introduz a possibilidade de remuneração do capital próprio investido na atividade produtiva, permitindo a dedução dos juros

[9] BRASIL. Instituto de Pesquisa Econômica Aplicada. *Tributação do capital no Brasil e no Mundo.* Brasília, DF, abril de 2018. Disponível em: http://repositorio.ipea.gov.br/bitstream/11058/8354/1/TD_2380.pdf. Acesso em: 14 out. 2020.

pagos aos acionista, até o limite da variação da Taxa de Juros de Longo prazo – TJLP; compatibiliza as alíquotas aplicáveis aos rendimentos provenientes de capital de risco àquelas pela qual são tributados os rendimentos do mercado financeiro; desonera os dividendos; caminha na direção da equalização do tratamento tributário do capital nacional e estrangeiro; e revoga antiga isenção do imposto de renda incidente sobre a remessa de juros para o exterior, prevista no Decreto-Lei nº 1.215, de 1972 (arts. 9 a 12, § 2º do art. 13, art. 28, e inciso I do art. 32), a fim de que não ocorra qualquer desarmonia no tratamento tributário que se pretende atingir. Igualando-se, para esse fim, o aplicador nacional e estrangeiro.

11. A permissão de dedução de juros pagos ao acionista, até o limite proposto, em especial, deverá provocar um incremento das aplicações produtivas nas empresas brasileiras capacitando-as a elevar nível de investimentos, sem endividamento, com evidentes vantagens no que se refere à geração de empregos e ao crescimento sustentado da economia. Objetivo a ser atingido mediante a adoção de política tributária moderna e compatível com aquela praticada pelos demais países emergentes, que competem com o Brasil na capacitação de recursos internacionais para investimento.

12. Com relação à tributação dos lucros e dividendos, estabelece-se a completa integração entre a pessoa física e a pessoa jurídica, tributando-se esses rendimentos exclusivamente na empresa e isentando-se quando do recebimento pelos beneficiários. Além de simplificar os controles e inibir a evasão, esse procedimento estimula, em razão da equiparação de tratamento e das alíquotas aplicáveis, o investimento nas atividades produtivas.

A legislação promoveu uma ampla desoneração de lucros e dividendos para pessoas jurídicas tributadas com base no lucro real, presumido ou arbitrado. O art. 14 da Lei nº 123, de 14 de dezembro de 2006, garante o mesmo benefício para empresas optantes do Simples Nacional. O espectro de empresas desoneradas é bastante amplo e acaba por promover o alívio fiscal para empresas com as mais diversas tributações sobre a renda.

Existem inúmeras presunções de lucro para diversos tipos de empresa e ramos de atividade. As presunções de lucro foram criadas para simplificar o sistema, mas podem resultar em alíquota efetiva bem inferior a alíquota normativa.

Ainda que as empresas optantes pelo lucro real representem parte importante da receita bruta obtida pelas empresas no Brasil, elas são apenas 3% do total de empresas no país, ou seja, 97% das pessoas jurídicas se sujeitam a regimes fictícios de apuração da renda para fins de tributação pelo imposto de renda das empresas, inclusive empresas individuais. Desse modo, a tributação de até 34% sobre a renda das pessoas jurídicas, composta por até 25% do Imposto sobre a Renda da Pessoa Jurídica, IRPJ, e por 9% da Contribuição Social sobre o Lucro Líquido, CSLL, é aplicada a um número muito pequeno de empresas.[10]

Vale ressaltar que, mesmo que o lucro efetivo seja maior que o definido em presunção legal, a tributação da renda da pessoa jurídica não ultrapassa o limite legal e os dividendos podem ser distribuídos a sócios e acionistas em valor superior à previsão legal sem a incidência do imposto sobre a renda, como esclarecido no art. 238, § 2º, II da Instrução Normativa RFB nº 1700, de 14 de março de 2017, no art. 27, II da Instrução Normativa RFB nº 1.397, de 16 de setembro de 2013 e no art. 14, § 2º da Lei Complementar nº 123, de 2006.

Assim, em virtude da possibilidade jurídica de mitigação da tributação sobre a renda das pessoas jurídicas, muitas pessoas promovem a transfiguração da renda do trabalho em renda do capital, criando personalidades jurídicas para atuar em substituição ao trabalhador, fenômeno que ficou conhecido como "pejotização". A situação acabou promovendo em muitos casos a dupla não incidência do imposto sobre a renda, mitigado nas pessoas jurídicas e isento na distribuição dos lucros e dividendos.

Outro benefício tributário relevante é a possibilidade de distribuição de lucros via juros sobre o capital próprio, situação em que os valores repassados aos acionistas são tributados na fonte em 15% de maneira definitiva, mas ensejam a dedução no lucro da empresa, permitindo que ela deixe de submeter os valores à incidência do IRPJ de 25% e da CSLL de 9%, ou seja, a empresa deixa de recolher 34% para os sócios recolherem 15%.

Além dos problemas específicos do Brasil, a própria ideia de tributação em taxa única e de deduções do rendimento do capital não foi amplamente adotada pela comunidade internacional, deixando a inovação para economias menos sólidas e com interesse em ganhar atenção de grandes investidores mundiais. Nos últimos anos os países integrantes da Organização para a Cooperação e o Desenvolvimento Econômico (OCDE) reduziram

[10] BRASIL. Receita Federal. *Reforma tributária solidária, 2018*. Disponível em: https://legis.senado.leg.br/sdleg-getter/documento/download/c39f05b6-0df9-4293-b026-e64d39b6ac1b. Acesso em: 29 dez. 2020.

o imposto de renda sobre empresas, mas aumentaram a tributação sobre distribuição de lucros. Países como Letônia, Eslováquia, México e Grécia abandonaram a completa desoneração de dividendos que chegou a existir.[11]

O propósito de estimular o investimento produtivo e aumentar oferta de vagas de trabalho com a manutenção de recursos nas mãos dos investidores, a partir da ideia de que a não tributação da renda do capital reduziria o incentivo para consumir a renda no presente, parece não ter se mostrado efetivo, uma vez que a conversão do benefício em investimento não tem ocorrido, ao menos considerando a análise realizada por Michael de Alencar Silva em trecho a seguir colacionado:

> Sobre a premissa de contribuir para os investimentos, uma crítica relevante é que não parece fazer sentido que valores pagos aos sócios sob a rubrica de lucros e dividendos retornem à empresa como forma de reinvestimentos. Notadamente, os valores destinados para reinvestimentos, permanecem à disposição no fluxo de caixa da empresa, até que sejam usados para propósitos de capital. Além disso, quando submetido à deflação, tais valores – que, em tese, seriam destinados a investimentos – apresentaram uma perda drástica. Desta forma, concluiu-se que, em termos reais, a capacidade de converter a renúncia fiscal em investimentos tornou-se deveras comprometida.[12]

Os estudos apontam que os valores desonerados não retornam como investimento produtivo apto a aumentar oferta de vagas de trabalho para investimento em produção, sendo mais comum que sejam aplicados em outros ativos financeiros.[13]

Em linha com o que vem sendo realizado por diversos países da OCDE, a ideia de restabelecer a tributação sobre dividendos com a redução da tri-

[11] BRASIL. Instituto de Pesquisa Econômica Aplicada. *Tributação do capital no Brasil e no Mundo.* Brasília, DF, abril de 2018. Disponível em: http://repositorio.ipea.gov.br/bitstream/11058/8354/1/TD_2380.pdf. Acesso em: 14 dez. 2020.

[12] SILVA, Michael de Alencar. *Justiça fiscal: o impacto da renúncia fiscal sobre os lucros e dividendos como instrumento de eficácia econômica.* Dissertação (mestrado) – Fundação Getúlio Vargas – Escola Brasileira de Administração Pública e de Empresas, Centro de Formação Acadêmica e Pesquisa, 2018, p . 98. Disponível em:http://bibliotecadigital.fgv.br/dspace/bitstream/handle/10438/25760/Disserta%c3%a7%c3%a3o_MichaelASilva_PosDefesa_VersaoFinal.pdf?sequence=1&isAllowed=y. Acesso em: 02 nov. 2020.

[13] BRASIL. Instituto de Pesquisa Econômica Aplicada. *Tributação do capital no Brasil e no Mundo.* Brasília, DF, abril de 2018. Disponível em: http://repositorio.ipea.gov.br/bitstream/11058/8354/1/TD_2380.pdf. Acesso em: 14 out. 2020.

butação da pessoa jurídica vem sendo estudada por instâncias governamentais nos últimos anos, como podemos perceber na entrevista conferida pelo então Ministro Fazenda em 2018, cujo trecho a seguir colacionamos:

> É a tendência internacional de redução da tributação da pessoa jurídica e já ocorreu em vários países, incluindo os EUA. Achamos que é importante equalizar esse mesmo tratamento tributário equiparado ao que acontece no resto do mundo. Mas não dá para perder receita. A gente tem um problema fiscal complexo. Por isso faremos redução acompanhada da tributação de dividendos e de revisão dos juros sobre capital próprio. Temos que ver tudo isso em conjunto fazer conta e poder ter uma transição que permite fazer uma redução responsável da alíquota do IRPJ acompanhada de tributação de dividendos.
>
> [...]
>
> O ponto de chegada tem que ser uma tributação equivalente à que tem a maioria dos países. Daí se faz uma combinação entre a base de cálculo e a alíquota. O resultado disso deve levar a uma tributação em linha com o que o resto do mundo está fazendo. A média da OCDE está em 21%, 22%, os Estados Unidos convergiram para isso. A partir do momento em que se está tributando o lucro, usa-se os padrões contábeis internacionais. Aí é uma questão de compatibilizar isso com a redução da tributação fiscal. Talvez tenhamos que construir uma transição para chegar lá.[14]

Acreditamos que a tendência é o Brasil seguir a postura adotada por muitos países da OCDE, com a redução do imposto de renda empresarial combinado ao aumento da tributação sobre dividendos e lucros distribuídos aos sócios. Essa combinação pode contribuir para o crescimento econômico, na medida em que estimula empresas a reduzir a distribuição de lucros para reinvestir os valores em atividade produtiva.

Em termos de eficiência e estimulo a economia muitos acreditam que a tributação dos lucros distribuídos com a redução da tributação sobre a renda da pessoa jurídica seja o melhor caminho, contudo, no contexto de crise mundial da saúde surgem discussões em países como Estados Unidos da América e Espanha quanto à necessidade de maior tributação dos

[14] TEREZA, Irany; FERNANDES, Adriana; TOMAZELLI, Idiana. *'País deve seguir tendência global de cortar impostos', diz Guardia*. Estadão. Brasília, 13/09/2018. Disponível em: https://economia.uol.com.br/noticias/estadao-conteudo/2018/09/13/pais-deve-seguir-tendencia-global-de-cortar-impostos-diz-guardia.htm. Acesso em: 10 nov. 2020.

lucros da pessoa jurídica para custear gastos desse momento tão difícil para a sociedade e mesmo após a crise para maior geração de bem-estar para a sociedade.

2. A igualdade tributária

A concessão do mesmo tratamento pelo Estado a ser dado entre os iguais está na essência do nosso sistema constitucional, expandindo-se para todo o sistema jurídico, seja por meio de incidência direta, seja através de princípios que o especificam em determinados ramos jurídicos, como ocorre em relação ao direito tributário, detentor de enunciado constitucional próprio a seguir colacionado:

> Art. 150. Sem prejuízo de outras garantias asseguradas ao contribuinte, é vedado à União, aos Estados, ao Distrito Federal e aos Municípios:
>
> ...omissis..
>
> II – instituir tratamento desigual entre contribuintes que se encontrem em situação equivalente, proibida qualquer distinção em razão de ocupação profissional ou função por eles exercida, independentemente da denominação jurídica dos rendimentos, títulos ou direitos;

O princípio da igualdade tem duas dimensões, uma relativa aos aplicadores da lei, os quais não podem diferenciar aquelas pessoas que se enquadram nos mandamentos legais, e outra relativa aos próprios legisladores, que não devem conferir tratamento diferenciado a quem estiver em situação igual ou equivalente.[15] Entendemos que essa lição deve se estender para a atuação do Poder Executivo e Legislativo também na redução de tributos, a fim de manter o equilíbrio tributário na sociedade, o que não ocorre, como podemos observar no segundo tópico do presente trabalho.

Uma das questões mais relevantes que envolvem o princípio da igualdade é identificar os parâmetros que autorizam o tratamento desigual, ou mesmo exigem essa diferenciação em razão de alguns parâmetros relevantes de diferenciação, como exemplifica Ross:

> A cada um segundo sua capacidade. Este princípio de justiça para a distribuição de cargas é a contrapartida do princípio da necessidade na distribuição

[15] MELLO, Celso Antônio Bandeira. *O conteúdo jurídico do princípio da igualdade.* 3. ed. São Paulo: Melheiros Editores, 2015, p. 9.

de vantagens. Sua aplicação típica é a determinação do imposto de renda por meio de regras referentes a rendas mínimas isentas de imposto, escalas progressivas, deduções por filhos, etc.[16]

Especificamente no que se refere à aplicação do princípio da igualdade tributária, podemos perceber que teríamos sua aplicabilidade com a distribuição da carga tributária da maneira mais justa possível, em alinhamento com o princípio da capacidade contributiva, como exposto por Silva ao falar sobre a teoria objetiva da igualdade tributária:

> As teorias objetivas convergem para o princípio da capacidade contributiva, expressamente adotada pela Constituição (art. 145, § 1º), segundo o qual a carga tributária deve ser distribuída na medida da capacidade econômica dos contribuintes, critério que implica: (a) uma base impositiva que seja capaz de medir a capacidade; (b) alíquotas que igualem verdadeiramente essas cargas. A dificuldade está na determinação correta da "capacidade tributária individual".[17]

O parâmetro de diferenciação a partir da capacidade econômica de cada contribuinte foi expressamente incluído no Art. 145, § 1º da Constituição Federal, o que concretiza a ideia de Justiça decorrente do princípio da igualdade na esfera tributária.

O princípio da capacidade contributiva é, ao mesmo tempo, um valor que foi positivado e um vetor do sistema, que permite a criação de normas cuja incidência se dará de acordo com a manifestação econômica de cada evento, transformando-os em fatos jurídicos tributários e impedindo normas que desrespeitem essa equivalência.

Um dos aspectos a serem observados em relação aos princípios da igualdade e capacidade contributiva é a limitação da tributação apenas para as manifestações econômicas, de forma autônoma em relação ao conjunto de relações jurídicas realizadas pelo sujeito passivo, portanto, a relação que demonstre sinais de riqueza é utilizada na imposição tributária, de forma que a aplicação do tributo em face de relações que demonstrem signos de

[16] Ross, Alf. *Direito e Justiça*. Trad. Edson Bini. Revisão Alysson Leandro Mascaro. Bauru, São Paulo: Edipro, 2003, p. 317.

[17] Silva, José Afonso. *Curso de Direito Constitucional Positivo*. 17ª ed. São Paulo: Malheiros. 2000, p. 224.

riqueza se caracteriza como a aplicação do princípio da capacidade contributiva objetiva.

O princípio da capacidade objetiva não permite a incidência de tributos sobre elementos que não sejam manifestações econômicas, assim a capacidade objetiva deve ser sempre respeitada. Por outro lado, a capacidade contributiva subjetiva, que inicialmente pressupõe a capacidade contributiva objetiva, aplicando o tributo em face das ocorrências de manifestações econômicas, é realizada na distribuição equitativa da carga tributária, distribuindo com toda a sociedade as imposições, variando na medida do montante das riquezas de cada sujeito passivo.

A ideia de distribuição proporcional do financiamento do Estado é um dos elementos mais importantes de justiça do sistema jurídico, uma vez que afasta o oportunismo e a arbitrariedade fiscal, na medida em que em que estabelece que a tributação se dará de acordo com a riqueza de cada contribuinte.[18]

A capacidade contributiva é um dos pilares da igualdade tributária, tanto em seu aspecto objetivo, a partir do qual sabemos que todos os tributos devidos ao Estado têm como pressuposto uma manifestação econômica realizada pelos cidadãos. E ainda, quanto ao seu aspecto subjetivo, o qual garante que cada indivíduo contribuirá de acordo com a sua riqueza pessoal, o que entendemos como fator determinante na efetividade do funcionamento do sistema tributário, ou seja, o efetivo cumprimento das legítimas obrigações tributárias encontra respaldo no próprio sistema constitucional, como pode ser constatado na leitura do dispositivo a seguir colacionado:

> Art. 145. A União, os Estados, o Distrito Federal e os Municípios poderão instituir os seguintes tributos:
>
> [...]
>
> § 1º – Sempre que possível, os impostos terão caráter pessoal e serão graduados segundo a capacidade econômica do contribuinte, facultado à administração tributária, especialmente para conferir efetividade a esses objetivos, identificar, respeitados os direitos individuais e nos termos da lei, o patrimônio, os rendimentos e as atividades econômicas do contribuinte.

[18] TIPKE, Klaus; YAMASHITA, Douglas. *Justiça Fiscal e Princípio da Capacidade Contributiva.* São Paulo: Malheiros, 2002, p. 32.

A distribuição dos contribuintes em classes, nas quais suas dessemelhanças relevantes os igualam, garantem a igualdade entre os integrantes de cada classe e a aplicação da igualdade tributária de acordo com a capacidade contributiva de cada classe.

Ainda que existam defensores de que o princípio da capacidade contributiva se aplicaria mesmo quando ocorresse tratamento diferenciado em razão do uso de normas tributárias indutoras[19], entendemos de forma diversa. A capacidade contributiva é uma dimensão econômica, razão pela qual, fatores diversos da capacidade econômica podem ser hábeis para evitar a aplicação da capacidade contributiva, mas não para criar um conceito diferenciado. Algumas vezes está se abrindo mão do adequado cumprimento da capacidade contributiva em nome de outros objetivos, mas a mitigação desse princípio deve estar cercada de cuidados, a fim de que a igualdade só seja minimizada em nome de uma maior dignidade garantida a sociedade.

Embora seja a capacidade contributiva um elemento essencial na concretização do princípio da igualdade, ela pode ser afastada quando presentes elementos objetivos que justifiquem um tratamento diferenciado, possibilitando que contribuintes em situação econômica similar tenham tratamento tributário diferenciado.

A dificuldade na definição dos critérios que justificarão ou exigirão a não aplicação da igualdade absoluta, criando parâmetros de diferenciação, foi percebida por Paulo de Barros de Carvalho.[20]

O caso da tributação extrafiscal é emblemático, uma vez que interesses que estão além do campo da igualdade econômica, prevista no Art. 145, § 1º da Constituição Federal, justificam a não aplicação do preceito, sem nos ajudar, todavia, a encontrar justificações para a sua aplicação, o que precisa ser implementado de forma urgente, afinal, o contexto econômico brasileiro precisa deixar claro os motivos pelos quais existem tantas renúncias tributárias, para evitar que *lobby* setorial retire recursos que deveriam servir para melhorar a qualidade de vida de toda a sociedade, por intermédio da prestação de diversos serviços públicos.

[19] SCHOUERI, Luís Eduardo. *Normas tributárias indutoras e intervenção econômica*. Rio de Janeiro: Forense, 2005, p. 208.

[20] CARVALHO, Paulo de Barros. *Curso de Direito Tributário*. 13 ed. São Paulo: Saraiva, 2000, p. 148.

3. Incentivos tributários

Existe grande confusão conceitual em relação a renúncia de receita, desonerações, benefícios e incentivos tributários, instrumentos da extrafiscalidade da tributação. Em comum todos são decorrentes da possibilidade do Estado buscar fins diversos da arrecadação, fazendo uso da tributação.

A concepção a respeito da renúncia de receita surgiu nos Estados Unidos, quando o Congresso Nacional daquele país resolveu criar uma comissão voltada a reduzir os gastos em excesso. As medidas adotadas foram cortes de gastos e aumento de tributos.[21] Em face da impopularidade das ações o Congresso se voltou para medidas que reduziam o ingresso de recursos nos cofres do Estado, designadas por Stanley S. Surrey, Secretário-Assistente do Departamento do Tesouro Americano, como *tax expenditure*, foi o grande objeto de trabalho da nova comissão, resultando no primeiro orçamento de gastos tributários dos Estados Unidos, publicado em 1968.[22] As renúncias de receita são efeito de medidas de desoneração, de benefícios e de incentivos tributários, cuja formalização e incorporação ao orçamento é decorrente da importância de se submeter esse tipo de medida, que implica em não ingresso de recurso para o Estado, a controles similares aos aplicados aos gastos diretos.

A desoneração tributária é o gênero do qual fazem parte incentivos e benefícios tributários que são regimes especiais de tributação, nos quais são estabelecidas situações de favorecimento tributário, afastando-se da regra geral de tributação, em função de características especiais definidas em norma legal, fundadas em objetivos de interesse público diversos dos arrecadatórios.

Mesmo sem uma clara definição positivada, é possível entender os benefícios tributários como regimes especiais de tributação, nos quais são estabelecidas situações de favorecimento tributário, em função de características especiais definidas em norma legal, fundadas em objetivos de interesse público superiores aos arrecadatórios, como firmado pela Procuradoria-Geral da Fazenda Nacional no Parecer PGFN/CAT nº 508/2013. O conceito apresentado de benefício tributário permite iden-

[21] BOMFIM, Gilson Pacheco. *Incentivos tributários: conceituação, limites e controle*. Rio de Janeiro: Lumen Juris, 2015, p. 83.

[22] HENRIQUES, Élcio Fiori. *Os Benefícios Fiscais no Direito Financeiro e Orçamentário – O Gasto Tributário no Direito Brasileiro*. São Paulo: Quartier Latin, 2010, p. 48.

tificá-lo como instrumento extrafiscal voltado a beneficiar grupos específicos com o aumento de sua disponibilidade econômica.[23] Os benefícios tributários, em geral, não têm como objetivo a indução de comportamento, mas apenas fornecer um alívio tributário com base em motivações sociais, políticas, culturais, religiosas ou econômicas, sendo conhecidos também como alívios tributários ou *tax relief*.[24]

Enquanto o benefício tributário é voltado a situações já consumadas, os incentivos tributários são uma instrumentalização da extrafiscalidade voltada a induzir determinadas condutas, em que são estabelecidas vantagens a atividades que podem produzir certos resultados, numa relação de causa e efeito, razão pela qual também pode ser designada de medidas de fomento tributário ou benefícios tributários dinâmicos.[25] Em sua concepção vernacular, o termo incentivo tributário tem o sentido de subsídio conferido pelo governo, que renuncia a parte de sua receita em impostos em troca de investimento em atividades ou operações por ele estimuladas.

O propósito de modificar a realidade dos incentivos tributários foi bem percebida pelo Supremo Tribunal Federal, ao julgar o crédito prêmio de IPI no RE nº 577.348, no qual foi relator o Ministro Ricardo Lewandoski, ficando consignado no voto condutor o seguinte entendimento quanto ao conceito de incentivos tributários: "*incentivos ou estímulos fiscais são todas as normas jurídicas ditadas com finalidades extrafiscais de promoção do desenvolvimento econômico e social que excluem total ou parcialmente o crédito tributário.*"

Apenas a título de exemplo, as renúncias fiscais para o ano de 2017 representaram, no Brasil, R$ 287,9 bilhões[26], valor este quase doze vezes

[23] ALMEIDA, Francisco Carlos Ribeiro. *Uma abordagem Estruturada da Renúncia de Receita Pública Federal*. Revista do Tribunal de Contas da União, Brasília, v. 31, n. 84, p. 19-62, abr./jun. 2000, p. 25. Disponível em: https://revista.tcu.gov.br/ojs/index.php/RTCU/article/view/984. Acesso em: 14 dez. 2020, p. 25.

[24] BOMFIM, Gilson Pacheco. *Incentivos tributários: conceituação, limites e controle*. Rio de Janeiro: Lumen Juris, 2015. p. 64.

[25] NABAIS, José Casalta. *O dever fundamental de pagar impostos*. Coimbra: Livraria Almedina, 1998, p.649.

[26] BRASIL. Receita Federal. *Demonstrativo dos Gastos Tributários Bases Efetivas – 2017 Série 2015 a 2020*. Brasília, DF, março de 2020. Disponível em: http://receita.economia.gov.br/dados/receitadata/renuncia-fiscal/demonstrativos-dos-gastos-tributarios/arquivos-e-imagens/dgt-bases-efetivas-2017-serie-2015-a-2020-base-conceitual-e-gerencial.pdf. Acesso em: 02 nov. 2020.

maior que os R$ 24 bilhões renunciados em 2004.[27] Para se ter uma ideia do montante, ele equivale a mais de 20% de toda a arrecadação da Receita Federal do Brasil no ano de 2017.[28] Em inúmeros casos o Tribunal de Contas da União tem apontado para a necessidade de avaliação de medidas que envolvam renúncia de receitas, como no Acórdão TCU nº 747/2010-TCU-Plenário, assim como tem recomendado a formulação de estudos prévios a medidas de renúncia de tributária, como no Acórdão do Tribunal de Contas da União nº 1.205/2014, em que, além de uma série de exigências procedimentais, há também recomendação para o acompanhamento e avaliação dos benefícios tributários, a fim de verificar se eles estão atendendo aos fins para os quais se propõem.

Nos casos de renúncia de receita do Imposto sobre Produtos Industrializados e do Imposto sobre a Renda, o TCU, no Acórdão nº 1.012/2015, também recomenda a formulação de indicadores e metas esperadas para o benefício tributário. No processo que deu origem ao Acordo mencionado ficou consignada a manifestação do Ministério da Fazenda que afirma dificuldades técnicas para atender as demandas do TCU para realizar avaliações das políticas de incentivo. Vale a transcrição do trecho:

> 12. O Ministério da Fazenda alega que 'há dificuldades técnicas quanto à Ciência Econômica para analisar estatisticamente variáveis dinâmicas do mercado alteradas por diversas políticas públicas simultâneas, havendo poucos exemplos na literatura acadêmica em relação ao tema.'[29]

A ação dos Órgãos de Controle tem se voltado para analisar a efetividade das políticas de desoneração da tributação, uma vez que o Estado está abrindo mão de recursos relevantes que poderiam ser destinados a melhora da sociedade como um todo. Especificamente no caso da deso-

[27] RENÚNCIA fiscal equivale a um quinto das receitas. Jornal do Senado, Brasília, 16 de outubro de 2013. Disponível em: https://www12.senado.leg.br/noticias/materias/2013/10/15/renuncias-tributarias-ja-equivalem-a-um-quinto-das-receitas-do-orcamento. Acesso em: 14 out. 2020.

[28] BRASIL. Receita Federal. *Demonstrativo dos Gastos Tributários Bases Efetivas – 2017 Série 2015 a 2020*. Brasília, DF, março de 2020. Disponível em: http://receita.economia.gov.br/dados/receitadata/renuncia-fiscal/demonstrativos-dos-gastos-tributarios/arquivos-e-imagens/dgt-bases-efetivas-2017-serie-2015-a-2020-base-conceitual-e-gerencial.pdf. Acesso em: 02 nov. 2020.

[29] BRASIL. Tribunal de Contas da União. *Acórdão nº 1.012/2015*. Processo TC 020.911/2013-0. Relator: Ministro José Múcio Monteiro.

neração de dividendos a tributação é favorecida em relação a grande parte da população que tem renda em patamares similares mas precisa enfrentar um imposto de renda maior.

Interessante que a desoneração prevista no art. 10 da Lei nº 9.249, de 1995, não consta no Demonstrativo dos Gastos Tributários Bases Efetivas – 2017 Série 2015 a 2020. Também realizamos uma busca no Demonstrativo dos Gastos Tributários PLOA 2019 e não identificamos a desoneração de dividendos. Para ter uma ideia dos valores envolvidos resolvemos trazer um trecho de Dissertação de Mestrado sobre o tema no qual consta uma estimativa, ainda que não possamos considerar oficial, sobre o tema:

> Entretanto, a conta do déficit precisa ser paga, e é mais do que razoável que a renúncia fiscal sobre os lucros e dividendos seja colocada em questão, uma vez que de acordo com os valores informados pela RFB através do CETAD, em relação ao ano base de 2016, em valores nominais, foram declarados como lucros e dividendos, o montante de R$ 350,27 bilhões, que submetidos a alíquota de 15%, geraria um valor de arrecadação de R$ 52,54 bilhões, aproximadamente 33% do déficit primário do mesmo exercício.[30]

Tomando como base a taxa de investimentos em relação à desoneração sobre lucros e dividendos, a análise acima indica que existe um descompasso entre a renúncia e os investimentos em atividade produtiva, diversamente do que esperado na instituição na desoneração.[31]

As renúncias de receita realizadas por meio de incentivos e benefícios tributários conferidos a distribuição de lucros pelas pessoas jurídicas, além de não serem eficientes para gerar crescimento econômico, representam valores muito expressivos que deixam de ingressar nos cofres públicos.

[30] SILVA, Michael de Alencar. *Justiça fiscal: o impacto da renúncia fiscal sobre os lucros e dividendos como instrumento de eficácia econômica*. Dissertação (mestrado) – Fundação Getúlio Vargas – Escola Brasileira de Administração Pública e de Empresas, Centro de Formação Acadêmica e Pesquisa, 2018, p . 98. Disponível em: http://bibliotecadigital.fgv.br/dspace/bitstream/handle/10438/25760/Disserta%c3%a7%c3%a3o_MichaelASilva_PosDefesa_VersaoFinal.pdf?sequence=1&isAllowed=y. Acesso em: 02 nov. 2020, p. 98.

[31] SILVA, Michael de Alencar. *Justiça fiscal: o impacto da renúncia fiscal sobre os lucros e dividendos como instrumento de eficácia econômica*. Dissertação (mestrado) – Fundação Getúlio Vargas – Escola Brasileira de Administração Pública e de Empresas, Centro de Formação Acadêmica e Pesquisa, 2018, p . 98. Disponível em:http://bibliotecadigital.fgv.br/dspace/bitstream/handle/10438/25760/Disserta%c3%a7%c3%a3o_MichaelASilva_PosDefesa_VersaoFinal.pdf?sequence=1&isAllowed=y. Acesso em: 02 nov. 2020, p. 98.

Duas opções devem ser ponderadas, a redução do imposto de renda da pessoa jurídica com oneração da distribuição dos lucros e a simples tributação da distribuição dos lucros para destinar ao Estado.

Num momento de crise e discussão quanto à atuação do Estado em favor da sociedade justifica-se a reflexão sobre a extinção da desoneração sobre dividendos, tanto pelo aspecto da eficiência quanto pelos valores que deixam de ser recolhidos em virtude de tal desoneração, que reduz a capacidade do Estado de prestar os mais diversos serviços públicos e distorce a distribuição de renda no Brasil, gerando mais desigualdade num país já desigual.

4. Contexto socioeconômico brasileiro

Estudos como o do mapeamento do perfil da extrema pobreza, realizado a partir dos dados do Censo de 2010,[32] identificaram mais de 15 milhões de pessoas na extrema pobreza no Brasil. Mais recentemente o IBGE identificou a existência de 13,5 milhões de pessoas na extrema pobreza, o maior nível dos últimos sete anos.[33] O mesmo estudo identificou 52,5 milhões de pessoas na linha de pobreza. Muitos acreditam que os números de pobreza e extrema pobreza podem subir muito em função da pandemia. Esses dados servem para deixar claro o contexto em que vivemos e chama a atenção para a necessidade de refletir melhor a respeito de cada renúncia tributária que o Estado realiza, afinal, cada centavo do qual se abre mão poderia ser aplicado na redução da pobreza, na melhoria da educação e da sociedade para cada cidadão desse país.

A linha de extrema pobreza adotada pelo Ministério do Desenvolvimento foi de R$ 70,00 per capita considerando o rendimento nominal mensal domiciliar e os dados que embasam a análise são do Censo de 2010. Os dados mais recentes estabelecem a linha de extrema pobreza em até R$ 145,00 e a linha de pobreza em R$ 420,00 per capita por mês, com base em

[32] BRASIL, Ministério do Desenvolvimento Social e Combate à Fome. *O perfil da extrema pobreza no Brasil com base nos dados preliminares do universo do Censo 2010*. Brasília: Nota MDS, 2011.

[33] BRASIL, Agência IBGE Notícias, 2019. Disponível em: https://censoagro2017.ibge.gov.br/agencia-noticias/2012-agencia-de-noticias/noticias/25882-extrema-pobreza-atinge-13-5-milhoes-de-pessoas-e-chega-ao-maior-nivel-em-7-anos#:~:text=de%20Indicadores%20Sociais-,Extrema%20pobreza%20atinge%2013%2C5%20milh%C3%B5es%20de%20pessoas%20e%20chega,maior%20n%C3%ADvel%20em%207%20anos&text=Em%202018%2C%20o%20pa%C3%ADs%20tinha,a%20condi%C3%A7%C3%A3o%20de%20extrema%20pobreza. Acesso em: 27 ago. 2020.

critério adotado pelo Banco Mundial. Em 2010 a identificação teve como objetivo fornecer um diagnóstico melhor para embasar ações de transferência de renda, acesso a serviços públicos e inclusão produtiva.

Nosso sistema tributário é marcado por injustiça e regressividade, uma vez que as camadas mais pobres da sociedade pagam proporcionalmente mais impostos; falta visibilidade sobre os impostos pagos pelo cidadão aos fiscos federais, estaduais e municipais, dificultando o exercício da cidadania; e existe persistência de distorções significativas na incidência dos impostos, destacadamente a tributação sobre a renda.

Ao tratar do sistema tributário o Observatório da Equidade chama atenção para o princípio da equidade enquanto princípio norteador do sistema tributário, contudo, tal princípio é desrespeitado, uma vez que "pessoas que ganhavam até dois salários mínimos em 2004 gastaram 48,8% de sua renda no pagamento de tributos, já o peso da carga tributária para as famílias com renda superior a 30 salários mínimos correspondia a 26,3%."[34]. A relação entre carga tributária e renda familiar no Brasil é impactante, uma vez que a carga tributária diminui na medida em que a renda familiar aumenta, demonstrando que a carga é regressiva, contraria ao que é diretriz do texto constitucional:

Gráfico 1 - Carga Tributária sobre a Renda Total das Famílias: 2004
Em % da Renda Mensal Familiar

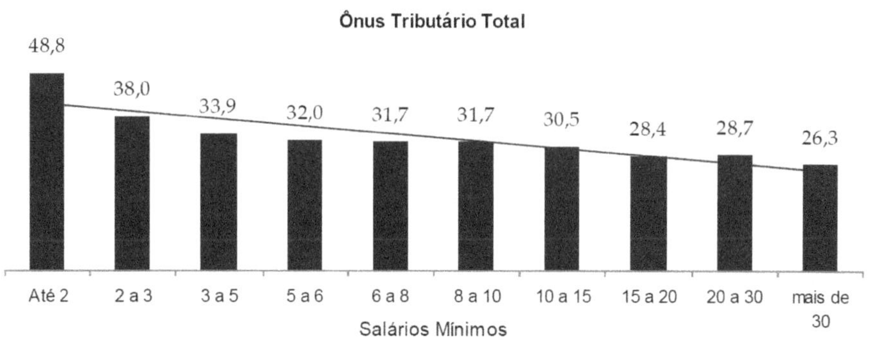

Fonte: ZOCKUN (2007). Cálculos efetuados com base na POF 2002/2003.

[34] BRASIL. Presidência da República. *Observatório da Equidade. Indicadores de Iniquidade do Sistema Tributário Nacional: Relatório de Observação nº* 2. Brasília: Presidência da República, Conselho de Desenvolvimento Econômico e Social – CDES, 2ª Edição, 2011, p. 17.

Interessante observar que o Estado gasta pouco com as classes menos favorecidas, pois apenas 10,4% do PIB retornam à sociedade na forma de investimentos em saúde, segurança, habitação e saneamento. Por outro lado, o Estado tributa bastante as classes menos abastadas, produzindo o efeito inverso ao que se espera, ampliando desigualdade com a retirada de riqueza da parcela da população que menos tem condições de contribuir com o Estado.

Os números médios da OCDE são muito diversos dos aplicados no Brasil, uma vez que a tributação sobre a renda costuma ter peso maior que a tributação do consumo, garantindo uma maior equidade ao sistema.

Várias mudanças no sistema tributário criaram distorções na equidade, como bem mencionado no texto produzido pelo observatório da inequidade:

> Alterações realizadas na legislação infraconstitucional após 1996, ao estabelecerem diversas mudanças atreladas à natureza do rendimento, acabaram por prejudicar a isonomia tributária. Para citar apenas alguns exemplos: a) reduziu-se a alíquota do IRPJ de 25% para 15% e do adicional sobre os lucros (Lei 9.249/95, art. 3º, e Lei 8.981/95, art. 39); b) instituiu-se a possibilidade de remunerar com juros o capital próprio das empresas, reduzindo-lhes o Imposto de Renda e a CSLL (Lei 9.292/95, art. 9º); c) isentou-se a distribuição dos lucros, eliminando-se o Imposto de Renda na fonte sobre os lucros e dividendos distribuídos (Lei 9.292/95, art. 10º); e d) isentou-se de tributação a remessa de lucros e dividendos ao exterior (Lei 9.292/95, art. 10º).[35]

Ainda hoje existem inúmeros investimentos com tributação sobre a renda reduzida, a grande maioria dos investimentos tem alíquotas de no máximo 22%, para prazos muito curtos, sendo que para prazos medianos os valores descem para a faixa de 15%. Pior ainda são os investimentos sem cobrança de imposto de renda, como FII, LCA, LCI, poupança, cédulas hipotecárias, entre outras. Com esse quadro, não é surpresa que o IRPF no Brasil represente apenas 2,35% do PIB, enquanto nos países da OCDE a média é 9%.[36]

[35] BRASIL. Presidência da República. *Observatório da Equidade. Indicadores de Iniquidade do Sistema Tributário Nacional: Relatório de Observação nº 2.* Brasília: Presidência da República, Conselho de Desenvolvimento Econômico e Social – CDES, 2ª ed. 2011, p. 24.

[36] BRASIL. Presidência da República. *Observatório da Equidade. Indicadores de Iniquidade do Sistema Tributário Nacional: Relatório de Observação nº 2.* Brasília: Presidência da República, Conselho de Desenvolvimento Econômico e Social – CDES, 2ª ed. 2011, p. 24.

Outro aspecto interessante na distribuição da carga tributária no Brasil se refere a representatividade do IR na renda das famílias. Para a renda do trabalho, o IR representa, em média, 3%, e para famílias em que predominam investimentos a média é de 1,2%.

Nesse cenário de desigualdade, alta tributação sobre o consumo e sobre as famílias de menor renda, incentivos tributários precisam ser manejados com muito cuidado, para evitar o risco de termos ações que agravem ainda mais a situação de desigualdade e pobreza. Vale ressaltar que os incentivos tributários fazem muita falta numa sociedade com tantas carências, pois implicam renúncia de receita que poderia ser utilizada para criar uma sociedade mais digna, com investimentos em renda mínima, educação de base, saúde e segurança.

Conclusões

A redução da tributação sobre dividendos no Brasil, por intermédio do art. 10 da Lei nº 9.249, de 26 de dezembro de 1995, se baseou em ideias que circularam na Europa e Estados Unidos, como a tributação em taxa única e as deduções do rendimento do capital.

A ampla desoneração de lucros e dividendos abarca pessoas jurídicas tributadas com base no lucro real, presumido ou arbitrado. O art. 14 da Lei nº 123, de 14 de dezembro de 2006, garante o mesmo benefício para empresas optantes do Simples Nacional.

Com as possibilidades de desoneração sobre dividendos para as mais diversas modalidades de tributação das pessoas jurídicas, muitos promoveram a transfiguração da renda do trabalho em renda do capital, criando personalidades jurídicas para atuar em substituição ao trabalhador, fenômeno que ficou conhecido como "pejotização".

Um dos grandes problemas da renda do trabalho em renda do capital é que as presunções que atingem todas as empresas não optantes do lucro real podem resultar em alíquota efetiva bem inferior aos 34% da combinação entre 25% do Imposto sobre a Renda da Pessoa Jurídica, IRPJ, e por 9% da Contribuição Social sobre o Lucro Líquido, CSLL.

Além dos problemas práticos de transfiguração da renda do trabalho em renda empresarial, a própria desoneração da distribuição dos lucros empresariais parece não ter atingido o objetivo de incrementar a capacidade produtiva, pelo contrário, os recursos acabam sendo investidos em ativos financeiros sem relação com a produção, a geração de empregos ou o crescimento econômico.

Muitos países no mundo reverteram suas desonerações, outros reduziram a tributação empresarial e aumentaram a tributação sobre distribuição dos lucros, para estimular empresas a reinvestir os valores em atividade produtiva, caminho que acreditamos deve ser seguido pelo Brasil.

Além dos aspectos econômicos, a tributação sobre os lucros das empresas distribuídos aos seus sócios deve considerar que o Estado obtém recursos majoritariamente pela via da tributação, com a finalidade de financiar a existência do nosso modelo de sociedade, toda a infraestrutura fornecida, os serviços e o ambiente de negócios em que desenvolvemos todas as nossas relações, além da própria estrutura de sociedade, com sistema jurídico, instituições e democracia.

Quando se discute uma desoneração ou sua reversão é preciso ponderar a distribuição da carga tributária com consciência de quem deve colaborar e quem deve receber as políticas do Estado para implementação de uma sociedade que garanta o mínimo de dignidade e viabilize a geração de mais riqueza.

Não estamos falando de redução de desigualdade, ainda que ela possa ser consequência de um sistema tributário que atenda aos nossos princípios constitucionais, mas de igualdade tributária, ou seja, a tributação não deveria ser desigual em função de denominação jurídica dos rendimentos. Para o caso da tributação sobre rendimentos o mais apropriado seria a tributação proporcional a capacidade contributiva de cada indivíduo, como preconiza o art. 145, § 1º da Constituição Federal. Tais princípios afastam o oportunismo e a arbitrariedade fiscal, na medida em que em que estabelece que a tributação se dará de acordo com a riqueza de cada contribuinte.

No caso dos incentivos tributários essa questão é extremamente relevante, afinal envolve renúncia de recursos que poderiam servir para cumprir diversos dos deveres constitucionais do Estado.

A definição sobre quem paga os bens públicos deve ser realista com a concepção de que a existência de nossa sociedade e seu desenvolvimento depende de alguns bens públicos de caráter geral prestados a todos indistintamente, a saúde, a segurança, a infraestrutura beneficiam a todos, inclusive aos mais ricos que podem contratar pessoas mais qualificadas e saudáveis, aumentando ainda mais sua capacidade de gerar riqueza.

Temos um grande problema de justiça distributiva, afinal, a tributação no Brasil é mais pesada nas menores faixas de renda, lhes deixando menos recursos para investir em educação e saúde, o que gera um círculo vicioso, pois as pessoas se tornam menos produtivas e geram menos riqueza. Para os pobres o custo dos bens públicos é maior que para os ricos, quem **tem maior poder aquisitivo pode abrir mão de valores** necessários a tais bens que **valem mais como bens públicos do que como dinheiro sob seu poder**. A melhora da sociedade gera um ambiente que pode fornecer diversos bens aos mais ricos, como segurança, mão de obra qualificada, boa educação da sociedade em geral, boa saúde em geral para sociedade e melhor ambiente de negócios. Além da questão da eficiência na economia, a justiça distributiva e os custos marginais são argumentos que levam a entender ser necessária a reflexão sobre o fim da desoneração sobre lucros distribuídos pelas empresas.

Diferentes pessoas nos mais diversos níveis de renda devem arcar com os custos do Estado, mas quem tem mais recursos tem melhores condições para contribuir em maior proporção, o que não ocorre em virtude de diversos mecanismos de exceção do nosso sistema tributário, particularmente, os incentivos tributários.

No caso dos incentivos tributários, temos uma clara possibilidade de afastamento do princípio da igualdade e capacidade contributiva, uma vez que um dos elementos essenciais dos incentivos tributários é a presença de características de indução de condutas, a partir de princípios constitucionais da Ordem Econômica que colocam a intervenção em patamar superior ao interesse arrecadatório.

Os beneficiários das intervenções voltadas ao estímulo de alguma conduta, ainda que possuam características especiais, definidas em legislação, que objetivem interesses públicos superiores aos arrecadatórios, acabam sendo privilegiados, pois são submetidos a um regime diferenciado e mais favorecido de tributação.

Por esse motivo, deve existir uma razão de política pública para a intervenção na economia, cujo objetivo final seja a promoção da dignidade por meio dos ditames da justiça social. Parece existir consenso em relação a um ponto da criação de situações de favorecimento, que seria o entendimento de que as medidas de incentivo tributário devem ser eficazes para os fins a que se destinam e gerar uma melhor distribuição de renda e dignidade para toda a sociedade.

Ainda que, no caso da intervenção do Estado na economia, existam princípios que fundamentem o afastamento do princípio da capacidade contributiva, os critérios são bastante abertos, sendo as desonerações, muitas vezes, decorrentes de interesses puramente eleitorais.

Entendemos que a construção do sistema tributário deve ponderar o compromisso que temos uns com os outros e a situação econômica de cada cidadão, a fim de que não se criem benefícios que não garantam a melhora da dignidade das pessoas com menor renda. A igualdade deve ser mitigada apenas quando garantida uma melhora da dignidade das pessoas menos favorecidas, o que vai beneficiar de forma indireta os mais favorecidos, com uma melhora geral da qualidade de vida da sociedade.

No caso da desoneração sobre dividendos não nos parece terem sido atingidos os propósitos que foram pensados em sua concessão, portanto, os diversos princípios que conferem lastro a tributação privilegiada deixam de estar presentes, justificando, juntamente com os aspectos econômicos, a reversão das desonerações sobre dividendos contidas em nossa legislação.

Referências

ALMEIDA, Francisco Carlos Ribeiro. *Uma abordagem Estruturada da Renúncia de Receita Pública Federal.* Revista do Tribunal de Contas da União, Brasília, v. 31, n. 84, p. 19-62, abr./jun. 2000, p. 25. Disponível em: https://revista.tcu.gov.br/ojs/index.php/RTCU/article/view/984. Acesso em: 14 out. 2020.

AMARO, Luciano. *Direito tributário brasileiro.* 15. ed. São Paulo: Saraiva, 2009.

BOMFIM, Gilson Pacheco. *Incentivos tributários: conceituação, limites e controle.* Rio de Janeiro: Lumen Juris, 2015.

BRASIL, Agência IBGE Notícias, 2019. Disponível em: https://censoagro2017.ibge.gov.br/agencia-noticias/2012-agencia-de-noticias/noticias/25882-extrema-pobreza-atinge-13-5-milhoes-de-pessoas-e-chega-ao-maior-nivel-em-7-anos#:~:text=de%20Indicadores%20Sociais-,Extrema%20pobreza%20atinge%2013%2C5%20milh%C3%B5es%20de%20pessoas%20e%20chega,maior%20n%C3%ADvel%20em%207%20anos&text=Em%202018%2C%20o%20pa%C3%ADs%20tinha,a%20condi%C3%A7%C3%A3o%20de%20extrema%20pobreza. Acesso em: 27 ago. 2020.

BRASIL. Instituto de Pesquisa Econômica Aplicada. *Tributação do capital no Brasil e no Mundo.* Brasília, DF, abril de 2018. Disponível em: http://repositorio.ipea.gov.br/bitstream/11058/8354/1/TD_2380.pdf. Acesso em: 14 out. 2020.

BRASIL, Ministério do Desenvolvimento Social e Combate à Fome. *O perfil da extrema pobreza no Brasil com base nos dados preliminares do universo do Censo 2010.* Brasília: Nota MDS, 2011.

BRASIL, Presidência da República. *Comissão para definição da classe média no Brasil.* Brasília: Secretaria de Assuntos Estratégicos, 2012.

BRASIL. Presidência da República. *Observatório da Equidade. Indicadores de Iniquidade do Sistema Tributário Nacional: Relatório de Observação nº 2.* Brasília: Presidência da República, Conselho de Desenvolvimento Econômico e Social – CDES, 2ª Edição, 2011.

BRASIL. Procuradoria Geral da Fazenda Nacional. *Parecer PGFN/CAT nº 508/2013.* Brasília, DF, 25 de março de 2013.

BRASIL. Receita Federal. *Análise da arrecadação das receitas federais*. Brasília, DF, dezembro de 2012. Disponível em: http://www.receita.fazenda.gov.br/publico/arre/2012/Analisemensaldez12.pdf. Acesso em: 14 out. 2020.

BRASIL. Receita Federal. *Demonstrativo dos Gastos Tributários Bases Efetivas – 2017 Série 2015 a 2020*. Brasília, DF, março de 2020. Disponível em: http://receita.economia.gov.br/dados/receitadata/renuncia-fiscal/demonstrativos-dos-gastos-tributarios/arquivos-e-imagens/dgt-bases-efetivas-2017-serie-2015-a-2020-base-conceitual-e-gerencial.pdf. Acesso em: 02 nov. 2020.

BRASIL. Receita Federal. *Demonstrativo dos Gastos Tributários Bases PLOA 2019*. Brasília, DF, agosto de 2018. Disponível em: https://receita.economia.gov.br/dados/receitadata/renuncia-fiscal/previsoes-ploa/arquivos-e-imagens/dgt-ploa-2019.pdf. Acesso: em 02 nov. 2020.

BRASIL. Receita Federal. *Reforma tributária solidária, 2018*. Disponível em: https://legis.senado.leg.br/sdleg-getter/documento/download/c39f05b6-0df9-4293-b026-e64d39b6ac1b. Acesso em: 29 out. 2020.

BRASIL. Supremo Tribunal Federal. *RE 577348*, Relator(a): Min. RICARDO LEWANDOWSKI, Tribunal Pleno, julgado em 13/08/2009, REPERCUSSÃO GERAL – MÉRITO DJe-035 DIVULG 25-02-2010 PUBLIC 26-02-2010 EMENT VOL-02391-09 PP-01977 RTJ VOL-00214- PP-00541.

BRASIL. Tribunal de Contas da União. *Acórdão nº 1.012/2015*. Processo TC 020.911/2013-0. Relator: Ministro José Múcio Monteiro.

CALIENDO, Paulo. *Direito tributário e Análise Econômica do Direito: uma visão crítica*. Rio de Janeiro: Elsevier, 2009.

CARVALHO, Paulo de Barros. *Curso de Direito Tributário*. 13. ed. São Paulo: Saraiva, 2000.

CORRÊA, Walter Barbosa. *Contribuição ao Estudo da Extrafiscalidade*. São Paulo, Bentivegna, 1964.

CORREIA NETO, Celso de Barros. *O avesso do tributo: incentivos e renúncias fiscais no direito brasileiro*. São Paulo: Almedina, 2014.

GASSEN, Valcir. *Matriz tributária: uma perspectiva para pensar o estado, a constituição e a tributação no Brasil*. São Paulo: Revista dos Tribunais, vol. 935/2013.

HENRIQUES, Élcio Fiori. *Os Benefícios Fiscais no Direito Financeiro e Orçamentário – O Gasto Tributário no Direito Brasileiro*. São Paulo: Quartier Latin, 2010.

MELLO, Celso Antônio Bandeira. *O conteúdo jurídico do princípio da igualdade*. 3. ed. São Paulo: Melheiros editores, 2015.

NABAIS, José Casalta. *O dever fundamental de pagar impostos*. Coimbra: Livraria Almedina, 1998.

PIKETTY, Thomas. *A economia da desigualdade*. Tradução: André Telles. Rio de Janeiro: Intrínseca, 2015.

RENÚNCIA fiscal equivale a um quinto das receitas. Jornal do Senado, Brasília, 16 de outubro de 2013. Disponível em: https://www12.senado.leg.br/noticias/materias/2013/10/15/renuncias-tributarias-ja-equivalem-a-um-quinto-das-receitas-do-orcamento. Acesso em: 14 out. 2020.

ROSS, Alf. *Direito e Justiça*. Trad. Edson Bini. Revisão Alysson Leandro Mascaro. Bauru, São Paulo: Edipro, 2003.

SCHOUERI, Luís Eduardo. *Normas tributárias indutoras e intervenção econômica.* Rio de Janeiro: Forense, 2005.

SILVA, José Afonso. *Curso de Direito Constitucional Positivo.* 17. ed. São Paulo: Malheiros, 2000.

SILVA, Michael de Alencar. *Justiça fiscal : o impacto da renúncia fiscal sobre os lucros e dividendos como instrumento de eficácia econômica.* Dissertação (mestrado) – Fundação Getúlio Vargas – Escola Brasileira de Administração Pública e de Empresas, Centro de Formação Acadêmica e Pesquisa, 2018. Disponível em: http://bibliotecadigital.fgv.br/dspace/bitstream/handle/10438/25760/Disserta%c3%a7%c3%a3o_MichaelASilva_PosDefesa_VersaoFinal.pdf?sequence=1&isAllowed=y>. Acesso em: 02 nov. 2020.

TEREZA, Irany; FERNANDES, Adriana; TOMAZELLI, Idiana. *'País deve seguir tendência global de cortar impostos', diz Guardia.* Estadão. Brasília, 13/09/2018. Disponível em: https://economia.uol.com.br/noticias/estadao-conteudo/2018/09/13/pais-deve-seguir-tendencia-global-de-cortar-impostos-diz-guardia.htm. Acesso em: 10 nov. 2020.

TIPKE, Klaus; YAMASHITA, Douglas. *Justiça Fiscal e Princípio da Capacidade Contributiva.* São Paulo: Malheiros, 2002.

6
RESPONSABILIDADE TRIBUTÁRIA DAS PLATAFORMAS DIGITAIS

CAROLINE SILVEIRA MARINHO
VIVIANE CASTANHO DE GOUVEIA LIMA

Introdução

O presente artigo visa analisar a responsabilidade tributária das plataformas digitais, no Projeto de Lei nº 3.887/2020, que institui a Contribuição sobre Bens e Serviços (CBS), apresentado oficialmente pelo governo federal no ano de 2020 como sendo a primeira parte da reforma tributária, e que demandou tratamento específico em razão de ser novo modelo de negócio emergido dentro da economia digital, que por sua vez surgiu com o avanço tecnológico mundial, mas intensificou-se nos últimos anos, trazendo muito impacto financeiro no mundo todo.

Primeiramente, o artigo aborda o conceito de economia digital e seus reflexos jurídico-tributários, assim como o conceito de plataforma digital dentro do Projeto de Lei nº 3.887/2020.

Na sequência, o artigo enfrenta o tipo de responsabilidade tributária trazida pelo Projeto de Lei nº 3.887/2020 às plataformas digitais e o tratamento jurídico-tributário dado em âmbito internacional pela OCDE às plataformas digitais estrangeiras no tocante às operações transfronteiriças.

Ao final, o artigo traz a conclusão desta sucinta análise e as referências usadas.

1. Da economia digital e seus reflexos jurídico-tributários

Com o avanço tecnológico e a realização de atividades econômicas em ambiente virtual, por meio de sítios eletrônicos (doravante chamados *sites*), houve verdadeira revolução dessas atividades, com alteração e expansão dos processos, modos, métodos e meios de produção, circulação, uso e consumo de bens e serviços então existentes.

Essa revolução trazida por meio da economia digital também tornou mais tênue a divisão antes existente de comercialização de mercadorias e serviços e suas respectivas tributações, dando azo a discussões judiciais nesse sentido e à possibilidade de se tributar ainda bens e serviços digitais (intangíveis), que surgem nesse meio, tais como *softwares*, licenciamentos, computação em nuvem (*cloud computing*, isto é, disponibilidade de armazenamento de dados e capacidade de computação sob demanda por meio da tecnologia da informação), aplicativos, comércio eletrônico (*e-commerce*) etc.

Outrossim, a tecnologia facilitou e intensificou as relações internacionais transfronteiriças, graças à mobilidade e volatilidade intrinsicamente proporcionadas por ela entre pessoas jurídicas e físicas que atuam em mais de um país, o que demandou atuação da comunidade internacional por meio dos países, da OCDE e demais organizações internacionais, com o escopo de se evitar a pluritributação desses agentes econômicos.

A internet, definida pelo dicionário Michaelis como "rede remota internacional de ampla área geográfica que proporciona transferência de arquivos e dados, juntamente com funções de correio eletrônico para milhares de usuários ao redor do mundo"[1], por meio da promoção de atividades econômicas virtuais, alterou a forma como as pessoas consomem produtos e serviços, acarretando muitas vezes quebra da cadeia produtiva e, com a facilitação de operações transfronteiriças, passou a movimentar dessa maneira milhões de dólares mundialmente.

Isso permitiu, inclusive, planejamento tributário de muitas multinacionais, que exploraram essa situação para cortar custos e pagar pouco ou nenhum tributo, quer por meio de operações com tratados internacionais de contribuintes localizados em países de tributação favorecida ou de regimes fiscais privilegiados, quer transferindo a sede de suas empresas cria-

[1] BRASIL. Michaelis. *Dicionário brasileiro da língua portuguesa*. São Paulo: Melhoramentos, 2015. Disponível em: http://michaelis.uol.com.br/busca?r=0&f=0&t=0&palavra=internet. Acesso em: 04 nov. 2020.

das e fomentadas em países desenvolvidos para esses lugares, por exemplo, com a finalidade única de reduzir ou zerar a carga tributária, por meio da manipulação de elementos de conexão que ensejam tributação. De acordo com a definição usada por Alberto Xavier, os elementos de conexão:

> consistem nas relações ou ligações existentes entre as pessoas, os objetos e os fatos com os ordenamentos tributários, distinguindo-se em subjetivos, se se reportam às pessoas (como nacionalidade ou residência), ou objetivos, se se reportam às coisas e aos fatos (como a fonte de produção ou pagamento, da renda, o lugar do exercício da atividade, o lugar da situação dos bens, o lugar do estabelecimento permanente, o lugar da celebração do contrato)[2].

Tal fato atraiu a atenção mundial e demandou a necessidade dos países e organizações internacionais, tais como a Organização para a Cooperação e Desenvolvimento Econômico (OCDE), de agirem para atacar esse problema e buscarem soluções para a queda de arrecadação tributária nos demais países (em especial os desenvolvidos, muitos membros da OCDE, inclusive), que foram lesados em suas arrecadações tributárias por esse tipo de concorrência fiscal internacional prejudicial.

Ademais, houve também a necessidade de se corrigir a concorrência desleal dessas multinacionais em relação às demais empresas que não faziam uso dessa estrutura de planejamento tributário agressivo para reduzir ou zerar a sua carga tributária, buscando-se, pois, restabelecer a justiça fiscal e o recolhimento da justa cota tributária dessas empresas multinacionais, o que deu origem a diretrizes e projetos com planos de ação nesse sentido, tais como o *BEPS* (acrônimo de *Base Erosion and Profit Shifting*, ou seja, Erosão da base – no caso, base de cálculo tributável – e transferência dos lucros, em tradução livre) da OCDE, iniciado em 2013, num esforço conjunto desta com os países do G-20 e da União Europeia, por meio da Comissão Europeia.

A ação número 1 do *BEPS* (que possui 15 ações) diz respeito à identificação dos principais desafios proporcionados pela economia digital na aplicação das regras vigentes para a tributação direta e indireta e sugere formas de contorná-los. Essa ação foi estruturada basicamente em cima de dois pilares.

[2] XAVIER, Alberto. *Direito Tributário Internacional do Brasil*. 7ª ed. Rio de Janeiro, Forense, 2010, p. 187-188.

O primeiro pilar desta ação número 1 do *BEPS* busca a realocação dos direitos de tributação ("endereça a questão da presença empresarial e atividades sem presença física; determinará onde o tributo será pago e sob quais bases; determinará qual a porção de lucros que poderia ou deveria ser tributada nas jurisdições onde os consumidores e/ou usuários estão localizados", em tradução livre)[3]. O segundo pilar diz respeito ao mecanismo global antierosão da base de cálculo tributável ("auxiliará a cessar a transferência de lucros para jurisdições de baixa ou de nenhuma tributação facilitada por novas tecnologias; assegurará carga tributária mínima a ser paga por multinacionais; nivela a tributação entre empresas tradicionais e as digitais", em tradução livre)[4]. Como é sabido, o Brasil ainda não é membro da OCDE, mas é considerado parceiro-chave (*key partner*), o que lhe permite contribuir de forma contínua e abrangente, participar de Comitês e de áreas de trabalho. Contudo, o país busca a sua acessão à OCDE como Estado-membro, o que faz com que tente ajustar sua legislação e práticas às recomendações da referida organização internacional para ser aceito.

2. Plataformas digitais: conceito jurídico-tributário para fins do projeto de lei nº 3.887/2020, que institui a contribuição social sobre operações com bens e serviços (CBS) na reforma tributária

De modo geral, plataformas digitais podem ser entendidas, ordinariamente, como modelos de negócios que funcionam por meio de tecnologias. Configuram-se, pois, como um ambiente *online* que conecta e intermedeia quem produz a quem consome, permitindo, para além da simples compra e venda ou da prestação de serviços, também a relação de permuta.

O Projeto de Lei nº 3.887/2020 foi apresentado oficialmente pelo governo federal em 21 de julho de 2020 como sendo a primeira parte da reforma tributária e institui a Contribuição sobre Bens e Serviços (CBS), com a finalidade de substituir a tributação federal hoje existente sobre o consumo por meio da Contribuição para o Financiamento da Seguridade

[3] ORGANISATION FOR ECONOMIC COOPERATION AND DEVELOPMENT (OECD). *Action 1. Tax Challenges Arising from Digitalisation*. Disponível em: http://www.oecd.org/tax/beps/beps-actions/action1/. Acesso em: 04 nov. 2020.

[4] ORGANISATION FOR ECONOMIC COOPERATION AND DEVELOPMENT (OECD). *Action 1. Tax Challenges Arising from Digitalisation*. Disponível em: http://www.oecd.org/tax/beps/beps-actions/action1/. Acesso em: 04 nov. 2020.

Social (COFINS) e da Contribuição para o Programa de Integração Social (PIS), de forma a tentar se alinhar com os Impostos sobre o Valor Agregado (IVA's) mais modernos existentes no mundo e que, basicamente, busca tributar de forma uniforme bens e serviços, na sistemática "por fora". Um dos pontos desse Projeto de Lei é o tratamento legal específico dado às plataformas digitais, onde podem figurar como responsáveis tributárias nas transações que intermedeiam, a depender de determinadas circunstâncias previstas em lei, o que será melhor aprofundado mais adiante.

No referido Projeto de Lei há previsão legal de Contribuição sobre Bens e Serviços (doravante chamada de CBS) onde a plataforma digital pode figurar como responsável tributária por operações intermediadas entre usuários e pessoas jurídicas quando toda a operação se dá em âmbito nacional (responsabilidade tributária da plataforma digital prevista no art. 5º, com fato gerador previsto no art. 2º e base de cálculo prevista no art. 7º, com alíquota do art. 8º). Nesse caso, apenas incide CBS quando o fornecedor de bens ou serviços for uma pessoa jurídica ou a ela equiparável pela legislação do Imposto de Renda das Pessoas Jurídicas[5], e a plataforma digital só é responsável tributária em relação à pessoa jurídica fornecedora que não emita nota fiscal.

Na CBS importação (doravante chamada de CBS-I, regulamentada no Projeto de Lei a partir do art. 61)[6], esta incide sobre operações em que o usuário ou consumidor que aqui reside importe bens (com fato gerador e excludentes previstos nos arts. 62 e 63; contribuintes e responsáveis previstos nos arts. 64 a 66; base de cálculo, alíquota e recolhimento previstos nos arts. 67 a 69) ou importe serviços do exterior (fato gerador previsto no art. 70; contribuintes e responsáveis elencados nos arts. 71 a 74; base de cálculo, alíquota e recolhimento previstos nos arts. 75 a 77), independentemente da denominação que se dê a esses serviços, abrangidos também a cessão e licenciamento de direitos, inclusive intangíveis, salvo excludentes e isenções previstas na própria lei (arts. 78 a 79) ou suspensão decorrente de aplicação de regime aduaneiro especial (art. 81).

[5] Art. 3º São contribuintes da CBS as pessoas jurídicas de direito privado e as que lhes são equiparadas pela legislação do Imposto sobre a Renda das Pessoas Jurídicas – IRPJ.

[6] Art. 61. A CBS incide sobre a importação de bens e de serviços do exterior.

§ 1º Para fins do disposto neste Capítulo, o conceito de serviços compreende também a cessão e o licenciamento de direitos, inclusive intangíveis.

§ 2º A incidência da CBS na forma deste Capítulo independe da denominação dada ao serviço.

O art. 6º do Projeto de Lei nº 3.887/2020 traz o conceito jurídico-tributário de plataformas digitais para os fins do projeto. A definição jurídico-tributária do que é considerado plataforma digital para os fins de tributação da CBS e CBS-I se mostrou mais restrita do que a comumente usada, com excludentes no parágrafo único do art. 6º do Projeto de Lei quando a plataforma digital exercer apenas uma das atividades ali elencadas, acarretando a sua desconfiguração sob essa denominação. Vejamos:

> Art. 6º Para fins desta Lei, considera-se plataforma digital qualquer pessoa jurídica que atue como intermediária entre fornecedores e adquirentes nas operações de vendas de bens e serviços de forma não presencial, inclusive na comercialização realizada por meios eletrônicos.
>
> Parágrafo único. Não são consideradas plataformas digitais as pessoas jurídicas que executem somente uma das seguintes atividades:
>
> I – fornecimento de acesso à internet;
>
> II – processamento de pagamentos;
>
> III – publicidade; ou
>
> IV – procura de fornecedores, desde que não cobrem pelo serviço com base nas vendas realizadas.

Esse mesmo conceito do art. 6º é aplicável para fins de CBS-I quanto às plataformas digitais sediadas no exterior quando intermediarem importação de bens (art. 65, inciso V) ou de serviços (art. 72, inciso II) no exterior, como dispõe expressamente o projeto de lei.

3. Da responsabilidade tributária das plataformas digitais no âmbito da cbs e da cbs-importação (PL nº 3.887/2020)

Sabe-se que a obrigação tributária é composta de diversos aspectos, quais sejam: pessoal, temporal, espacial e material. O aspecto pessoal determina os sujeitos da obrigação tributária previstos na hipótese de incidência, de um lado, o sujeito ativo, que é o ente estatal competente para a instituição da exação fiscal, e do outro lado, o sujeito passivo, que nos termos do art. 121, parágrafo único, incisos I e II do Código Tributário Nacional, configura-se na pessoa do contribuinte, quando este tem relação pessoal e direta com a situação que constitua o fato gerador, ou então, terceira pessoa que tenha vinculação com o fato gerador da obrigação, sem revestir a condição de contribuinte, e cujo dever de pagamento seja oriundo de disposição legal, denominando-se responsável tributário.

Segundo a classificação majoritariamente aceita pela doutrina, elaborada por Rubens Gomes de Souza e amplamente abordada na obra de Sacha Calmon Navarro Coelho, a sujeição passiva divide-se em direta e indireta[7]:

> Rubens decalca a tese com muita clareza: "O tributo deve ser cobrado da pessoa que esteja em relação econômica com o fato, ato ou negócio que dá origem a tributação. Por outras palavras, o tributo deve ser cobrado da pessoa que tira vantagem econômica do ato, fato ou negócio tributado...Entretanto pode acontecer que em certos casos o Estado tenha interesse ou necessidade de cobrar o tributo de pessoa diferente: dá-se a sujeição passiva indireta."

Deste modo, o contribuinte é o sujeito passivo direto, uma vez que se trata da pessoa que realiza a materialidade do fato gerador descrita na regra-matriz tributária. Por sua vez, o responsável é o sujeito passivo indireto, ou seja, é um terceiro em relação ao fato jurídico tributário, mas eleito pela lei para responder pelo pagamento do tributo, por razões de necessidade, conveniência, ou como sanção pela prática de uma ilicitude em prejuízo dos interesses do Fisco.

No plano ideal, a obrigação de pagar o tributo deveria recair exclusivamente sobre o contribuinte. Ora, se é ele quem provoca, desencadeia ou produz o fato gerador, como dito, nada mais natural do que exigir dele, e de mais ninguém, o respectivo pagamento.

Todavia, isso nem sempre é possível, daí a necessidade ou a conveniência, conforme o caso, da eleição de uma terceira pessoa para figurar no polo passivo da obrigação tributária na condição de responsável, a fim de garantir a eficácia da arrecadação ou simplificá-la. Acresça-se, ainda, o aspecto sancionatório como fundamento para a responsabilidade tributária nas hipóteses de descumprimento do dever de colaboração ou de prática de alguma ilicitude, quando o terceiro passa, então, a assumir a posição de garante, isto é, de responsável pela satisfação do crédito tributário.

Pois bem. Na esteira da classificação proposta Rubens por Gomes de Sousa, depreende-se que da sujeição passiva indireta resulta dois tipos de responsabilidade: a responsabilidade por substituição e a responsabilidade por transferência, e nessa última hipótese comporta-se três situações pos-

[7] Coelho, Sacha Calmon Navarro. *Curso de Direito Tributário Brasileiro.* Rio de Janeiro: Forense, 2007, p. 692.

síveis: a responsabilidade por solidariedade, a responsabilidade dos sucessores e a responsabilidade de terceiros.

Na responsabilidade por substituição, a terceira pessoa (substituto) vem e ocupa o lugar do contribuinte (substituído) antes da ocorrência do fato gerador. Nas palavras de José Eduardo Soares de Melo[8]:

> "sem dúvida nos casos de substituição tributária não figuram simultaneamente, em posições equiparadas, em face do Estado o sujeito passivo verdadeiro e próprio e o substituto tributário. Com exclusividade, só este último é encarregado, pela lei de efetuar o pagamento do tributo ao Fisco".

Registre-se que a figura do substituto tributário não se confunde com a do mero retentor de tributos. A retenção na fonte é técnica arrecadatória e o retentor possui o dever de colaborar com a Administração Tributária mediante um fazer, que é a retenção. Não obstante, a retenção e a responsabilidade podem caminhar juntas, considerando-se que o retentor pode vir a ser responsabilizado pelo pagamento do tributo caso não proceda com a retenção.

Nesse ponto, cita-se, por pertinência o Parecer PGFN/CAT nº 949/2009:

> Ainda que assim seja, porque o CTN escolheu dois vetores para cumprirem papéis distintos abarcados, no entanto, dentro do gênero sujeição passiva, o deslocamento de um para o outro não altera a natureza jurídica da relação constitutiva em si que permanece angularizada entre sujeito ativo, Fisco, sujeito passivo, contribuinte ou responsável, pelo que, ainda que a norma atribua à fonte pagadora de renda a responsabilidade pelo pagamento do imposto respectivo, o contribuinte permanece dentro da relação obrigacional tributária.

Por outro lado, a responsabilidade por transferência comporta a responsabilidade dos sucessores, a responsabilidade de terceiros e a responsabilidade por solidariedade.

Na transferência por sucessão, imputa-se a responsabilidade pelo débito tributário a terceiro alheio ao fato gerador no caso do desaparecimento do devedor originário. O CTN prevê hipóteses de responsabilidade por sucessão nos arts. 131 a 133.

[8] MELO, José Eduardo Soares de. *Curso de Direito Tributário*. 8ª ed. São Paulo: Dialética, 2008, p. 74.

A responsabilidade de terceiros devedores não se prende à transmissão patrimonial, como se nota na responsabilidade dos sucessores, mas no dever de zelo legal ou contratual, que certas pessoas devem ter com relação ao patrimônio de outrem, geralmente pessoas naturais incapazes (menor, tutelado, curatelado) ou ente despidos de personalidade jurídica (espólio e massa falida). O art. 134 do CTN estabelece a responsabilidade de terceiro com atuação regular. Por sua vez, o art. 135 do CTN prevê a responsabilidade de terceiro com atuação irregular.

Já responsabilidade solidária está disciplinada nos arts. 124 e 125 do CTN. A solidariedade se dá quando cada um dos devedores solidários responde *in solidum* (pelo todo) perante a obrigação tributária correspondente. Nos moldes delineados pelo parágrafo único do art. 124 do CTN, a solidariedade passiva tributária não comporta benefício de ordem.

Por sua vez, Luciano Amaro na sua obra Direito tributário brasileiro entende que a solidariedade tributária decorre da *omissão do dever de diligência ou vigilância (...) situações em que a lei impõe ao terceiro a tomada de determinada providência para impedir ou dificultar a eventual omissão do contribuinte*[9].

Cabe aqui apontar o Parecer PGFN/CRJ/CAT nº 55/2009 quando assevera:

> "(...) 16. Responsabilidade tributária solidária dá-se quando o responsável é chamado para adimplir o crédito tributário concomitantemente com o contribuinte, arcando, independentemente deste, com o pagamento integral do crédito tributário. 17. A respeito da solidariedade, é preciso desfazer confusões conceituais acerca de sua ocorrência na sujeição passiva tributária. Faz-se necessário distinguir três hipóteses: a) Solidariedade entre contribuintes; b) Solidariedade entre contribuinte e responsável; c) Solidariedade entre responsáveis. 18.Na responsabilidade entre contribuintes, duas ou mais pessoas são, desde a incidência da norma tributária principal, devedores da obrigação tributária. Nesse caso, não há falar em responsabilidade tributária. 19.Já a solidariedade entre responsáveis é comum em toda espécie de responsabilidade quando há pluralidade de responsáveis. Assim, por exemplo, na responsabilidade subsidiária em sentido próprio, se dois ou mais são os responsáveis, são eles todos solidários entre si, apesar de seus débitos em concreto dependerem da insolvabilidade do contribuinte. Os responsáveis são solidários entre si, mas não com o devedor principal. Não há, aqui, responsabilidade solidária em

[9] AMARO, Luciano. *Direito Tributário Brasileiro*. 14 ed. São Paulo: Saraiva, 2008, p. 316.

> sentido estrito. **20.A solidariedade entre contribuinte e responsável, por sua vez, ocorre quando a obrigação nasce em face do contribuinte mas, em decorrência de fato posterior, passa um terceiro a responder solidariamente com aquele, sem benefício de ordem**. Nesse caso, respondem os dois igualmente, sendo a pretensão fiscal dirigida diretamente contra os dois. Eis a responsabilidade tributária solidária em sentido estrito". (grifo nosso)

Vê-se que o art. 5º do Projeto de Lei nº 3.887 no tocante à responsabilidade tributária das plataformas digitais foi desenhado de acordo com os contornos dos referidos dispositivos acima citados, quais sejam, os arts. 121, parágrafo único, II, 124 e 128, do CTN. Segue abaixo a sua dicção:

> Art. 5º As plataformas digitais são responsáveis pelo recolhimento da CBS incidente sobre a operação realizada por seu intermédio nas hipóteses em que a pessoa jurídica vendedora não registre a operação mediante a emissão de documento fiscal eletrônico.

Assim, na hipótese de não emissão da nota fiscal eletrônica pela pessoa jurídica vendedora, as plataformas digitais passam a ser responsáveis pelo pagamento da CBS referente à operação, de modo que o Fisco poderá cobrá-la integralmente da pessoa jurídica vendedora e/ou da plataforma digital, configurando-se um típico caso de responsabilidade solidária tributária. Não se trata, pois, de retenção tributária, fenômeno jurídico-tributário diverso, conforme explanação acima.

No tocante à CBS Importação, os arts. 65, caput, inciso V e 72, inciso II, do Projeto de Lei nº 3.887/2020 atribuem às plataformas digitais domiciliadas no exterior a responsabilidade solidária pelo recolhimento do tributo incidente sobre a importação de bens e serviços:

> Art. 65. **São responsáveis solidários pelo recolhimento da CBS incidente sobre a importação de bens**, inclusive dos acréscimos e das penalidades cabíveis:
>
> I – o adquirente de bem de procedência estrangeira, na hipótese de importação realizada por sua conta e ordem, por intermédio de pessoa jurídica importadora;
>
> II – o encomendante predeterminado que adquire bem de procedência estrangeira de pessoa jurídica importadora;

III – o depositário, assim considerada qualquer pessoa incumbida da custódia de bem sob controle aduaneiro;

IV – o expedidor, o operador de transporte multimodal ou qualquer subcontratado para a realização do transporte multimodal; e

V – as plataformas digitais a que se refere o art. 6º domiciliadas no exterior, em relação às operações realizadas por seu intermédio. (grifo nosso)

Art.72.São responsáveis pelo recolhimento da CBS incidente sobre a importação de serviços realizada por pessoa natural:

I- os fornecedores residentes ou domiciliados no exterior;

II- as plataformas digitais a que se refere o art. 6º domiciliadas no exterior, em relação às operações realizadas por seu intermédio; (grifo nosso)

Observa-se que na CBS, a plataforma digital é responsável pelas operações nas quais figure como vendedora a pessoa jurídica. Isso ocorre em razão da construção da própria base de cálculo do tributo, que conforme o art. 2º da proposta normativa equivale ao auferimento de receita bruta, de que trata o art. 12 do Decreto-Lei nº 1.598, de 26 de dezembro de 1977.

Por outro lado, na CBS Importação, por possuir uma outra configuração, a plataforma digital pode ser responsabilizada pelas operações praticadas por pessoas jurídicas e pessoas físicas, uma vez que a base de cálculo do tributo é o valor aduaneiro (art.67), conforme determina o art. 149, § 2, da Constituição Federal. O tema, a propósito, já foi objeto de decisão pelo Supremo Tribunal Federal no julgamento do RE 559.937, Min. Ellen Gracie (tema 1 de repercussão geral).

Todavia, a lei não pode atribuir a responsabilidade tributária pelo pagamento de tributo a qualquer terceiro responsável, em razão do que determina o art. 121, parágrafo único, II e o art. 128, ambos do CTN, *in verbis:*

Art. 121. Sujeito passivo da obrigação principal é a pessoa obrigada ao pagamento de tributo ou penalidade pecuniária.

Parágrafo único. O sujeito passivo da obrigação principal diz-se:

I – contribuinte, quando tenha relação pessoal e direta com a situação que constitua o respectivo fato gerador;

II – responsável, quando, sem revestir a condição de contribuinte, sua obrigação decorra de disposição expressa de lei.

Art. 128. Sem prejuízo do disposto neste capítulo, a lei pode atribuir de modo expresso a responsabilidade pelo crédito tributário a terceira pessoa, vinculada ao fato gerador da respectiva obrigação, excluindo a responsabilidade do contribuinte ou atribuindo-a a este em caráter supletivo do cumprimento total ou parcial da referida obrigação.

A respeito da redação do art. 128 do CTN, vejamos o magistério de Sacha Calmon Navarro Coelho[10]:

> O art.128 reporta-se aos dois tipos de responsabilidade conhecidos pelo CTN:
>
> a) a responsabilidade superveniente de terceira pessoa por fato gerador alheio (a chamada responsabilidade por transferência noticiada por Rubens Gomes de Sousa);
>
> b) a responsabilidade por substituição, quando o dever de contribuir é imputado diretamente pela lei a uma pessoa não envolvida com o fato gerador, mas que mantém com o substituído relações que lhe permitem ressarcir-se da substituição.

Deste modo, a sujeição passiva indireta exige o cumprimento de duas condições: a) deve decorrer de disposição expressa de lei; e b) o sujeito passivo indireto deve ter vinculação com o fato gerador da respectiva obrigação. Nesse sentido, ensina Leandro Paulsen no Curso de Direito Tributário[11]:

> (...) a atribuição da responsabilidade a terceiro jamais será presumida ou implícita; decorrerá necessariamente, de dispositivo do CTN ou da legislação ordinária que assim determine. O contrário também é verdadeiro, ou seja, como não se pode, senão por lei específica (art.150, §6, CF/88), dispensar quem quer que seja do cumprimento das suas obrigações, apenas por dispositivo expresso é que o contribuinte poderá ser excluído da obrigação de pagar. A previsão legal de que terceiro responderá pelo pagamento do tributo não exonera, por si só, o contribuinte que, inadimplido o tributo, poderá ser chamado ao seu pagamento, salvo se a atribuição da responsabilidade tiver se dado em caráter pessoal, integralmente, com sub-rogação. Não há como afastar a obrigação do contribuinte que, por definição, é devedor do tributo, sem que tal decorra diretamente da lei.

[10] COELHO, Sacha Calmon Navarro. *Curso de Direito Tributário Brasileiro*. Rio de Janeiro: Forense, 2007, p. 691.

[11] PAULSEN, Leandro. *Curso de Direito Tributário Completo*. 4ª ed. Porto Alegre, Livraria do Advogado, 2012, p. 149.

Veja-se que a plataforma digital possui vinculação com o fato gerador da CBS e da CBS-I, na medida em que intermedeia as operações de compra e venda de bens e prestação de serviços, auferindo, geralmente, rendimentos com o resultado dessas operações ou por meio de publicidade veiculada na plataforma.

Assim, os art. 5º, 65, inciso V e 72, inciso II do PL nº 3.887/2020 encontram fundamento de validade no art. 128 do CTN que permite à lei ordinária atribuir a terceiro, vinculado ao fato gerador, a responsabilidade pelo pagamento do tributo devido pelo contribuinte, que fica supletivamente responsável pela obrigação tributária.

Afora isso, registre-se que a solidariedade tributária pressupõe a qualidade de contribuinte ou responsável da obrigação tributária. Sendo assim, havendo o enquadramento das plataformas digitais como responsáveis tributárias, possível o estabelecimento da solidariedade consoante as regras dos arts. 124 e 125 do CTN. A respeito colaciona-se abaixo as conclusões do Parecer PGFN/CAT nº 64/2018:

> (...) 31. Para que se avalie a natureza da responsabilidade dos bancos e das corretoras de câmbio, se solidária ou não, é preciso, antes, definir-se se tais instituições são contribuintes ou responsáveis pelo pagamento dos tributos ora questionados, dado o teor do art.121 do CTN: Art. 121. Sujeito passivo da obrigação principal é a pessoa obrigada ao pagamento de tributo ou penalidade pecuniária. Parágrafo único. O sujeito passivo da obrigação principal diz-se: I – contribuinte, quando tenha relação pessoal e direta com a situação que constitua o respectivo fato gerador; II – responsável, quando, sem revestir a condição de contribuinte, sua obrigação decorra de disposição expressa de lei. 32. Pelo disposto no art. 121 do CTN, somente podem ser sujeitos passivos da obrigação tributária o contribuinte e/ou o responsável. Logo, para que seja solidária a obrigação, e aplicável o art. 124 do CTN à espécie, é necessário, antes de mais nada, que os bancos ou as corretoras de câmbio sejam ou contribuintes ou responsáveis nas relações jurídicas tributárias para cobrança do IOF e do IRRF.
>
> 33. Neste sentido é a posição da Professora Mizabel Derzi, conforme transcrição abaixo colacionada, verbis: "A solidariedade não é espécie de sujeição passiva por responsabilidade indireta, como querem alguns. O Código Tributário Nacional, corretamente, disciplina a matéria em seção própria, estranha ao capítulo V, referente à responsabilidade. É que a solidariedade é simples forma de garantia, a mais ampla das fidejussórias. Quando houver mais de um

obrigado no polo passivo da obrigação tributária (mais de um contribuinte ou contribuinte e responsável ou apenas uma pluralidade de responsáveis), o legislador terá de definir as relações entre os coobrigados. Se são eles solidariamente obrigados, ou subsidiariamente, com o benefício de ordem ou não, etc. A solidariedade não é, assim, forma de inclusão de um terceiro no polo passivo da obrigação tributária, apenas forma de graduar a responsabilidade daqueles sujeitos que já compõem o polo passivo."12

34. *Vê-se, portanto, que a solidariedade não é hipótese de responsabilidade tributária autônoma, capaz de atrair por si só a responsabilidade a terceiro alheio à relação jurídica tributária, mas sim instituto de garantia que define o elo de comunhão entre os coobrigados.* (grifo nosso)

4. Do tratamento jurídico dado pela OCDE à responsabilidade tributária das plataformas digitais estrangeiras nas operações transfronteiriças

Como mencionado, os arts. 5º, 65[12], 66[13], 72[14] e 73[15] do Projeto de Lei nº 3.887/2020 dispõem acerca da possibilidade de responsabilidade tribu-

[12] Art. 65. São responsáveis solidários pelo recolhimento da CBS incidente sobre a importação de bens, inclusive dos acréscimos e das penalidades cabíveis:
I – o adquirente de bem de procedência estrangeira, na hipótese de importação realizada por sua conta e ordem, por intermédio de pessoa jurídica importadora;
II – o encomendante predeterminado que adquire bem de procedência estrangeira de pessoa jurídica importadora;
III – o depositário, assim considerada qualquer pessoa incumbida da custódia de bem sob controle aduaneiro;
IV – o expedidor, o operador de transporte multimodal ou qualquer subcontratado para a realização do transporte multimodal; e
V – as plataformas digitais a que refere o art. 6º domiciliadas no exterior, em relação às operações realizadas por seu intermédio.

[13] Art. 66. Os responsáveis a que se refere o inciso V do caput do art. 65 devem se cadastrar perante a administração tributária para cumprimento das obrigações relativas à CBS.
Parágrafo único. A obrigatoriedade referida no caput fica condicionada à disponibilização, pela Secretaria Especial da Receita Federal do Brasil do Ministério da Economia, de cadastro eletrônico.

[14] Art. 72. São responsáveis pelo recolhimento da CBS incidente sobre a importação de serviços realizada por pessoa natural:
I – os fornecedores residentes ou domiciliados no exterior;
II – as plataformas digitais a que se refere o art. 6º domiciliadas no exterior, em relação às operações realizadas por seu intermédio.

[15] Art. 73. Os responsáveis a que se refere o art. 72 devem se cadastrar perante a administração tributária para cumprimento das obrigações relativas à CBS.

tária solidária destas plataformas digitais. Quanto à incidência da CBS-I por ocasião da importação de bens ou serviços do exterior, há previsão legal de responsabilidade tributária solidária da plataforma digital sediada no exterior pelo recolhimento do tributo na importação de bens e serviços do exterior, pautada por recomendação da OCDE, salvo nas exclusões, isenções ou suspensões previstas em lei. Para o cumprimento dessas obrigações previstas na lei, devem os fornecedores estrangeiros e as plataformas digitais estrangeiras fazer cadastro eletrônico pela internet, a ser disponibilizado no *site* da Secretaria Especial da Receita Federal do Brasil (RFB), nos termos dos arts. 66 e 73 do referido Projeto de Lei.

A exposição de motivos do Projeto de Lei traz a seguinte justificativa:

> As disposições da CBS também seguem as recomendações da OCDE no que se refere à adequação do sistema de tributação do consumo à economia digital. Em 2015, o relatório do *Action 1* do *BEPS* (*Base Erosion and Profit Shifting*) ressaltou que, mesmo com as dificuldades das administrações tributárias em cobrar o imposto sobre valor adicionado nas transações internacionais *B2C* (*Business to Consumer*)[16], o princípio do destino deveria ser mantido, a fim de manter a neutralidade nas transações entre países. Assim, ficou mantida a tributação incidente na importação realizada por não contribuinte, sendo a responsabilidade pelo recolhimento atribuída aos fornecedores estrangeiros (origem). Essa medida vem acompanhada da diretriz de simplicidade para a inscrição das plataformas digitais ou outros fornecedores de serviços e intangíveis no Brasil. 16.1. A responsabilidade das plataformas digitais também foi imposta aos estabelecimentos brasileiros, mas apenas nas hipóteses em que não houver registro em documento fiscal por parte dos fornecedores de bens.

Quanto à responsabilidade solidária de pessoa jurídica com domicílio tributário no exterior, há o Parecer PGFN/CAT nº 1509/2011 que tratou de *holding* sediada no exterior, no sentido de que o local da respectiva sede da sociedade não obsta a configuração da responsabilidade solidária pelas dívidas decorrentes de fatos geradores ocorridos sob o manto da vigência territorial da lei instituidora do tributo:

Parágrafo único. A obrigatoriedade referida no caput fica condicionada à disponibilização, pela Secretaria Especial da Receita Federal do Brasil do Ministério da Economia, de cadastro eletrônico.

[16] Ou empresa para consumidor, em tradução livre.

> (...)
>
> 19. Note-se que, pelo critério da territorialidade, a lei tributária, em princípio, projeta-se sobre os nacionais e estrangeiros que estejam no território do poder tributante, no âmbito espacial abrangido pela sua soberania, e por atividades ou fatos que se produzam dentro do território nacional. Excepcionalmente, mediante tratados e convenções internacionais, permite-se a aplicação extraterritorial da lei.
>
> 20. Assim, na hipótese da holding estar sediada no exterior, tal fato não constitui, per se, óbice à responsabilização solidária das companhias que integrem a sociedade holding pelo pagamento de créditos tributários, tampouco eventual execução fiscal dessas sociedades, na medida em que ocorrente em território brasileiro o fato que deu origem à obrigação de pagar o tributo. Em outras palavras, **o local da respectiva sede social das sociedades que compõem o grupo econômico não obsta, no campo do direito tributário, à configuração da responsabilidade solidária pelas dívidas decorrentes de fatos geradores ocorridos sob o manto da vigência territorial da lei instituidora do tributo, ainda que se mostre como fator dificultador à satisfação do crédito tributário, notadamente quando a empresa devedora não possuir patrimônio no território brasileiro. (grifo nosso)**

Paralelamente ao *BEPS*, a OCDE possui Diretrizes Internacionais de IVA/*GST*[17] (*The International VAT/GST Guidelines*) desde 2016, com o intuito de servirem de parâmetro e estabelecerem modelos de padronização para as legislações das administrações tributárias domésticas no comércio internacional e que, entre outras regras, traz a determinação do local para tributação de fornecimento de serviços e intangíveis em operações transfronteiriças -foco dessas diretrizes dentro desse contexto dos riscos e desafios trazidos pelos tributos indiretos na economia digital e alvejados pelo *BEPS*-, com base no princípio da neutralidade do IVA e no princípio do destino para determinar o local da tributação, o que foi acatado pela nova legislação, como exposto acima.

O Relatório Final de 2015 da Ação 1 do *BEPS* aponta o tratamento tributário que os fornecedores não-residentes devem receber e que a legislação brasileira estendeu também às plataformas digitais domiciliadas no

[17] ORGANISATION FOR ECONOMIC COOPERATION AND DEVELOPMENT (OECD). *International VAT/GST Guidelines*. Paris: *OECD Publishing*, 2017. Disponível em: https://doi.org/10.1787/9789264271401-en. Acesso em: 05 nov. 2020.

exterior, com os requisitos principais que devem constar de cadastro simplificado por processo eletrônico (registro pela internet, no *site* oficial da administração tributária doméstica, disponibilizada preferencialmente em idiomas das principais jurisdições com as quais o país negocia, além das informações necessárias ao cumprimento da obrigação tributária pelo não-residente). Ali também aconselha-se uso de meios eletrônicos de pagamento, para permitir a remessa do tributo eletronicamente e que as jurisdições considerem aceitar pagamento na moeda dos principais parceiros comerciais, entre outras diretivas.

As principais diretrizes trazidas pelo Relatório Final da Ação 1 do *BEPS* nas transações *B2C* transfronteiriças, como esforço de padronizar a atuação dos países, dispõem que:

> 1) a jurisdição habitual do consumidor terá o direito de tributar o IVA quando do fornecimento de conteúdo digital; 2) o vendedor estrangeiro será requerido a registrar para o IVA na jurisdição de comercialização sob formulário simplificado e regime de conformidade e; 3) o fornecedor estrangeiro será requerido a coletar e cobrar o IVA na jurisdição na mesma alíquota que os fornecedores domésticos.[18]

Como visto, essas diretrizes também foram adotadas na nova legislação brasileira.

Mais recentemente, em 29 de Junho de 2020, a OCDE lançou regras-modelos[19] voltadas à atuação das plataformas digitais, no contexto da economia compartilhada[20] e na sob demanda[21], onde foca na padronização

[18] ORGANISATION FOR ECONOMIC COOPERATION AND DEVELOPMENT (OECD). *Adressing the Tax Challenges of the Digital Economy, Action 1 – 2015 Final Report.* Paris: *OECD Publishing,* 2015. ISBN:9789264241046. Disponível em: https://read.oecd-ilibrary.org/taxation/addressing-the-tax-challenges-of-the-digital-economy-action-1-2015-final-report_9789264241046-en#page131 . Acesso em: 05 nov. 2020

[19] ORGANISATION FOR ECONOMIC COOPERATION AND DEVELOPMENT (OECD). *Model Rules for Reporting by Platform Operators with respect to Sellers in the Sharing and Gig Economy.* Paris: OECD, 2020. Disponível em: https://www.oecd.org/ctp/exchange-of-tax-information/model-rules-for-reporting-by-platform-operators-with-respect-to-sellers-in-the-sharing-and-gig-economy.pdf. Acesso em: 06 nov. 2020.

[20] A economia compartilhada ou *sharing economy* surge com intensidade principalmente no mundo pós-crise econômica de 2007-2008, quer por razões econômico-financeiras, quer por razões de sustentabilidade ambiental decorrente da conscientização da limitação de recursos naturais e consequente mudança de mentalidade em relação ao padrão de consumo,

de regras para essas transações *C2C* (*consumer to consumer* ou entre consumidores, em tradução livre), que antes, em regra, ficavam à margem do Direito Tributário, por serem realizadas apenas na informalidade e sem declaração espontânea das partes, mas que, com a digitalização, ao serem intermediadas por plataformas digitais, passam a ser tributáveis.

A OCDE reconhece que, embora as plataformas digitais facilitem as transações transfronteiriças, seja na transação *B2C* ou *C2C*, elas podem ter dificuldades em lidar com as diferentes exigências legais das jurisdições com as quais transacionam e as administrações tributárias das jurisdições também podem ter problemas em fazer essas plataformas digitais domiciliadas no exterior a serem forçadas a cumprir as regras nacionais.

O principal desafio nas transações internacionais diz respeito à responsabilização de plataformas digitais estrangeiras ou fornecedores domiciliados no exterior. Entretanto, o caminho apontado pela OCDE para lidar com esse problema está na padronização internacional de regras tributárias, principalmente quanto às informações coletadas sobre as transações e das exigências legais de informações relevantes que devem constar dos cadastros das plataformas digitais e/ou fornecedores estrangeiros feitos pelas administrações tributárias, e na cooperação internacional, por meio dos tratados internacionais, especialmente na facilitação de acordo de troca automática de informações fiscais entre as jurisdições.

impulsionada principalmente por *millenials* (pessoas nascidas após a década de 80). Com a digitalização, a economia compartilhada é exercida principalmente por meio de *sites* e aplicativos que agem como intermediários entre pessoas que querem prestar um serviço ou disponibilizar um bem, que buscam troca de experiências cotidianas ou diferenciadas, ou consumo consciente, sustentável (como ocorre com uso de aplicativos e *sites* como *Uber, AirBnb, DogHero,*"Enjoei", "OLX" etc.) e os consumidores que os buscam, permitindo transações entre os próprios consumidores (também chamada de transação *C2C* ou *consumer to consumer*). Essas plataformas digitais lucram em cima desse modelo de negócios.

[21] Economia sob demanda, também chamada de *gig economy*, economia de *freelancer*, ou "de bicos" é resultante da flexibilização e precarização das relações de trabalho nessa era digital e no mundo pós-crise financeira de 2007-2008. Aqui, as plataformas digitais, por meio de *sites* e/ou aplicativos, oferecem serviços sob demanda, isto é, exercidos por trabalhadores informais temporários, que atuam sob demanda, sem vínculo com a plataforma digital e sem vínculo com o consumidor, como ocorre com empresas como "Rappi", "Uber", "GetNinjas", "Ifood" etc. Assim, os prestadores de serviço disponibilizados por meio dessas plataformas digitais, de forma geral, são por elas tratados como prestadores de serviço independentes, autônomos, em mera relação de parceria com a empresa intermediadora, que lucra com a intermediação destas atividades.

Conclusões

A economia digital revolucionou a comercialização de mercadorias e serviços, bem como suas respectivas tributações, na medida em que a tecnologia criou novas materialidades tributárias, tais como os bens e serviços digitais (intangíveis), bem como facilitou o incremento das transações entre pessoas jurídicas e físicas que atuam em mais de um país.

Nesse contexto, as plataformas digitais surgem como agentes econômicos intermediadores de operações de compra e venda de bens e serviços no ambiente *online* auferindo rendimentos desta atividade, seja por meio de recebimento de percentual sobre a operação, ou através de anúncios publicitários.

Tendo em vista a preocupação com a potencial perda de oportunidades de arrecadação de tributos que a digitalização da economia apresenta, especialmente nas relações entre empresas e consumidores *(B2C)* de modo não presencial, assim como a necessidade de evitar concorrência desleal com modelos de negócios presenciais, instou o governo federal a inserir no Projeto de Lei nº 3.887/2020, que institui a Contribuição sobre Bens e Serviços (CBS) e a Contribuição sobre a Importação de Bens e Serviços do Exterior (CBS – I), a responsabilidade tributária solidária das plataformas digitais, *ex vi* os arts. 5º, 65, inciso V e 72, inciso II da proposta normativa.

Os referidos artigos 5º, 65, inciso V e 72, inciso II do PL nº 3.887/2020 encontram fundamento de validade nos artigos 121, parágrafo único, II, 124 e 128 do Código Tributário Nacional que permite à lei ordinária atribuir a terceiro, vinculado ao fato gerador, a responsabilidade pelo pagamento do tributo devido pelo contribuinte, que fica supletivamente responsável pela obrigação tributária.

Por fim, no tocante à responsabilização das plataformas digitais estrangeiras, o PL nº 3.887/2020 seguiu a linha de orientação do *BEPS*, no sentido de que fosse necessário o preenchimento de cadastro eletrônico (registro pela internet), a ser disponibilizado pela Secretaria Especial da Receita Federal do Brasil.

Referências

AMARO, Luciano. *Direito Tributário Brasileiro.* 14 ed. São Paulo: Saraiva, 2008.

BRASIL. Código Tributário Nacional. *Lei nº 5.172, de 25 de outubro de 1966.* Dispõe sobre o Sistema Tributário Nacional e institui normas gerais de direito tributário aplicáveis à União, Estados e Municípios. Disponível em:http://www.planalto.gov.br/ccivil_03/leis/l5172compilado.htm. Acesso em: 06 nov.2020.

BRASIL. Congresso Nacional. *Projeto de Lei nº 3.887/2020*. Institui a Contribuição Social sobre Operações com Bens e Serviços – CBS, e altera a legislação tributária federal. Disponível em: https://www.camara.leg.br/proposicoesWeb/prop_mostrarintegra;jsessionid=5F161668AC561FA8BB82FD8CDB907A45.proposicoesWebExterno1?codteor=1914962&filename=PL+3887/2020 . Acesso em: 04 nov. 2020.

BRASIL. Michaelis. *Dicionário brasileiro da língua portuguesa*. São Paulo: Melhoramentos, 2015. ISBN: 978-85-06-04024-9. Disponível em: http://michaelis.uol.com.br/busca?r=0&f=0&t=0&palavra=internet . Acesso em: 04 nov. 2020.

BRASIL. Supremo Tribunal Federal. *RE 559.937. Tema 1 de Repercussão Geral*. Brasília-DF: Supremo Tribunal Federal (2014). Disponível em: http://portal.stf.jus.br/processos/detalhe.asp?incidente=2549049. Acesso em: 05 nov. 2020.

COELHO, Sacha Calmon Navarro. *Curso de Direito Tributário Brasileiro*. 9ª ed. Rio de Janeiro: Forense, 2007.

ORGANISATION FOR ECONOMIC COOPERATION AND DEVELOPMENT (OECD). *Action 1. Tax Challenges Arising from Digitalisation*. Disponível em: http://www.oecd.org/tax/beps/beps-actions/action1/. Acesso em: 04 nov. 2020.

ORGANISATION FOR ECONOMIC COOPERATION AND DEVELOPMENT (OECD). *Adressing the Tax Challenges of the Digital Economy, Action 1 – 2015 Final Report*. Paris: OECD Publishing, 2015. ISBN:9789264241046. Disponível em: https://read.oecd-ilibrary.org/taxation/addressing-the-tax-challenges-of-the-digital-economy-action-1-2015-final-report_9789264241046-en#page131 . Acesso em: 05 nov. 2020.

ORGANISATION FOR ECONOMIC COOPERATION AND DEVELOPMENT (OECD). *International VAT/GST Guidelines*. Paris: OECD Publishing, 2017. Disponível em: https://doi.org/10.1787/9789264271401-en. Acesso em: 05 nov. 2020.

ORGANISATION FOR ECONOMIC COOPERATION AND DEVELOPMENT (OECD). *Model Rules for Reporting by Platform Operators with respect to Sellers in the Sharing and Gig Economy*. Paris: OECD, 2020. Disponível em: https://www.oecd.org/ctp/exchange-of-tax-information/model-rules-for-reporting-by-platform-operators-with-respect-to-sellers-in-the-sharing-and-gig-economy.pdf. Acesso em: 06 de nov. 2020.

MELO, José Eduardo Soares de. *Curso de Direito Tributário*. 8ª ed. São Paulo: Dialética, 2008.

PAULSEN, Leandro. *Direito Tributário: Constituição e Código Tributário à luz da Doutrina e da Jurisprudência*. 9ª ed. Porto Alegre: Livraria do Advogado, 2007.

PAULSEN, Leandro. *Curso de Direito Tributário Completo*. 4ª ed. Porto Alegre, Livraria do Advogado, 2012.

SABBAG, Eduardo. *Manual de Direito Tributário*. 2ª ed. São Paulo: Saraiva, 2010.

SEEFELDER, Cláudio; CAMPOS, Rogério (org). *Constituição e Código Tributário comentados: sob a ótica da Fazenda Nacional*. São Paulo: Thomson Reuters Brasil, 2020.

XAVIER, Alberto. *Direito Tributário Internacional do Brasil*. 7ª ed. Rio de Janeiro, Forense, 2010.

7
O GARGALO POLÍTICO DA REFORMA TRIBUTÁRIA

JOSÉ LEITE DOS SANTOS NETO

Introdução

A reforma tributária é apontada pela maior parte dos economistas e juristas como um dos principais obstáculos ao crescimento do Brasil. Decerto, o crescimento econômico é algo almejado por todos e a situação dramática vivida pela economia brasileira pode ser o elemento faltante para destravar a aprovação de uma reforma tributária mais profunda.

Novamente, o tema da reforma tributária vem à tona no cenário político brasileiro e, dessa feita, é defendido por especialistas como o principal entrave ao crescimento econômico do país. No entanto, notam-se algumas divergências quanto à forma com que se daria essa reforma tributária; isso porque enquanto o setor produtivo, em alguma medida, almeja simplificação de suas obrigações e redução da carga tributária, os consumidores, por outro lado, queixam-se da "quantidade de impostos", e o Poder Público gostaria de arrecadar mais, mormente nesse contexto de crise fiscal.

O fato é que, todavia, as tentativas de reforma anteriores restaram malfadadas, ao menos na parte estrutural de unificação de bases de incidência, de simplificação tributária e de fim da guerra fiscal. Diante disso, esse texto tentará apresentar um levantamento das principais modificações nos projetos de reforma tributária que hoje tramitam no Congresso Nacional e analisar alguns porquês de não haver, desde a Constituinte até hoje, uma reforma tributária estruturante.

1. Um breve diagnóstico da reforma tributária

Analisar os aspectos políticos e jurídicos, ambos autoinfluenciáveis, que atuam no debate da reforma tributária não é uma tarefa simples. Além da complexidade dos temas jurídicos nele incluídos, a política – aqui encarada como ciência – carrega uma dose maior (acima do normal) de clivagens e interesses colidentes, bem como de incertezas sobre as premissas econômicas sobre as quais o debate dessa reforma se assenta; a começar pelas constantes mudanças no cenário político – em parte natural, por decorrência da posse de um novo governo, e em parte inerente ao próprio tema da reforma tributária, pois envolve o financiamento dos entes estatais e, com isso, galga especial consideração para os maiores protagonistas da reforma, a classe política.

Um segundo elemento que confere especial complexidade ao tema é a ausência de uma proposta ampla por parte do Governo Federal. A explicação para isso possivelmente reside nas históricas tentativas malfadadas de reformas tributárias dos últimos governos, o que faz a atual administração optar por "fatiar" as possíveis propostas. Essa estratégia, aparentemente, é acertada, pois evita o desgaste decorrente da atuação de grupos contrários; uma vez que, quanto mais interesses envolvidos, maior a quantidade de autores afetados, tanto para se beneficiarem como para se prejudicarem de uma reforma e, decerto, não se deve desconsiderar o poder de *lobby* desses grupos. O outro lado dessa estratégia, ao não dar conhecimento à esfera pública do que serão os próximos passos para a reforma, inviabiliza um debate mais profundo com o próprio Governo Federal, que, ao lado do Congresso e com os representantes dos estados e municípios, seriam os principais protagonistas de uma reforma, e ainda obstaculiza esse debate profundo sobre as propostas já existentes.

O resultado da ausência de bases seguras sobre as quais a discussão deve se dar deixa o ambiente político esvaziado e não favorece a atração dos setores econômicos afetados para a discussão. Isso prejudica severamente o avanço de qualquer proposta, e acaba por concentrar o debate atual em propostas que não são de sua iniciativa. Não obstante esse diagnóstico inicial, e rememorando que a melhora no sistema tributário é reputada como o principal entrave ao crescimento econômico, o Congresso Nacional buscou protagonismo e iniciou o debate e a tramitação de propostas de reformas tributárias.

2. As dificuldades de se aprovar(em) reforma(s) tributária(s) no Brasil

Em obra recente e com análise bem acurada, Marcos Mendes, fundamentando-se em sua experiência empírica, faz um levantamento de fatores que, no seu entender, facilitam ou prejudicam a aprovação de reformas estruturais no Brasil. Ele identifica nove condições estruturais de um país que facilitam a realização de reformas: (a) ser pequeno; (b) fazer reformas econômicas antes de transitar de regime fechado para democracia; (c) estar em um extremo na escala democrática: plenamente democrático ou autoritário; (d) ter sistema político-eleitoral que facilite a formação de maiorias no parlamento; (e) ter uma demarcação clara dos limites de atuação de cada um dos três poderes, com baixo grau de conflito entre eles; (f) ter governo unitário; (g) ter constituição pouco detalhista ou facilmente alterável; (h) ser vizinho de outros países bem-sucedidos na promoção de reformas; (i) ter aderido a blocos econômicos com países vizinhos cujas economias sejam maiores e mais desenvolvidas[1].

Com base em sua análise, ainda que não se pretenda exaustiva, vê-se que o Brasil não detém quaisquer das características que facilitariam a aprovação de uma reforma econômica, da qual a reforma tributária é o exemplo mais notório. Chama a atenção de Mendes que, de fato, a extensão territorial com diferenças regionais consideráveis sempre se mostrou um empecilho para a realização de uma reforma tributária, mormente a modificação do critério territorial de tributação (da origem para o destino), como também as próprias diferenças de desenvolvimento entre as regiões, o que sempre serviu de catalisador da guerra fiscal.

Acresce-se a isso que o Brasil também não está num extremo da escala democrática; não é uma ditadura e nem uma democracia plena e, como exemplo disso, pode-se citar que dois dos últimos quatro titulares da presidência eleitos foram afastados em processo de impeachment.

O sistema político-eleitoral brasileiro também é bastante disfuncional, mormente devido à quantidade elevada de partidos com representação no Congresso Nacional. Apenas para citar um exemplo, para além da simples necessidade de formação de maioria e maior energia e tempo necessários para fechamentos de acordos nas casas legislativas, as próprias pautas dessas casas são decididas em reunião de líderes de partidos, o que, devido a

[1] MENDES, Marcos. *Por que é difícil fazer reformas econômicas no Brasil?* Rio de Janeiro: Elsevier, 2019, p. 10.

dezenas de entidades, já dificulta a simples definição da pauta de votação; algo que fica ainda mais agravado quando a pauta a ser decidida é multifacetada e afeta tantos interesses, como é o caso da reforma tributária.

A demarcação clara de limites dos poderes da república é igualmente um problema constante no Brasil. Vide as várias discussões envolvendo a judicialização da política ou a politização da Justiça. Para se ater apenas a um exemplo do assunto desse artigo, pode-se citar a decisão do STF no tema 69[2], de repercussão geral: ao ir de encontro à pacífica jurisprudência do STJ, consagrada nas súmulas de nº 68 e nº 94, e ao estável entendimento seu de que tributo pode compor base de cálculo de tributo, decidir que o ICMS não compõe a base de cálculo do PIS e da Cofins, o STF contrariou um conceito basilar do sistema tributário nacional que permite a inclusão de tributo sobre sua própria base de cálculo.

Na prática, o Supremo deu um passo em direção à reforma tributária, já que um imposto com base ampla e creditamento de todo imposto pago anteriormente é tido como mais simples e funcional. As palavras do Min. Gilmar Mendes, *in obter dictum*, durante a sessão de julgamento são emblemáticas: "considerar inconstitucional a inclusão de um tributo na base de cálculo do outro é fazer uma revolução no sistema tributário com um todo [...] destruir é fácil, mas coloquem algo no lugar. Essa é a obrigação de quem destrói o sistema".

Nossa forma de Estado federal também é um fator dificultador para a reforma tributária. Uma porque, por razões de formatação do sistema político brasileiro, um governador exerce alguma influência sobre um parlamentar federal, principalmente deputados federais, e estes, do mesmo modo, mantêm relação de proximidade aos governos municipais. Tudo isso se dá em um concatenado sistema de influências, cujas emendas parlamentares são seu ápice. Logo, o apoio de governadores sempre se mostrou um elemento de peso nesse tema.

Acrescente-se ainda duas características apontadas pelo autor que influenciam negativamente na realização de reformas no Brasil: a baixa coesão social e o baixo grau de confiança dentro da nossa sociedade[3].

[2] BRASIL. Supremo Tribunal Federal. Pleno – Inclusão do ICMS na base de cálculo do Pis/Cofins é inconstitucional (1/2). TV Justiça. Brasília, DF: STF, 15 mar. 2017. Disponível em: https://www.youtube.com/watch?v=oIt2uGDES8M. Acesso em: 21 nov. 2020.

[3] MENDES, Marcos. *Por que é difícil fazer reformas econômicas no Brasil?* Rio de Janeiro: Elsevier, 2019, p. 21.

A despeito de serem afeitos ao campo das ciências sociais, a ausência desses dois elementos na sociedade brasileira também acarreta consequências no processo de negociação da reforma tributária. Um exemplo de ausência de coesão social é a resistência dos setores de alta renda ao aumento da carga tributária sobre si, ainda que esteja comprovado que são menos tributados que os demais setores da sociedade. Já um exemplo de ausência de confiança nesse processo é a necessidade de se constitucionalizar assuntos sem essa natureza jurídica, apenas porque, uma vez inseridos na Constituição, quedam com maior dificuldade de alterações posteriores.

Além das características da sociedade e do estado brasileiro não serem favoráveis, em termos de reformas econômicas gerais, à reforma tributária, há ainda outros elementos de influência na esfera pública: (I) contribuintes de alta renda (notadamente empresários e financistas) têm resistências a reformas sobre o patrimônio e a renda; (II) empresas ou setores beneficiários de incentivos fiscais obviamente serão contra a perda dessas facilidades; (III) as burocracias estatais do fisco também buscarão seu fortalecimento; (IV) a redução da quantidade de imposto não garante redução da carga tributária; (V) é impossível que as propostas setoriais agradem a todos; e (VI) a Guerra Fiscal[4].

Vê-se que são poucos os temas econômicos ou políticos que encontram tantas dificuldades estruturais para uma formação de consenso mínimo de modo a permitir a aprovação de uma verdadeira reforma, no caso, tributária. Atualmente, o que dificulta a discussão e o avanço do tema são basicamente dois fatores: o primeiro é a ausência de premissas econômicas seguras sobre quem ganha, quem perde e o quanto se ganha e se perde; e o segundo fator é um desdobramento do primeiro, pois, para haver mudanças, é necessário romper com interesses já consolidados.

Para Marcos Mendes[5], em democracias plenas, as instituições conferem limitações ao poder dos grupos de interesses, reduzindo as resistências às reformas. Assim, grupos com alto poder econômico têm limitado seu poder de pressão; o Judiciário é menos influenciado pelo poder econômico ou político, bem como instâncias inferiores tendem a seguir as ins-

[4] JUNQUEIRA, Murilo de Oliveira. *O Nó Tributário: por que não se aprova uma reforma tributária no Brasil.* Dissertação (Mestrado em Ciência Política), Universidade de São Paulo, São Paulo, 2010, p. 117.

[5] MENDES, Marcos. *Por que é difícil fazer reformas econômicas no Brasil?* Rio de Janeiro: Elsevier, 2019, p. 63.

tâncias superiores com mais rigidez; o espaço de atuação do *lobby* é mais claro; os partidos políticos são menos capturados por poderes específicos; a educação formal e a capacidade analítica média da população é maior e a burocracia estatal consegue implementar projetos de médio e longo prazo, dando mais estabilidade perante a alternância do poder.

A despeito de não ser uma democracia plenamente estabelecida, o Brasil tem, em alguma medida, todos os elementos que facilitam, mas também todos os que dificultam a aprovação da reforma tributária. Possivelmente, a crise econômica sem precedentes e o grau de eficiência aquém das necessidades do sistema tributário venham a permitir que a necessidade de crescimento econômico supere as resistências à reforma.

3. O atual conteúdo das propostas de reforma tributária

No momento do fechamento desse artigo, o panorama das proposições que buscam fazer uma reforma tributária é composto por quatro principais propostas de emendas à Constituição, sendo duas delas sobre a forma de emenda a projetos já existentes. Porém, a maior parte dos debates gravitam em torno das PECs 45/2019, de origem na Câmara dos Deputados, e 110/2019, de origem no Senado Federal. A explicação para essa "concentração de expectativas" nesses dois documentos reside no fato de o Governo Federal ainda não ter encaminhado uma proposta sua (postura essa deliberada ou não). Também é explicada pela qualidade da técnica legislativa e a abrangência das duas propostas que reformulam de forma radical a tributação sobre o consumo, apontada como o maior entrave ao crescimento do país. Entendendo-se por radical a unificação de tributos.

Eis o panorama. A PEC 45/2019 institui o chamado IBS (Imposto sobre Bens e Serviços), unificando o ISS, ICMS, IPI, PIS/Cofins, ou seja, os 5 grandes tributos sobre consumo; institui o local de destino como o de sua incidência e cria uma regra de transição longa e gradual de convivência entre os dois regimes (10 anos para os contribuintes com convivência de dois regimes e 50 anos para os entes tributantes compensarem seus créditos). Ela ainda cria um comitê gestor do IBS para a administração desse novo tributo e busca vedar qualquer benefício fiscal, incluindo o fim da Zona Franca de Manaus; prevendo, ainda, um Imposto Seletivo.

Como se vê, a PEC 45/2019 é uma proposta ampla, modificando vários aspectos do Sistema Tributário Nacional. A sua abrangência atrai forçosamente mais debates e críticas. Cada ponto descrito acima, em razão de multidimensionalidade de assuntos e interesses afetados, favorece ou contraria grupos de interesses, o que, necessariamente, influi na sua viabilidade política.

Como ponto de fragilidade dessa proposta, tem-se o aumento da complexidade da tributação durante o prazo de transição, que já não é curto. O próprio prazo de transição de 10 para os contribuintes e 50 anos para as compensações certamente não confere expectativa de estabilidade suficiente, pois é razoável se imaginar alterações das matérias modificadas dentro do próprio prazo de transição.

A referida multidimensionalidade dos assuntos e interesses afetados leva várias emendas a essa proposta. Uma das mais importantes, por conta do peso político dos propositores, é a Emenda 192/2019, idealizada pelo Comitê dos Secretários de Fazenda dos Estados. Nela tenta-se transferir para a Justiça dos Estados a competência para o processamento e julgamento das matérias envolvendo o novo tributo; cria fundos para a compensação de perda de arrecadação nas exportações e para o desenvolvimento regional. Não menos polêmica é a exclusão da representação da União no Comitê Gestor do IBS.

A segunda das principais propostas de reforma tributária é a PEC 110/19. Diferentemente da PEC nº 45/2019, esta é de iniciativa legislativa do Senado e faz parte de uma disputa de protagonismo entre as duas casas do legislativo na matéria de reforma tributária, enquanto – ou na medida em que – o Governo Federal não apresenta uma proposta abrangente. Mais extensa do que a PEC 45/2019, a PEC 110/2019 avança mais na simplificação de tributos, na medida em que unifica não só o ISS, ICMS, IPI, PIS/Cofins, mas também o PASEP, IOF, CIDE-Combustíveis e Salário-Educação, também nominando de IBS o imposto resultante dessa junção.

Ao incorporar a CSLL ao IRPJ e ao alterar a competência do ITCMD para os municípios, altera ainda, em alguma medida, a tributação sobre a renda. Seu período de transição é menor do que o da PEC 45, pois estabelece apenas 5 anos para os contribuintes e 10 anos para as compensações tributárias. Outro ponto de divergência com a PEC 45 está na competência tributária do IBS; a PEC 110/2019 prevê que o tributo será estadual e será instituído "por intermédio do Congresso Nacional".

Como dito anteriormente, essas duas propostas são as que têm maior peso político e vêm concentrando os debates. Porém, as discussões políticas do tema não se restringem a elas, ao menos do ponto de vista de processo legislativo. Existem ainda emendas substitutivas globais às PEC 45/2019 e 110/2019, como, por exemplo, as da chamada Reforma Tributária Solidária ou o movimento "Simplifica Já" , que não defende, a rigor, a unificação de tributos, mas a uniformização da legislação.

Nesse sentido, a Emenda Substitutiva Global 178/2019 à PEC 45/2019, apelidada de "Reforma Tributária Solidária", cria um IBS Dual (União de um lado e estados e municípios do outro) e altera algumas outras bases de tributação, cria um Imposto sobre Movimentação Financeira, estabelece tributação gradual dos dividendos e mantém a Zona Franca de Manaus. Aparentemente, peca por tentar constitucionalizar muita matéria de natureza infraconstitucional.

Já a única proposta do Governo Federal, até o momento, restringiu-se à apresentação do PL 3887/2020, que transforma o PIS e a Cofins na Contribuição sobre Bens e Serviços (CBS). Essa proposta não trata de uma reforma de âmbito constitucional, mas traz o desenho jurídico do IBS para contribuições federais, o que permite o diálogo entre os principais projetos e essa proposta do Governo.

Na apresentação do projeto de lei da CBS à imprensa, o Ministério da Economia declarou que a proposta do Governo para a reforma tributária é a de apresentá-la em 3 fases: a primeira equivaleria à criação de um IVA Federal, a segunda corresponderia à reforma do IPI, do IRPJ e IRPF e a terceira trataria da desoneração da folha de salários.

Decerto, o histórico recente de tentativas de reforma tributária demonstra que a sua maior dificuldade de aprovação se dá na afetação de um grande número de interesses; a resultante vetorial da disputa política não favorece um ponto de convergência ou de consenso mínimo que viabilize reformas estruturantes. Partindo desse pressuposto, a estratégia governamental de "fatiar" as propostas aparenta ser correta.

Para fins desse trabalho, que é o de fazer um levantamento panorâmico das principais modificações dos dois projetos de reforma constitucional tributária, verificam-se 7 alterações importantes a demandar maior esforço dos atores políticos. De fato, a primeira grande pergunta a ser respondida é sobre se a reforma tributária versará apenas sobre a tributação do consumo ou se abrangerá também a tributação sobre a renda. As principais PECs não alteram essa base de incidência (PEC 45/2019) ou a alteram muito pouco (PEC 110/2019).

A resposta a essa pergunta é primordial, pois a alteração na tributação sobre a renda é imprescindível para se conferir mais Justiça Fiscal ao sistema tributário brasileiro, bem como atenderia aos reclames de incremento de receita pelos entes tributantes. O próprio Governo Federal admite o interesse de aumentar, de algum modo, a tributação sobre a renda dos mais ricos[6].

No atual estágio da tributação sobre o patrimônio e a renda no Brasil, é extremamente difícil imaginar uma reforma tributária que não enfrente o tema da subtributação dessas bases. Porém, a consequência dessa tentativa no contexto da reforma tributária atrairia um poderoso *lobby* contrário dos setores de alta renda, o qual detém indiscutivelmente grande poder político. Vencida a opção política de se reformar o patrimônio e a renda e superado o virtual e, até hoje, intransponível *lobby* contrário ao aumento na tributação dessas bases, atém-se às modificações sobre o consumo em ambas PECs; são elas: (1) unificação das bases de incidência de tributos sobre o consumo, que levaria a (2) possibilidade de perda de arrecadação por parte de municípios e da União no atual desenho do IBS; (3) a tributação sobre o consumo passaria a ocorrer somente no destino; (4) a forma como se daria a compensação para os entes perdedores de receita; (5) o fato de que haveria mudanças significativas da carga tributária total em alguns setores; (6) o prazo de transição entre os dois sistemas estaria muito alongado; e, por fim, (7) com a unificação da tributação sobre o consumo em um só imposto, qual o desenho jurídico da administração tributária deste.

Cada um desses 7 problemas levantados traz consigo mais desdobramentos que residem sob uma zona de incerteza tanto de premissa como de resultado que adviria da opção a ser tomada. A seguir, tecer-se-á considerações sobre cada uma dessas modificações e sobre quais os atuais obstáculos a cada uma delas. Os itens 1 e 2 estão imbricados e exigem análise em conjunto. A hoje existente pulverização da tributação sobre o consumo nos três entes federativos foi fruto da reforma tributária ocorrida em 1965 e mantida na Constituição de 1988. Nela atribui-se aos municípios a tributação sobre os serviços, aos estados a tributação sobre a circulação de mercadorias e à União a tributação sobre os produtos industrializados e, com o fim de financiar a Seguridade Social, sobre a receita e o faturamento.

[6] GRANER, Fabio. Carga sobe para quem ganha mais de R$20 mil, diz governo. *Valor Econômico*. Brasil. 7 ago. 2020. Disponível em: https://valor.globo.com/brasil/noticia/2020/08/07/carga-sobe-para-quem-ganha-mais-de-r-20-mil-diz-governo.ghtml. Acesso em: 21 nov. 2020.

Ao se repartir essa base de incidência com a intenção de redistribuir a massa arrecadatória, pulverizou-se a competência tributária entre a União, os 27 estados e os 5 mil municípios, o que possibilitou o quadro hoje existente de infindáveis normas tributárias a serem seguidas pelos contribuintes. A propósito, mais do que isso, elevou de forma exponencial o custo de conformidade, a litigiosidade (incluindo o enquadramento do fato gerador, por exemplo: bens *versus* serviços) e possibilitou que contribuintes ou setores com mais influência política auferissem benefícios e regimes especiais que tendem a distorcer as escolhas econômicas, tornando nossa economia menos eficiente.

Enfim, eis o diagnóstico da situação tributária: a solução apontada para resolver os problemas descritos no parágrafo anterior vem caminhando para a unificação tributária da base do consumo. Essa unificação, todavia, traz modificações extremamente impactantes, tanto do ponto de vista jurídico como do econômico, para todos os entes envolvidos (as três esferas de poder) e praticamente todos os setores da economia. Ou seja, uma equação difícil de solucionar, pois teria que se encontrar um ponto de convergência forte o suficiente para a superação dos dissensos entre perdas e ganhos de todos os envolvidos.

Um exemplo dessa dificuldade é que a maior queixa dos setores produtivos é a complexidade do sistema tributário, que demanda dispêndio de tempo e dinheiro nos chamados custos de conformidade. Por outro lado, as maiores reclamações dos consumidores residem no tamanho da carga tributária; alta no entender da maioria deles. Ocorre que uma reforma nos moldes da atualmente proposta tanto não garante a redução da carga tributária para o consumidor final, como também pode surtir efeito contrário, isso é, um aumento nominal para alguns setores, como o de serviços na PEC 45/2019.

Logo, ainda que haja comprovada simplificação tributária (algo que abaixo será problematizado), qualquer setor econômico que trace um prognóstico seguro, sob quaisquer das PECs, e chegue à conclusão de que sua carga tributária ficará mais alta, inevitavelmente fará *lobby* contrário à proposição. Com isso, a soma de força política de vários setores, por ventura devedores, tenderá a neutralizar a soma vetorial dos interesses envolvidos na matéria.

A outra relevante modificação ocasionada pela unificação desses tributos em um único imposto, conforme preveem as principais PECs, é a possibilidade de perda de arrecadação decorrente da perda das bases de incidência, que, hoje, são da União e dos municípios. Isso porque fundindo-se o PIS/Cofins – na atualidade, exclusivamente federal – no imposto único, necessariamente a União terá que, a partir de agora, compartilhar essa base com os estados e municípios, algo que seria favorável a estes últimos.

Já a possível perda de arrecadação dos municípios pode se dar de forma mais sofisticada. É consenso que a modernização da economia vem cada vez mais retirando os fatos geradores de bases materiais (mercadorias, por exemplo, no caso do ICMS, estadual) e transferindo para os serviços, sendo que a economia digital é apenas uma manifestação desse fenômeno. Isso acarreta o aumento significativo da base de incidência dos serviços, hoje municipal, que também é compartilhada por estes com a União e os estados; o que, em tese, tornaria aqueles contra as propostas de unificação do imposto e estes a favor.

Ainda sob esse prisma específico, verifica-se uma nuance na análise política. Os municípios pequenos, que inegavelmente sofrem de forma severa com a crise fiscal, não dispõem, de uma forma geral, de condições técnicas, materiais e financeiras para implantar uma política arrecadatória efetiva. Ainda que dispusessem destas, não teriam viabilidade econômica para a sua implantação, que demandaria muitos custos para organizar uma administração tributária, não tendo o retorno arrecadatório necessário.

Estes, sim, por uma questão de viabilidade econômica, têm interesse na unificação de impostos, ainda que haja "perda" da base dos serviços, passando-se, então, a apoiar a proposta; diferentemente dos municípios maiores, em geral, as capitais, que têm uma administração tributária mais robusta e organizada e veem um futuro promissor quanto ao aumento da arrecadação da base dos serviços. Logo, passam a ser, em tese, contra a unificação dos impostos.

Na hipótese desse trabalho, a fungibilidade entre o que é fornecimento de mercadoria e o que é prestação de serviços é um dos elementos decisivos para que se agregue força política a uma reforma tributária de unificação de impostos.

A terceira modificação, que historicamente se comportou como um possível gargalo para a aprovação de propostas de reforma tributárias anteriores, é o estabelecimento de um único critério territorial de tributação, notadamente, no destino (item 3). Essa modificação de critério envolve questões de política tributária que vão além da escolha da entidade tributante para fatos econômicos envolvendo mais de um prestador/fornecedor e tomador/comprador.

Mas, o que é mais decisivo para a decisão política de mudança, no que se refere à regra da tributação no destino, envolve o fim da guerra fiscal. Esse, sim, sempre se comportou como o ponto de maior amplitude para dificultar a aprovação de uma reforma tributária e, aparentemente, não vem se mostrando, ao menos até agora, como o elemento de maior dificuldade.

Para o entendimento do que consiste a guerra fiscal, é preciso ir além daquilo que comumente se aponta como disputa entre os entes tributantes quanto à oferta de vantagens tributárias para empresas localizadas em seu território, o que provoca queda de arrecadação sistêmica para o conjunto dos entes públicos e distorção nas escolhas alocativas. Indo-se além desse diagnóstico, as causas da guerra fiscal têm origem na assimetria com que se deu o desenvolvimento de determinados setores econômicos mais sofisticados no território nacional.

A ausência de um mecanismo alternativo para capacitar os estados menos desenvolvidos a atrair e fomentar determinados setores econômicos para seu território sempre foi apontada como a causa dos fracassos de se pôr fim à guerra fiscal nas reformas tributárias do passado. E a razão disso é evidente: para um estado que não tem condições de atrair determinado tipo de indústria sem qualquer benefício, ainda é preferível tê-la mesmo assim, pois irá usufruir de, no mínimo, geração de empregos e do fomento de atividades econômicas acessórias, estas sem quaisquer benefícios fiscais.

Com isso em vista e a forte representação parlamentar dos estados do Norte, Nordeste e Centro-Oeste, uma decisão política de se pôr fim à guerra fiscal nunca saiu do papel. Na linha da complexidade de se encontrar um ponto de consenso mínimo que possibilite o avanço de uma das propostas de reforma no que tange à fixação do critério do destino, tem-se a necessidade de equalização das perdas dos estados mais desenvolvidos. Isso porque, como a regra atual do ICMS é majoritariamente na origem, seriam eles agora os "perdedores" da vez, já que a maior parte dos fornecedores de bens e serviços encontram-se no seu território.

Isso contribuiria para que a força política dos estados do Sul e Sudeste também se voltasse contra esse modelo de reforma; ou seja, ter-se-ia o cenário ideal para a manutenção do atual *status quo* e a ausência de uma reforma tributária em que a tributação fosse unificada segundo os moldes dos principais projetos em tramitação.

Porém, um elemento novo foi colocado no contexto atual de reforma tributária: a situação fiscal dramática em que vivem os estados e os municípios. Na hipótese aqui levantada, esse vem se mostrando o outro elemento decisivo para o impulsionamento político de se aceitar a tributação exclusiva no destino e o fim da guerra fiscal, desde que haja uma compensação aos estados "perdedores".

E, para os fins aqui trabalhados, em algum aspecto todos os estados seriam "perdedores". Já analisando o item 4, os estados mais industrializados "perderiam" com a fixação da tributação no destino e os menos industrializados "perderiam" com o fim da guerra fiscal. Atualmente, a forma de se compensar essas perdas está posta na emenda 192/2019 dos secretários de fazenda dos Estados à PEC 45/2019, que cria dois fundos de compensação: o primeiro para compensar os estados menos industrializados pelo fim da guerra fiscal (compensação "por fora"); e o segundo para compensar os estados exportadores pela desoneração desta. Há notícia, ainda, de acordo político para compensação também dos estados mais industrializados, por conta da perda de receita decorrente da implantação do critério da cobrança do destino no IBS (compensação "por dentro" do próprio sistema arrecadatório).

Ou seja, o que antes se comportava como fator decisivo contrário à reforma, hoje tende a apresentar uma soma vetorial neutra. Isso viabiliza a superação do ponto controvertido e permite a ponderação de outros elementos subsequentes para a decisão da política resultante.

Avançando para o item 5 das modificações, que analiticamente pode comprometer o avanço das decisões políticas de uma reforma tributária efetiva, tem-se a mudança significativa na carga tributária de alguns setores. O exemplo mais notório é o do setor de serviços como um todo, que é tido como um segmento econômico subtributado, se comparado à indústria: um serviço que hoje seria tributado de 2% a 5% somente pelo ISSQN, com o IBS da PEC 45/2019, pode chegar a 25%, por exemplo (já contado com o que hoje são a PIS/Cofins). Se se levar em conta essa modificação para todas as empresas que prestam serviço, independentemente da subclassificação destes, ter-se-ia um aumento nominal de alíquota significativo; o que, inevitavelmente, atrairia um forte *lobby* contrário, o que a experiência histórica recente de aumento de tributação tem desacreditado, mormente na atual composição do Congresso Nacional.

Quanto ao item 6, o prazo alongado de transição, esse resultaria em mais complexidade, na medida em que se teriam dois sistemas sobrepostos e, nesse tempo, ao invés de menos, mais impostos: os do sistema antigo ainda não revogados e os do novo já entrando em vigor. De todo modo, é cediço que essa transição também não pode ser brusca, sob pena de causar insegurança jurídica.

Por fim, a última grande modificação identificada da análise dos projetos, o item 7, é a atinente à administração tributária desse novo imposto. Aqui, sequer se avança para a forma como a PEC 110/2019 atribuiu aos estados "por intermédio do Congresso Nacional" a instituição do IBS; algo questionável na tradição constitucional brasileira, mas atem-se às questões de competência e administração tributária.

A princípio, a tentativa de instituir um Comitê Gestor do novo imposto sem a participação da União levaria, inevitavelmente, a inviabilizar o avanço da proposta. Igualmente, a criação de uma Agência Tributária Nacional – que representasse todos os entes federativos, ainda que não fosse federal, composta por agentes fiscais das três esferas e que, ainda, coordenaria a atuação de todos os fiscos – resta heterodoxa ante à tradição e às ferramentas do direito administrativo brasileiro.

4. Os padrões de escolhas de políticas públicas

Até aqui, foram vistas as principais características do estado e da sociedade brasileira para os fins de viabilização de uma reforma tributária estruturante e as sete principais modificações que, pelo seu grau de impacto, têm a capacidade de influir no avanço das propostas. Agora, faz-se um breve levantamento de como se comportam os padrões de escolha pública realizando uma transposição deles ao tema da reforma tributária.

Além da alta complexidade inerente a qualquer reforma constitucional de natureza econômica e de amplitude elevada, quando o assunto é reforma tributária, o tema ganha uma complexidade ainda maior. Como falado acima, a quantidade de interesses envolvidos, a falta de transparência dos detalhes do que seria essa reforma e, o mais grave, a ausência de parâmetros quantitativos do ônus da carga tributária – sendo mais claro: saber quanto cada envolvido vai passar a pagar e cada ente federativo vai passar a receber – dificultam a participação de todos os potenciais atingidos e inviabiliza a formação dos lobbies, sejam a favor ou contra os pontos da proposta.

A tabela citada mais abaixo[7] resume bem a forma como funcionam os padrões de escolha de políticas públicas. Partindo-se do pressuposto ontológico de que cada política pública tem custos e benefícios, aplica-se a cada uma delas a variável de quem seria atingido em benefício ou em prejuízo dessa política pública, grupos específicos ou a população em geral. Vide tabela:

		Benefícios	
		Dispersos	**Concentrados**
Custos	**Dispersos**	**A** – Políticas de interesse geral (fraco *lobbying* a favor e contra)	**B** – Políticas preferenciais (forte *lobbying* a favor e fraco *lobbying* contra)
	Concentrados	**C** – Minorias ameaçadas (fraco *lobbying* a favor e forte *lobbying* contra)	**D** – Conflito de minorias (forte *lobbying* contra e a favor)

Fonte: Monteiro, 2013.

O que se extrai dessa tabela é um raciocínio um tanto quanto simples. Quando os custos ou os benefícios são dispersos, não se facilita a formação de *lobby*, seja a favor ou contra. Ao contrário, quando os custos ou os benefícios de uma política são concentrados, favorece-se a formação de *lobbies* mais fortes, sejam favoráveis ou contrários à aludida política.

Sendo assim, uma reforma tributária ampla que, pretensamente, catalise o desenvolvimento do país e redistribua melhor os recursos entre a União, os estados e os municípios não tende a formar amplos *lobbies* favoráveis, pois o "desenvolvimento do pais" e a "redistribuição de recursos" são benefícios dispersos (quadrante A). Ela não favorece a organização de grupos de apoio, o que a faria depender de uma confiança coletiva e uma coesão social muito consolidada em torno de si, algo que acontece com pouca frequência no Brasil, dada nossa acentuada desigualdade e baixa coesão social.

Além do mais, um outro cenário pode ocorrer; o chamado imponderável na política, caso grupos com forte *lobby*, a despeito dos benefícios dispersos de uma reforma tributária, consigam lograr benefícios concentrados.

[7] Monteiro, J.V. *O ambiente institucional-constitucional da política de gasto público e das escolhas orçamentárias em geral. In:* Rezende, F.; Cunha, A. A reforma esquecida: orçamento, gestão pública e desenvolvimento. Rio de Janeiro: FGV, 2013.

Nesse caso, favorecer-se-ia a sua aprovação, desde que esses benefícios concentrados não impliquem, por outro lado, custos também concentrados para grupos específicos, que obviamente atuariam contra (quadrante D). Talvez nisso resida a possibilidade de aprovação de uma reforma tributária.

Entre esses dois extremos quedam os quadrantes B e C. Neles, quando os benefícios são dispersos e os custos são concentrados, há prejuízo para a sua aprovação em decorrência do forte *lobby* em contrário e do fraco a favor. É o caso de uma reforma tributária que busca revogar benefícios fiscais setoriais e específicos; a guerra fiscal é um exemplo disso.

Em decorrência também desses *lobbies* específicos, o cenário contrário também sempre foi favorável. Ou seja, a aprovação de benefícios setoriais e específicos sempre movimentou grande *lobby* a favor por parte dos seus beneficiados e, pelo fato de os custos serem dispersos, nunca encontraram um *lobby* na mesma proporção, mas em sentido contrário, já que a sociedade é quem paga, por meio de um aumento geral de alíquotas, esses favores específicos.

Conclusões

Esse trabalho, longe de qualquer pretensão de exaurimento do tema, busca compreender quais seriam as causas de ainda não ter ocorrido uma reforma tributária estruturante no país, a despeito da quase unanimidade de opiniões sobre sua necessidade. Identificam-se sete modificações relevantes, mas não exaurientes, referentes à reforma tributária que, pela complexidade e relevância, são suscetíveis de análise, de crítica, de estudo e de um acordo político, certamente dificultoso.

Ressalte-se que essas sete modificações são apenas exemplificativas da multidimensionalidade do tema. Como exemplo disso, tem-se a manutenção ou não da Zona Franca de Manaus que, pela complexidade e relevância do ass tema, poderia perfeitamente ser tratado à parte. Ou, conforme já falado, a tentativa de se reformar de modo mais profundo a tributação sobre o patrimônio e a renda poderia certamente pôr fim à tentativa de reforma tributária, tanto pelo poderoso *lobby* contrário que atrairia, como pelo perfil da atual legislatura no Congresso Nacional.

As sete modificações referidas são o cerne de uma reforma tributária sobre o consumo e seus consectários no direito financeiro. São elas: (1) a unificação das bases de incidência de tributos sobre o consumo; (2) a necessidade de equalização da perda de arrecadação por parte de municípios e União no desenho desse novo tributo; (3) o estabelecimento do critério do destino na tributação sobre o consumo; (4) a compensação dos entes "perdedores" de receita, por conta do critério do destino e dos entes impossibilitados de não mais fazer guerra fiscal; (5) as mudanças significativas da carga tributária em alguns setores; (6) a possibilidade do prazo de transição entre os sistemas se revelar um fator que acarrete insegurança jurídica; (7) a inexistência de um desenho jurídico no direito administrativo brasileiro de um ente tributante supranacional diferente da União que fiscalize e administre o novo IBS.

Esses sete itens por si só já carregam uma alta clivagem política, de modo que cada um, individualmente, traz consigo uma dificuldade de negociação e aprovação. Somado a isso, tem-se a opção política de o Governo Federal não encaminhar sua proposta de reforma constitucional ou não aderir explicitamente a qualquer uma já em tramitação. Isso dificulta demasiadamente qualquer prognóstico seguro quanto à sua aprovação e até mesmo de sua viabilidade, no atual momento, ressalte-se.

Hoje, a força motriz que permite ao tema manter-se na ordem do dia das casas legislativas é a grave crise financeira em que vive não só a União, mas principalmente os estados e municípios[8]. A necessidade de se retomar o crescimento econômico e se gerar receita para esses entes funciona como o elemento propulsor das iniciativas parlamentares de reforma tributária. Até mesmo indicativos de superação dos impasses que, no passado, inviabilizaram reformas tributárias – como exemplo mais notório, os estados menos desenvolvidos – já aquiescem com o fim da guerra fiscal e os mais desenvolvidos com a fixação da tributação no destino; algo que há tempos atrás seria inimaginável. Resta em aberto a forma de equalização das "perdas" de todos eles com a saída de um modelo já conhecido, mas fracassado, para um novo modelo, sem a segurança de que não se vai perder receita.

Quanto aos setores econômicos atingidos, nota-se que a ausência de consolidação de uma proposta e até mesmo da explicitação da posição do Governo Federal dificulta aos diversos setores econômicos que efetivamente calculem o grau de impacto de uma reforma tributária sobre a sua carga fiscal efetiva. Na medida em que os dados forem sendo explicitados, a formação de *lobbies* será inevitável. Hoje, todavia, ainda é muito difícil

[8] Essa crise está sendo minorada devido ao aumento da arrecadação do ICMS por conta do aumento dos preços dos combustíveis.

afirmar que o crescimento econômico gerado pela simplificação do sistema irá compensar um eventual aumento de carga setorial.

Referências

AFONSO, José Roberto *et al.* (org.). *Tributação e desigualdade*. Belo Horizonte (MG): Letramento, Casa do Direito: FGV Direito Rio, 2017.

BRASIL. Supremo Tribunal Federal. Pleno – Inclusão do ICMS na base de cálculo do Pis/Cofins é inconstitucional (1/2). *TV Justiça*. Brasília, DF: STF, 15 mar. 2017. Disponível em: https://www.youtube.com/watch?v=oIt2uGDES8M. Acesso em: 21 nov. 2020.

BRASIL. [Constituição (1988)]. A Emenda Constitucional nº 100, de 26 de junho de 2019. *Diário Oficial da União*: seção 1, edição 122. Brasília, DF, 27 jun. 2019. Disponível em: https://www.in.gov.br/web/dou/-/emenda-constitucional-n-100-176002083. Acesso em: 21 nov. 2020.

BRASIL. Câmara dos Deputados. *Proposta de Emenda à Constituição nº 45*, de 2019a (do Deputado Baleia Rossi *et al.*). Brasília, DF: Câmara dos Deputados. Disponível em: https://www.camara.leg.br/proposicoesWeb/fichadetramitacao?idProposicao=2196833. Acesso em: 21 nov. 2021.

BRASIL. Senado Federal. *Proposta de Emenda à Constituição nº 110*, de 2019b (do Senador Roberto Rocha *et al.*). Disponível em: https://www25.senado.leg.br/web/atividade/materias/-/materia/137699. Brasília, DF: Senado Federal. Acesso em: 21 nov. 2021.

BRASIL. Câmara dos Deputados. *Emenda Substitutiva Global 178/19 à PEC 45/19*, de 2019c (da Deputada Jandira Feghali *et al.*). Brasília, DF: Câmara dos Deputados. Disponível em: https://www.camara.leg.br/proposicoesWeb/fichadetramitacao?idProposicao=2196833. Acesso em: 21 nov. 2021.

BRASIL. Câmara dos Deputados. *Emenda 192/19 à PEC 45/19*, de 2019d (do Deputado Herculano Passos *et al.*). Brasília, DF: Câmara dos Deputados. Disponível em: https://www.camara.leg.br/proposicoesWeb/fichadetramitacao?idProposicao=2224673. Acesso em: 21 nov. 2021.

BRASIL. Tribunal Superior Eleitoral. *Partidos políticos registrados no TSE*. 2019. Disponível em: https://www.tse.jus.br/partidos/partidos-politicos/registrados-no-tse. Acesso em: 21 nov. 2020.

BRASIL. Ministério da Economia. *Reforma Tributária. Quanto todos pagam, todos pagam menos*. Plano mais Brasil. A transformação do Estado. Brasília, DF: ME/ASCOM, 21 jun. 2020a. Disponível em: https://www.youtube.com/watch?v=fnhhus4RhDE. Acesso em: 21 nov. 2020.

BRASIL. Ministério da Economia. *Nova CBS vai ampliar produtividade e estimular crescimento econômico*. Seção Reforma Tributária. Brasília, DF: Ministério da Economia, 22 jul. 2020b. Disponível em: https://www.gov.br/economia/pt-br/assuntos/noticias/2020/julho/nova-cbs-vai-ampliar-produtividade-e-estimular-crescimento-economico. Acesso em: 21 nov. 2020.

BRASIL. Supremo Tribunal Federal. *STF inicia julgamento sobre incidência de ICMS no licenciamento de software*. Brasília, DF: Supremo Tribunal Federal. 29 out. 2020. Disponível em: http://www.stf.jus.br/portal/cms/verNoticiaDetalhe.asp?idConteudo=454415 Acesso em: 21 nov. 2020.

COMISSÃO MISTA DE REFORMA TRIBUTÁRIA. *TV Senado*, 2020. Disponível em: https://www.youtube.com/watch?v=w3UvRddaoX8&list=PLua-iGLvw2Ywd8-YEHGea7UbAXJT6tHcH&index=32&t=3649s. Acesso em: 21 nov. 2020.

CONGRESSO tem concentração de 'milionários'. Isto é Dinheiro, nº 27.11. São Paulo: Editora Três, 2020. Disponível em: https://www.istoedinheiro.com.br/congresso-tem-concentracao-de-milionarios/. Acesso em: 21 nov. 2020

GRANER, Fabio. Carga sobe para quem ganha mais de R$20 mil, diz governo. *Valor Econômico*. Brasil. 7 ago. 2020. Disponível em: https://valor.globo.com/brasil/noticia/2020/08/07/carga-sobe-para-quem-ganha-mais-de-r-20-mil-diz-governo.ghtml. Acesso em: 21 nov. 2020.

JUNQUEIRA, Murilo de Oliveira. *O Nó Tributário: por que não se aprova uma reforma tributária no Brasil.* Orientadora: Marta Teresa da Silva Arretche. 2010. 170 f. Dissertação (Mestrado em Ciência Política) – Departamento de Ciência Política da Faculdade de Filosofia, Letras e Ciências Humanas, Universidade de São Paulo,

São Paulo, 2010. Disponível em: http://www.teses.usp.br/teses/disponiveis/8/8131/tde-05072011-131136/publico/2010_MurilodeOliveiraJunqueira.pdf. Acesso em: 21 nov 2020.

LIMOEIRO, Danilo. Complexidade Tributária. Grupos econômicos criaram ao longo dos anos, um conjunto de regras e excepcionalidades tributárias. *Valor Econômico*. Seção Opinião. 8 ago. 2020. Disponível em: https://valor.globo.com/opiniao/coluna/complexidade-tributaria.ghtml. Acesso em: 21 nov. 2020.

LINDER, Larissa. Brasil caminha para maior crise econômica de sua história. *Deutsche Welle*. Seção Notícias Brasil, 19 mai. 2020. Disponível em: https://p.dw.com/p/3cQiX. Acesso em: 21 nov. 2020.

MENDES, Marcos. *Por que é difícil fazer reformas econômicas no Brasil?* Rio de Janeiro: Elsevier, 2019.

MONTEIRO, J.V. *O ambiente institucional-constitucional da política de gasto público e das escolhas orçamentárias em geral. In:* Rezende, F.; Cunha, A. A reforma esquecida: orçamento, gestão pública e desenvolvimento. Rio de Janeiro: FGV, 2013.

OLIVEIRA, Ribamar. Ideia é eliminar R$67,6 bi em benefícios. *Valor Econômico*. Seção Brasil. 5 ago. 2020. Disponível em: https://valor.globo.com/brasil/noticia/2020/08/05/ideia-e-eliminar-r-676-bi-em-beneficios.ghtml. Acesso em: 21 nov. 2020.

SAMPAIO, Tércio. Instituto Brasileiro de Direito Tributário. Auditório Ruy Barbosa Nogueira, São Paulo, [2019]. Disponível em: https://www.youtube.com/watch?v=0-7eiojIWTU&list=PLua-iGLvw2Ywd8-YEHGea7UbAXJT6tHcH&index=51

SIMPLIFICAJÁ. *Reforma Tributária*. 2020. Disponível em: https://simplificaja.org.br/. Acesso em: 21 nov. 2020.

WATANABE, Marta. Capitais são contra unificação de ISS e ICMS. *Valor Econômico*. Brasil. 9 set. 2020. Disponível em: https://valor.globo.com/brasil/noticia/2020/09/09/capitais-sao-contra-unificacao-de-iss-e-icms.ghtml. Acesso em: 21 nov. 2020.

8
A DEDUÇÃO DAS DESPESAS MÉDICAS E DE EDUCAÇÃO NO IRPF, SOB A LÓGICA DE PRINCÍPIOS E NORMAS CONTIDOS NA CONSTITUIÇÃO FEDERAL, E DA DIMENSÃO DO CONCEITO DE RENDA OFERECIDO PELA LEGISLAÇÃO COMPLEMENTAR

Alexey Fabiani Vieira Maia

Introdução

Propõe-se o presente artigo a examinar o atributo jurídico das despesas médicas e de educação no Direito Tributário, na lógica do Imposto de Renda Pessoa Física. Objetiva-se, em especial, verificar se pode uma eventual reforma subtrair a sistemática de dedução como técnica de composição do tributo.

O abatimento das despesas médicas e de educação estão previstas na Lei 9.250, de 26 de dezembro de 1995. Pelo artigo 8º, inciso II, alínea "a", permite-se as deduções relativas a médicos, dentistas, psicólogos, fisioterapeutas, fonoaudiólogos, terapeutas ocupacionais e hospitais, bem como as despesas com exames laboratoriais, serviços radiológicos, aparelhos ortopédicos e próteses ortopédicas e dentárias. O artigo 8º, inciso II, alínea "b", autoriza a dedução, tanto do contribuinte como de seus dependentes, dos pagamentos de despesas com instrução a estabelecimentos de ensino, relativamente à educação infantil, compreendendo as creches e as pré-escolas; ao ensino fundamental; ao ensino médio; à educação superior, compreendendo os cursos de graduação e de pós-graduação, como mestrado, doutorado e especialização; e à educação profissional, compreendendo o ensino técnico e o tecnológico. As despesas de educação, no entanto, subordinam-se a limites.

Conforme aponta o último Demonstrativo dos Gastos Tributários (RFB, 2019), elaborado pela Secretaria Especial da Receita Federal do Brasil, a previsão de impacto no orçamento da União é superior a quinze e quatro bilhões, respectivamente, para as despesas médicas e de educação.

1. Delineamento jurídico

A Constituição Federal constitui o ponto de partida para estabelecer a hipótese de incidência tributária. No intuito de delimitar a competência tributária de cada um dos entes políticos, define a materialidade dos impostos. Corresponde, quanto ao imposto sobre a renda, nos termos do artigo 153, inciso III, a rendas e proventos de qualquer natureza.

Carvalho (2012) identifica três correntes doutrinárias voltadas à estruturação do conceito de renda, que envolvem a teoria da fonte, teoria do acréscimo patrimonial e teoria legalista. A teoria da fonte identifica na renda o produto de uma fonte estável, suscetível de preservar sua reprodução periódica, exigindo que haja riqueza nova derivada de fonte produtiva durável. Para a teoria do acréscimo patrimonial, renda é todo ingresso líquido, em bens materiais, imateriais ou serviços avaliáveis em dinheiro, que importe um incremento líquido do patrimônio de determinado indivíduo, em certo período. A teoria legalista compreende a renda como um conceito normativo, conforme estipulação na lei.

O Código Tributário Nacional contempla a teoria da fonte e do acréscimo patrimonial. Conforme artigo 43, "caput" e incisos, o imposto sobre a renda tem como fato gerador a aquisição da disponibilidade econômica ou jurídica de renda, assim entendido o produto do capital, do trabalho ou da combinação de ambos, e de proventos de qualquer natureza, assim entendidos os acréscimos patrimoniais não compreendidos na primeira categoria.

O inciso I absorve a teoria tradicional da fonte, que identifica a renda como ganho regular, derivado de fonte permanente (Gutierrez, 2009). O inciso II constitui a tradução da teoria do acréscimo patrimonial, tendo-se a renda como derivada de uma base ampla, refletindo todo aumento de riqueza.

Compreende-se que o CTN combina as duas teorias. Nessa medida, renda e proventos configuram modalidades includentes de acréscimos patrimoniais. O uso da expressão "qualquer natureza", empregada pela Constituição Federal para qualificar proventos, na indicação da materialidade do imposto de renda, confirma que todo ingresso de riqueza, qualquer que seja a sua origem, é passível de incidência tributária.

Essa compreensão reforça-se pela disciplina constitucional vinculada ao imposto de renda que impõe o cumprimento do princípio da universidade, insculpido no artigo 153, § 2º, inciso I, que se traduz no CTN pelo artigo 43, § 1º, pelo qual a incidência do imposto independe da denominação da receita ou do rendimento, da localização, condição jurídica ou nacionalidade da fonte, da origem e da forma de percepção.

Ainda nos termos do § 4º, do artigo 3º da Lei 7.713, de 22 de dezembro de 1988, a tributação independe da denominação dos rendimentos, títulos ou direitos, da localização, condição jurídica ou nacionalidade da fonte, da origem dos bens produtores da renda, e da forma de percepção das rendas ou proventos, bastando, para a incidência do imposto, ocorrências de tais acréscimos por qualquer forma e a qualquer título.

A respeito, Vettori (2014) destaca que o CTN, não obstante adotar ótica diferente da definição econômica de renda, resulta igualmente amplo.

2. Questão sobre o conceito constitucional de renda

Controverte-se na doutrina sobre a existência de um conceito constitucional de renda. BIFANO (2019) refere-se ao debate sobre um conceito constitucional, infraconstitucional ou mesmo jurídico de renda. Para a autora o tema envereda também pela Contabilidade, principalmente na hipótese do Imposto de Renda Pessoa Jurídica com apuração pelo lucro real, que se fixa a partir do lucro líquido, que é contábil, "o que poderia levar muitos a indagarem se metodologias e práticas contábeis são suscetíveis de gerar renda, para fins tributários."

Identifica-se como mais correto, no entanto, abordar a existência de um conteúdo mínimo no plano constitucional, estabelecido a partir da conjugação com princípios e normas constitucionais como a igualdade, universalidade, capacidade contributiva, mínimo essencial e vedação ao confisco. É o que Oliveira (2008) chama de "limites semânticos mínimos" sobre o que seja renda, como no exemplo fornecido pelo autor de que "a lei não pode determinar que o fato de alguém andar a pé na Rua Direita seja considerado como renda para efeito da incidência do imposto de renda".

Silva (2018, p. 152) aborda o tema no contexto do Supremo Tribunal Federal. Cita o Ministro Cezar Peluso que, em voto proferido no RE 256.304 (STF, 2013), acena para a existência de um "núcleo semântico mínimo" constitucional sobre o conceito de renda, que permite a tributação de ganhos ou acréscimos.

> Embora a existência de um 'conceito constitucional de renda' seja deveras controversa, divergindo, a respeito das notas que o caracterizariam, teorias de renda-produto, de renda-acréscimo e concepções legalistas de renda, estou em que nenhuma delas merecerá crédito, se não reverenciar ideia de que 'as palavras são utilizadas na Constituição com o fim de transmitir uma *mensagem com sentido*, com o propósito de designar algum *conceito*, mesmo sendo um conceito do tipo indeterminado [...]. Contudo, se existe um conceito, há *características definitórias* que informam seus limites, que permite identificá-lo e diferençá-lo de outros conceitos". [...] O campo semântico da palavra, demarcado também à luz do que assentou a jurisprudência do Tribunal, envolve as notas de *ganho* e de *acréscimo*.

No RE 582.525 (STF, 2013), o Ministro Joaquim Barbosa toca na necessidade do alinhamento constitucional do imposto de renda, com influxo de outros sistemas, além do jurídico, como o econômico e o contábil, com os quais mantém acoplamento. Do Direito, viriam impulsos como a proteção ao mínimo existencial, o direito ao amplo acesso à saúde, a capacidade contributiva, a proteção à livre iniciativa e à atividade econômica.

Assim, pela perspectiva dos princípios, sobre a existência de um núcleo semântico mínimo haurido do altiplano constitucional, também se posiciona FREDDO (2019). Para o autor, há princípios constitucionais que obrigatoriamente informam o tributo, como a generalidade, universalidade e progressividade. Pelo princípio da universalidade, todos os fatos que contribuem para o acréscimo patrimonial do indivíduo devem necessariamente ser considerados para a formação da hipótese de incidência do imposto de renda. Independentemente da forma que o fato acréscimo se revela no mundo jurídico, receita ou ganho, ou ainda da origem de sua fonte, interna ou externa, e forma de sua percepção, gratuita ou onerosa, deverá o imposto de renda sobrepairar sobre ele.

O STF tem se recusado, assim, a consentir sobre haver um conceito constitucional de renda. Eventualmente, o que se verifica é pronunciar-se a corte quando em questão o núcleo mínimo, afastando a incidência do tributo, quando claramente não é hipótese de acréscimo patrimonial.

Ilustra esse assertiva o julgamento sobre imposto de renda criado sobre a distribuição de lucros, conforme Lei 4.506, de 30 de novembro de 1964, que instituiu um adicional sobre lucros distribuídos, tendo como sujeito passivo a empresa. Não se tratava, portanto, do lucro distribuído na perspectiva de rendimento do acionista.

A edição da norma vinculava-se a uma finalidade extrafiscal, consistente no estímulo ao reinvestimento do lucro da pessoa jurídica, mas no RE 117.887 (STF, 1993), o STF entendeu que para a empresa estava evidente a ausência de acréscimo patrimonial. Para o relator, Ministro Carlos Velloso, não se configurava renda quer pela teoria da fonte, quer pela teoria do acréscimo patrimonial. Pela primeira teoria, há elemento novo, mas não para a pessoa jurídica, e sim para o acionista, que já pagou o imposto mediante a dedução na fonte. Pela segunda teoria, não há acréscimo de valor, nada tendo sido ingressado no patrimônio da empresa. Houve o pagamento de tributo sobre o lucro e a nova cobrança ocorre pelo simples motivo de o lucro estar sendo distribuído.

Há um argumento complementar que afasta a tese de um conceito constitucional de renda, que corresponde a esvaziar o papel da lei complementar a quem compete, nos termos do artigo 146, inciso III, alínea "a", da Constituição Federal, definir fato gerador, base de cálculo e contribuinte.

3. Dimensão da renda na legislação complementar

Pelo artigo 43, do CTN, há permissão de se tributar tanto a renda consumida quanto a renda poupada.

Santos (2019), mesmo argumentando sobre não ter sido a teoria do acréscimo patrimonial integralmente absorvida, refere-se à possibilidade da tributação tanto da renda poupada quanto consumida, quando derivada de fonte permanente do patrimônio do titular, na forma do artigo 43, inciso I.

O argumento, em relação ao inciso II, do artigo 43, é de que a teoria do acréscimo patrimonial pressupõe a comparação da situação patrimonial do indivíduo em dois momentos distintos. Só se conhece, então, a renda, no encerramento do período de apuração, no momento em que forem somados os elementos positivos e subtraídos os elementos negativos. Sobre o inciso I, todavia, a riqueza experimentada pelo indivíduo não se condiciona ao elemento temporal. Torna-se suficiente o acréscimo instantâneo e imediato de riqueza gerado por uma fonte de produção, que, ao final do período de apuração, não necessariamente importará em acréscimo patrimonial, como acontece com os rendimentos de não residentes.

Arremata o autor:

> Logo, o legislador ordinário, ao instituir o regime de tributação da renda auferida pela pessoa física, não se vinculou à teoria da renda-acréscimo. A legalidade do regime de tributação da receita bruta auferida pelas pessoas físicas, com a limitação das despesas passíveis de abatimento, reside justamente no fato de que o artigo 43, inciso I, do CTN exige que a renda seja produto do capital, do trabalho ou da combinação de ambos, pouco importando se esse produto será consumido ou poupado.

O conceito de renda admite variações, podendo a renda consumida em decorrência de cuidados com a saúde ou educação ser tida ou não como renda tributável, a depender da ponderação de refletir diminuição ou manifestação da capacidade contributiva, como indica ROCHA (2014). Torna-se incontrovertido, todavia, que a opção do legislador complementar no Brasil foi por também tributar a renda consumida.

Supõe-se, assim, que há permissão para que o tributo recaia sobre a totalidade da renda, independentemente da denominação, origem, localização ou condição jurídica da respectiva fonte.

4. Despesas médicas e de educação como benefício tributário

No plano legal, o conceito de benefício tributário pode ser deduzido do artigo 14, da Lei de Responsabilidade Fiscal, coincidindo com as situações de anistia, remissão, subsídio, crédito presumido, concessão de isenção em caráter não geral, alteração de alíquota ou modificação de base de cálculo que implique redução discriminada de tributos ou contribuições, ou outras situações que correspondam a tratamento diferenciado.

Quatro elementos informam o benefício tributário para PELLEGRINI (2014). Pode-se entendê-lo com conteúdo da legislação tributária que reduz o tributo, beneficia uma parcela dos contribuintes, objetiva iniciativas que poderiam ser alcançadas por meio de gastos públicos diretos e, por fim, corresponde a desvios em relação à estrutura básica do tributo.

Um elemento essencial à definição de benefício tributário corresponde, portanto, a constituir uma exceção à estrutura básica do tributo, que coincide com o que se compreende como sistema tributário de referência, cujo objeto ocupa-se pelas suas características essenciais.

Fornece-se como exemplo clássico o Imposto de Renda Pessoa Física, apontando-se como atributos principais a equidade horizontal e vertical.

A equidade horizontal corresponde a tributar de igual modo contribuintes com a mesma capacidade contributiva. A equidade vertical diz respeito a tributar mais os contribuintes com maior capacidade contributiva. Dentro dessa perspectiva, o limite de isenção, embora desonere o tributo, e a previsão de alíquotas progressivas não são benefícios tributários, pois aproximam a legislação do imposto de renda da equidade que se espera da estrutura básica, atendendo, assim, aos comandos constitucionais da existência mínima, capacidade contributiva e isonomia.

Em documento auxiliar ao Demonstrativo dos Gastos Tributários Indiretos de Natureza Tributária, chamado Gasto Tributário – conceito e critérios de classificação (RFB, 2019) a RFB, com o objetivo de fornecer o conceito de gasto tributário adotado pelo órgão, deixando claro os critérios e fundamentos que regem a sua escolha, promove acertadamente o aprofundamento teórico sobre o tema.

A RFB assim aborda a matéria, para ao final excluir as despesas médicas e de educação da estrutura básica do imposto de renda:

> Alguns princípios, porém, são comumente identificados em um sistema tributário e são considerados parte integrante dessa estrutura:
>
> [...]
>
> A estrutura com uma faixa de isenção e alíquotas progressivas é uma das técnicas utilizadas para conferir progressividade ao imposto de renda. Decorre tanto dos princípios econômicos que regem a tributação da renda, quanto da escolha expressa do legislador constituinte, que determinou que o imposto de renda deve ser graduado conforme a capacidade econômica dos contribuintes.
>
> Dessa forma, a tabela progressiva faz parte do sistema tributário de referência adotado pela RFB e as modificações no limite de isenção, no número e no valor das faixas de renda, no número e na graduação das alíquotas [...] não são consideradas gastos tributários, pois constituem alterações da própria referência.
>
> Por outro lado, apenas uma parte das deduções da base de cálculo são consideradas como parte da estrutura normal desse tipo de tributação. Entre elas, citam-se as decorrentes do próprio conceito de renda (dedução dos gastos incorridos para obter renda, livro caixa), as destinadas a conferir progressividade (faixa de isenção), ou a dar caráter pessoal (dedução por dependentes) ao tributo. Assim, as deduções da base de cálculo que não decorrem de critérios estruturais do imposto de renda, são consideradas desvios do dese-

nho normal do tributo e configuram gastos tributário. É o caso das deduções dos gastos com saúde e educação.

Entende-se correta a teoria de que as deduções com despesas médicas e de educação constituem elementos externos à estrutura básica do IRPF. Não se cogita como fundamentais ao desenho do tributo, não correspondendo, necessariamente, a princípios ou normas constitucionais que convergem para a sua formatação. Traduzem, portanto, o conceito de benefício tributário, associado, nessa medida, à opção legislativa. No mesmo sentido, é a posição de HENRIQUES (2009).

5. Capacidade contributiva, direito à saúde e direito à educação

PINTO e MENEZES (2012) abordam a dedução das despesas médicas e de educação sob a perspectiva da capacidade contributiva e a partir da lógica dos direitos fundamentais à saúde e educação.

Para as autoras, o princípio da capacidade contributiva constitui mandamento constitucional de otimização. Traduz-se na introdução de mecanismos que possibilitem aferir a capacidade contributiva do indivíduo, sem afetação do piso mínimo vital, como forma de realização da dignidade da pessoa humana. A capacidade para contribuir somente expressa-se depois de deduzida, da capacidade econômica, o mínimo necessário para a pessoa humana viver com dignidade, em alinhamento com os direitos sociais consagrados no plano constitucional. Assim, todas as despesas geradas com saúde e educação devem ser integralmente deduzidas da base de cálculo do imposto de renda, como forma de se apurar a capacidade contributiva.

Argumentam as autoras que saúde e educação consubstanciam direitos sociais fundamentais. Como direitos constitucionalmente tutelados, o acesso aos serviços precisa ser proporcionado a todos, diretamente pelo Estado, ou pela iniciativa privada. Presente o segundo formato, é necessário assegurar ao usuário medidas compensatórias, porque a saúde permanece como dever do Estado.

Na opinião de PINTO e MENEZES (2012), capacidade contributiva não se confunde com capacidade econômica. Assim, um indivíduo pode ter condição econômica para comprar o necessário para sua sobrevivência, porém não ter capacidade contributiva, porque consome toda a sua renda com a aquisição de bens e serviços vinculados com o chamado mínimo vital. Haverá capacidade contributiva, na medida em que a renda auferida exceder os gastos necessários para a sua sobrevivência e de sua família.

Como o direito à saúde obedece aos princípios da igualdade e universalidade, há que se assegurar-lhe de maneira plena e integral, para permitir inclusive a dedução, além das despesas médicas e hospitalares, de medicamentos, aparelhos e próteses, ortopédicos e dentários, contrariamente ao que estabelece a legislação tributária. Observa-se comportamento inconstitucional também na limitação sobre a dedução com educação. A educação básica, ensino fundamental e médio, ou ainda o ensino superior e cursos de pós-graduação, integram o piso mínimo vital como forma de realização desse direito social.

Na estrutura do argumento das autoras, não há o adequado aprofundamento sobre outros direitos sociais, igualmente relevantes, que também impactam na dignidade da pessoa humana, como o direito à moradia. Seguida a lógica, despesas na compra da casa própria ou a locação residencial deveriam também ser abatidas no cálculo do tributo.

Correia Neto (2012) aborda o tema sob a lógica das exonerações necessárias, que se manifestam com mais facilidade nas imunidades, em razão da previsão no plano constitucional. Referindo-se à posição da RFB, indaga se as deduções com despesas médicas e de educação encartam-se no elenco de exonerações necessárias. Embora não se identifique uma posição clara, o autor indica que há situações nas quais se tem a necessidade de atendimento ao que nomeia de limites imprecisos fixados pelo princípio da capacidade contributiva, particularmente no que diz respeito à esfera do mínimo existencial.

No caso das deduções e abatimentos, Vettori (2014) ressalta a dificuldade na doutrina de se estabelecer o que seja parte da estrutura parâmetro do tributo ou subvenção. A premissa aceita é de que, importando na redução da capacidade contributiva, não se pode considerar como subvenção tributária. Em contrapartida, caso o gasto represente consumo, sendo, portanto, índice de capacidade contributiva, a regra é sobre não poder ser abatido ou deduzido da base de cálculo. Permitindo-se a sistemática, trata-se de subvenção tributária. Contudo, adverte o autor, não é tão simples definir se determinados gastos revelam, ou não consumo, havendo grande discussão neste tema.

Fonseca (2018) vincula a questão ao mínimo existencial, o qual impõe que os gastos a ele relacionados sejam tidos por compulsórios, na medida em que se supõe que o indivíduo não poderá viver dignamente sem eles. Por outro lado, pondera o autor que as preferências particulares podem fazer com que a base de cálculo do imposto de renda fique amarrada a desígnios estritamente pessoais, fato que certamente iria ao encontro da capacidade contributiva, quanto à face objetiva.

Rocha (2014) identifica também a complexidade do tema, estabelecendo haver razoabilidade nos argumentos de ambos os lados. Mas a sua conclusão é de que a decisão do legislador sobre autorizar ou permitir as deduções não interfere diretamente no direito fundamental a ter impostos graduados pela capacidade contributiva, na medida em que não se sabe ao certo se tais despesas representam capacidade contributiva ou, ao contrário, se a diminuem.

Pode-se, no entanto, quanto ao IRRF, alcançar como atendido o princípio da capacidade contributiva, no aspecto da preservação do mínimo existencial, com a disciplina na legislação tributária da faixa de isenção e das alíquotas progressivas. Tem-se, de outra parte, que o direito à saúde e o direito à educação encontram-se garantidos pelo Estado, pelo acesso aos sistemas gratuitos de saúde e educação, que inclui as universidades públicas.

Não se nega, de todo modo, que a dedução de despesas médicas e de educação objetiva a atender políticas relacionadas a estas duas áreas, de forma a incrementar e complementar as ações da União, que se evidenciam, sobretudo, nos sistemas gratuitos. Mas trata-se, embora de inegável relevância, de decisões políticas, cuja revogação não encontra obstáculo na Constituição Federal.

Como acentua Correia Neto (2012), o Estado pode renunciar a parte da receita tributária para estimular outras políticas. Fazendo, incorpora essas escolhas à ordem jurídica, tornando-as normas. Assim, prosseguindo com essa linha de pensamento, chega-se a que opções políticas, mesmo que transformadas em regras, podem ser revistas.

A dedução das despesas com educação, atualmente no Brasil, não é plena, subordinando-se a limites. Sob a perspectiva de serem essas despesas, ao lado das despesas médicas, fundamentais para a determinação da capacidade contributiva, a restrição então poderia ser compreendida como inconstitucional, fato, no entanto, que não encontra eco no ordenamento nacional, em decorrência dos elementos que foram traçados.

Havendo, por outro lado, distinção na categorização entre despesas médicas e de educação, aponta ROCHA (2014) que o legislador tem uma competência bastante ampla para decidir separadamente sobre cada um desses elementos, sobre serem ou não, na perspectiva do autor, elementos da renda, representando ou não maior ou menor capacidade contributiva e, portanto, dedutíveis ou não.

Conclusões

A questão referente à dedução com as despesas com saúde e educação, como demonstrado, é um tema ainda controvertido. Mas há elementos suficientes, que se recolhem de uma abordagem mais aprofundada do texto constitucional, amparada inclusive nos princípios que informam o imposto de renda, e que encontra eco em jurisprudência balizada do Supremo Tribunal Federal, para se que se possa inferir que a matéria atinente ao abatimento de referidas despesas, no IRPF, não tem atributo derivado unicamente, de modo categórico e exaustivo, do plano constitucional.

Como visto, delineamento do CTN, pelo artigo 43, é amplo, permitindo a tributação da renda poupada quanto da renda consumida. A dedução destas despesas não se vincula obrigatoriamente à necessidade de cumprimento do princípio constitucional da capacidade contributiva, sobretudo sob a lógica do mínimo existencial.

A possibilidade de dedução constitui opção política, que se inspira no propósito de concretizar iniciativas de relevo no âmbito da saúde e educação. Mas mesmo incorporada ao ordenamento nacional, elevando-se à categoria de normas jurídicas, pode ser normalmente revista pelo legislador.

Na minha opinião, permitir a dedução das despesas médicas e de saúde no IRPF constitui opção política válida. Saúde e educação são fundamentais para ampliar a consciência e promover o crescimento material, intelectual e espiritual do indivíduo, enquanto sujeito, família, grupo ou coletividade, e assim permite-se chegar a uma sociedade plena, justa, igualitária e solidária. O correto, no entanto, seria propiciar melhorias, com maior liberdade na iniciativa, nessa ferramenta ou no financiamento direto da educação ou saúde, visando sobretudo a população mais pobre, para que tenha condições mais concretas de chegar às oportunidades que são na atualidade oferecidas à classe média e rica.

Referências

BIFANO, Elidie Palma. *Direito Tributário – Princípio da Realização no Imposto sobre a Renda – Estudo em Homenagem a Ricardo Mariz de Oliveira*, ZILVETI, Fernando Aurelio; FAJERSZTAJN, Bruno; SILVEIRA, Rodrigo Maito da. (Coords.). São Paulo: Editora IBDT, 2019.

CARVALHO, Paulo de Barros. *Curso de direito tributário*. 14ª ed. rev. e atual. São Paulo: Saraiva, 2002.

CORREIA NETO, Celso De Barros. *O Avesso do tributo: incentivos e renúncias fiscais no direito brasileiro*. Tese de doutorado. 2012.

FONSECA. Fernando Daniel de Moura. *Imposto sobre a renda: uma proposta de diálogo com a contabilidade*. Belo Horizonte: Fórum, 2018.

FREDDO, Julio Cezar Giongo. *As subvenções governamentais e o fato gerador do imposto de renda*. Revista de Direito Tributário Atual, n.42. ano 37, 2019.

GUTIERREZ, Miguel Delgado Gutierrez. *O imposto de renda e os princípios da generalidade, da universidade e da progressividade*. Tese de doutorado. USP, 2009.

HENRIQUES, Elcio Fiori. *O regime jurídico do gasto tributário no direito brasileiro*. Dissertação de mestrado. 2009.

OLIVEIRA, Ricardo Mariz. *Fundamentos do Imposto de Renda*. São Paulo: Quartier Latin, 2008.

PELLEGRINI, José Alfredo. *Gastos Tributários: conceitos, experiência internacional e o caso do Brasil*. 2014. Disponível em: www.senado.leg.br/estudos. Acesso em: 13 mai. 2019.

PINTO, Keziah Alessandra Vianna Silva; MENEZES, Milena Zampieri Sellmann de. *Aplicação do princípio da capacidade contributiva ao imposto sobre a renda de pessoa física como forma de efetivação dos direitos sociais à saúde e educação*. Disponível em: http://www.publicadireito.com.br/artigos/?cod=e11943a6031a0e61. Acesso em: 15 nov. 2020.

RFB. *Demonstrativo dos Gastos Tributários – DGT PLOA 2019*. Disponível em: https://receita.economia.gov.br/dados/receitadata/renuncia-fiscal/previsoes-ploa/arquivos-e-imagens/dgt-ploa-2019.pdf. Acesso em: 14 nov. 2020.

RFB. *Gasto Tributário – conceito e critérios de classificação*. 2019. Disponível em: https://receita.economia.gov.br/dados/receitadata/renuncia-fiscal/demonstrativos-dos-gastos-tributarios/arquivos-e-imagens/sistema-tributario-de-referencia-str-v1-01.pdf. Acesso em: 06 out. 2020.

ROCHA, Paulo Victor Vieira da. *Contribuição ao estudo dos direitos fundamentais em matéria tributária: restrições a direitos do contribuinte e proporcionalidade*. Tese de doutorado. USP. 2014.

SANTOS, Ramon Tomazela. *Direito Tributário – Princípio da Realização no Imposto sobre a Renda – Estudo em Homenagem a Ricardo Mariz de Oliveira*, ZILVETI, Fernando Aurelio; FAJERSZTAJN, Bruno; SILVEIRA, Rodrigo Maito da. (Coords.). São Paulo: Editora IBDT, 2019.

SILVA, Fabiana Carsoni Alves Fernandes da. *A tributação da renda na cessão gratuita de uso de imóveis, prevista no art. 23, inciso vi, da Lei n. 4.506/1964: renda imputada ou cláusula especial antiabuso?* Revista Direito Tributário Atual, n.39, 2018.

STF. RE 117.887, relator Ministro Carlos Velloso, julgado em 11.02.1993, DJE de 17.12.1993.

ST. RE 256.304, relator Ministro Marco Aurélio, julgado em 20.11.2013, DJE de 30.10.2014.

STF. RE 582.525, relator Ministro Joaquim Barbosa, julgado em 09.05.2013, DJE de 07.02.2014.

VETTORI, Gustavo Gonçalves. *Contribuição ao estudo sobre as influências recíprocas entre a tributação da renda e o comércio internacional*. Tese de doutorado. 2014.

9
PRINCÍPIO DA SELETIVIDADE E AS PROPOSTAS DE REFORMA TRIBUTÁRIA EM TRAMITAÇÃO

Isaac Ramiro Bentes

Introdução

As principais propostas de reforma tributária, atualmente em tramitação no Congresso Nacional, centradas na reestruturação da tributação incidente sobre o consumo, têm em comum o fato de aniquilarem, ou pelo menos minimizarem, quase à insignificância, o vetusto princípio da seletividade, que vigora no sistema tributário brasileiro desde a CF/67[1], ou mesmo, segundo outros, desde a CF/46[2].

No texto atual, da Constituição de 1988, o princípio da seletividade rege dois tributos, um de competência da União (IPI – artigo 153, inciso I e §3º, I) e outro de competência dos Estados-membros e do Distrito Federal (ICMS – artigo 155, inciso II e §2º, III).

[1] CF/67
Art. 22 – Compete à União decretar impostos sobre:
...
V – produtos industrializados;
...
§ 4º – O imposto sobre produto industrializado será seletivo, em função da essencialidade dos produtos, e não-cumulativo, abatendo-se, em cada operação, o montante cobrado nas anteriores.
(...)

[2] É o que diz Marciano Seabra de Godoy (2016, p. 316).

Por força de tais disposições constitucionais, esses tributos deverão ser seletivos[3], em função da essencialidade do produto (ou serviço) tributado, vale dizer, a tributação pelos referidos impostos incidirá mais pesadamente em proporção inversa à relevância e imprescindibilidade do objeto tributado, evitando-se assim dificultar o acesso da maioria da população – aquela de menor renda – a bens e serviços que lhes sejam sobremodo necessários.

Como se sabe, o tributo constitui ônus econômico sobre o fato ou a coisa, tornando-os menos acessíveis, em especial àquela parcela da população que possui limitações financeiras mais acentuadas, em seu poder de compra.

Isso decorre, no caso dos impostos sobre consumo, ditos *indiretos*, da translação ou repercussão, que faz com que eles sejam de fato suportados pelos consumidores finais dos bens ou serviços tributados. Se a carga imposta não levar em conta características individuais dos objetos tributados, como preconiza hoje a observância ao princípio da seletividade, poderá resultar a privação, a essas populações menos abastadas, do acesso a produtos e serviços considerados essenciais para sua subsistência digna, malferindo assim a justiça fiscal e o próprio princípio da dignidade da pessoa humana.

É o indesejado fenômeno da regressividade da tributação, que malfere a isonomia identificada com a capacidade contributiva, ao permitir ou ensejar a incidência de carga desproporcional (por mais elevada) sobre a população economicamente mais débil, resultando em um sistema tributário iníquo.

Essa regressividade é própria da estrutura dos impostos indiretos, sobre consumo, e o princípio da seletividade busca amenizar seus efeitos, pela preservação do acesso aos bens e serviços considerados essenciais, para o maior número possível de indivíduos.

Decerto, a justiça fiscal não recomenda produzir-se uma reforma que, ao eliminar a observância ao princípio de seletividade, contribua para ampliar a regressividade do sistema tributário nacional.

Sem dúvida, não é esse o objetivo das diversas propostas de reforma tributária em tramitação, todas voltadas ao aperfeiçoamento do sistema, e não à sua regressão.

[3] Abstrai-se aqui a discussão sobre a obrigatoriedade, ou facultatividade, do princípio da seletividade em sede de ICMS, por estar fora do escopo do presente artigo.

Sob outro prisma, como se sabe, a diversidade e a variação das alíquotas, nas incidências de impostos indiretos como IPI e ICMS, pode servir, também, como inibidor do consumo de bens considerados nocivos ou indesejáveis, social ou economicamente falando, ainda que tolerados em função de respeito à liberdade individual, bem como ao estímulo do consumo de outros, considerados positivos à coletividade.

Trata-se da conhecida utilização dos tributos com finalidades extrafiscais, porém essa técnica – da extrafiscalidade no ICMS e sobretudo no IPI – não tem como referência a essencialidade dos bens, produtos ou serviços aos quais se aplica, no que se distingue da seletividade, a qual, por determinação constitucional expressa, sempre levará em conta referida essencialidade.

Pode-se dizer, assim, que a seletividade busca proporcionar a justiça fiscal (medida da capacidade contributiva nos tributos indiretos, minoração da regressividade em face dos menos favorecidos economicamente), mediante a modulação das alíquotas do IPI e ICMS, em função da essencialidade das mercadorias, bens e serviços atingidos pela incidência tributária.

Já a extrafiscalidade vale-se da diversidade e da variação das alíquotas de determinadas mercadorias, bens e serviços em função de objetivos de política econômica e social, e não de pressupostos de sua essencialidade. Tanto que, frequentemente, são implantadas políticas fiscais de estímulos à produção e comercialização de veículos automotores, eletrodomésticos, produtos de informática e de automação, embarcações, máquinas e equipamentos, e outros, todos relevantes para a atividade econômica e para o desenvolvimento nacional, porém não qualificáveis como essenciais.

Destarte, a seletividade relaciona-se, porém não se confunde, com a extrafiscalidade de cunho econômico ou social, com viés positivo ou negativo (estimular o consumo de determinados bens, desestimular o de outros), identificando-se por serem ambas passíveis de viabilização mediante a fixação de alíquotas diversas, na incidência dos impostos aos quais se aplicam[4].

1. Seletividade e as propostas de reforma tributária

Diz-se que as principais propostas de reforma tributária, atualmente em tramitação no Congresso Nacional fazem tábula rasa do princípio da

[4] Sob outra abordagem, mas com a mesma conclusão pela distinção entre seletividade e extrafiscalidade, ver Marciano Ferreira de Godoi (2016, p. 315).

seletividade, e por conseguinte do ideal de justiça fiscal que ele representa, porque ao adotarem o dogma da alíquota única e uniforme, para o novo imposto sobre consumo, eliminam a calibragem das incidências por medida de essencialidade, extirpando assim do sistema constitucional tributário o princípio em questão – ou pelo menos, em alguns casos, reduzindo-o a função secundária e pouco afeita à concretização da tributação mais justa possível.

Como se sabe, é justamente mediante a fixação de alíquotas diferenciadas, em função da essencialidade do objeto tributado – alíquotas menores para gêneros de primeira necessidade, alíquotas maiores para bens supérfluos – que se afirma, na legislação do ICMS e do IPI, o princípio da seletividade constitucionalmente consagrado.

Ao estabelecer como *leitmotiv* das propostas de emendas à Constituição voltadas à reforma tributária, a simplificação (com concomitante redução dos famigerados custos de conformidade) e a redução de contencioso, as PEC's hoje em tramitação abraçaram a ideia da alíquota única, ou pelo menos uniforme, para o(s) novo(s) imposto(s), entendendo ser esta a resposta adequada para o objetivo proposto.

Não resta dúvida que os propósitos são nobres, pois ninguém que acompanhe a tributação no Brasil discordará da necessidade de simplificação, de redução dos custos de conformidade, e de prevenção do contencioso, tal como pretendem as PEC's de reforma tributária.

Fácil perceber, entretanto, que a uniformidade de alíquotas do novo imposto sobre consumo se trata de construto legal incompatível com a manutenção do princípio da seletividade, tal como ele é hoje concebido, o que ameaça ter as repercussões já anunciadas acima, na limitação de acesso de vastas camadas da sociedade a bens e serviços de que hoje desfrutam com menos esforço pessoal e familiar do que lhes será futuramente exigido, caso aprovada uma das propostas em questão.

Curial analisar, sob este viés, as principais propostas de reforma tributária, a que nos referimos no presente artigo.

São elas: Proposta de Emenda Constitucional nº 45 (PEC/45), Proposta de Emenda Constitucional nº 110 (PEC/110), Emenda nº 178 à Proposta de Emenda Constitucional nº 45, Proposta de Emenda Constitucional nº 128 (PEC/128), Emenda nº 192 à Proposta de Emenda à Constituição nº 45, e Emenda nº 5 à Proposta de Emenda à Constituição nº 110.

1.1. Proposta de Emenda Constitucional nº 45 (PEC/45)

A PEC/45 propõe a criação de um tipo de IVA, o Imposto Sobre Bens e Serviços – IBS em substituição aos atuais Imposto sobre Produtos Industrializados – IPI; Imposto sobre Operações relativas à Circulação de Mercadorias e sobre Prestações de Serviços de Transporte Interestadual e Intermunicipal e de Comunicação – ICMS; Imposto sobre Serviços de Qualquer Natureza – ISS; Contribuição para o Financiamento da Seguridade Social – COFINS; e Contribuição para o Programa de Integração Social – PIS. Ou seja, propõe substituir cinco tributos por apenas um.

A PEC/45, em sua justificativa, anuncia a intenção de "simplificar radicalmente o sistema tributário brasileiro", propondo ainda corrigir lhe as falhas, dentre as quais identifica a "profusão de alíquotas" e "absurda quantidade de exceções, benefícios fiscais e regimes especiais que caracterizam o PIS, a Cofins, o IPI, o ICMS e o ISS".

Como um dos remédios, para o estado de coisas que verbera, propõe um modelo de tributação sobre consumo com "alíquota uniforme para todos os bens, serviços ou direitos no território do ente federativo".

Nesse diapasão, destaca como característica importante do novo tributo, que chama IBS – imposto sobre bens e serviços – a "adoção de uma alíquota uniforme para todos os bens e serviços (embora podendo variar entre Estados e Municípios) e a vedação a qualquer benefício fiscal no âmbito do imposto".

Em sua justificativa, segue a PEC/45 na defesa da alíquota uniforme para o IBS:

> A adoção de alíquota uniforme evita as questões de classificação – e o consequente aumento do contencioso e do custo de conformidade tributária – que inevitavelmente acompanham modelos com múltiplas alíquotas. De fato, há um amplo consenso na literatura internacional de que IVAs com alíquota uniforme são superiores àqueles com múltiplas alíquotas. Não por acaso, a grande maioria dos IVAs criados nos últimos 25 anos no mundo tem apenas uma alíquota.
>
> Por outro lado, a vedação a benefícios fiscais busca evitar o risco de que setores específicos busquem um tratamento diferenciado no âmbito do IBS, o que inevitavelmente leva a distorções competitivas e alocativas. A adoção de um regime uniforme de tributação para todos os bens e serviços favorece a discussão democrática entre os consumidores/eleitores e o governo, pois

torna absolutamente transparente o custo de financiamento das ações do poder público.

Tributos sobre o consumo – como o IBS e os IVAs em geral – devem ter como função essencial a arrecadação, visando o financiamento adequado de políticas públicas, não sendo adequados para o alcance de outros objetivos de políticas públicas. De fato, em praticamente nenhum país do mundo os IVAs são utilizados para fins de política setorial ou regional. Mesmo como instrumento de política social, os IVAs não são eficientes.

...

Em linha com as melhores práticas internacionais (e com a maioria dos IVAs modernos), propõe-se que o IBS tenha uma alíquota uniforme para todos os bens e serviços, ainda que podendo variar entre Estados e Municípios. A alíquota uniforme elimina a necessidade de classificação de bens e serviços, reduzindo a complexidade e o contencioso relativo ao imposto, além de fechar o espaço para pressões setoriais e dar grande transparência para os consumidores/eleitores sobre o custo de financiamento da União, dos Estados e dos Municípios.

A previsão da PEC/45, de alíquotas uniformes para o novo tributo (IBS) é a seguinte:

Art. 152-A. Lei complementar instituirá imposto sobre bens e serviços, que será uniforme em todo o território nacional, cabendo à União, aos Estados, ao Distrito Federal e aos Municípios exercer sua competência exclusivamente por meio da alteração de suas alíquotas.

§1o. O imposto sobre bens e serviços:

I – incidirá também sobre:

a) os intangíveis;

b) a cessão e o licenciamento de direitos;

c) a locação de bens;

d) as importações de bens, tangíveis e intangíveis, serviços e direitos;

II – será regulado exclusivamente pela lei complementar referida no caput deste artigo;

III – será não-cumulativo, compensando-se o imposto devido em cada operação com aquele incidente nas etapas anteriores;

IV – não será objeto de concessão de isenções, incentivos ou benefícios tributários ou financeiros, inclusive de redução de base de cálculo ou de crédito presumido ou outorgado, ou sob qualquer outra forma que resulte, direta

> ou indiretamente, em carga tributária menor que a decorrente da aplicação das alíquotas nominais;
>
> V – não incidirá sobre as exportações, assegurada a manutenção dos créditos;
>
> VI – terá alíquota uniforme para todos os bens, tangíveis e intangíveis, serviços e direitos, podendo variar entre Estados, Distrito Federal e Municípios.
>
> (...)
>
> § 9º Excetua-se do disposto no inciso IV do § 1º a devolução parcial, através de mecanismos de transferência de renda, do imposto recolhido pelos contribuintes de baixa renda, nos termos da lei complementar referida no *caput*.

As afirmações acima reproduzidas, de que "há um amplo consenso na literatura internacional de que IVAs com alíquota uniforme são superiores àqueles com múltiplas alíquotas" e de que tal proposta estaria "em linha com as melhores práticas internacionais (e com a maioria dos IVAs modernos)" são questionadas por doutrinadores de escol.

Hamilton Dias de Souza, Humberto Ávila e Roque Antônio Carrazza no primeiro de uma tríade de artigos publicados no sítio do CONJUR na Internet (2019) a respeito das propostas de reforma tributária, afirmam que tais assertivas constantes das justificativas apresentadas em anexo à PEC/45 não se sustentam, pois segundo eles:

> Um dos pilares de sustentação das propostas discutidas, sobretudo da PEC 45/2019 (Câmara), é a ideia de que tributar o consumo via alíquota única para todos os bens e serviços seria mais justo, na linha de suposta prática internacional. Tal afirmação não é correta. Dados da Organização para Cooperação e Desenvolvimento Econômico (OCDE) mostram que a maioria dos países tributa o consumo com duas ou mais alíquotas, havendo, ainda, desoneração total para itens essenciais, como alimentos básicos, saúde e educação[1]-[2]. De 169 países pesquisados, 154 encampam esse modelo, isto é, 91%. E, dos 36 membros da OCDE, 34 também o fazem, o que equivale a 94% do mundo desenvolvido. Apenas Chile e Japão têm alíquotas únicas. Diante desses números, pergunta-se: a que "prática internacional" os defensores da alíquota única se referem?
>
> Portanto, a alíquota única não reflete a prática internacional. E isso se explica. A tributação sobre o consumo é regressiva por natureza. Somente faixas de alíquotas em número razoável (três, por exemplo) permitem minimizar esse problema, evitando iniquidades óbvias, como a incidência do mesmo

> percentual sobre itens da cesta básica e joias. Assim, é recomendável abandonar-se a ideia de alíquota única e concentrar o debate na definição de faixas razoáveis de tributação. A escolha deverá considerar, de um lado, as necessidades arrecadatórias dos entes tributantes e, de outro, as peculiaridades econômicas de cada setor, além, é claro, do imperativo de desonerar itens essenciais, sob pena de prejuízo às populações carentes.
>
> Note-se, a propósito, que, por ser regressiva, a alíquota única não se compatibiliza com mandamentos nucleares do sistema constitucional tributário em vigor, como o da isonomia. Afinal, isso faz com que consumidores com perfis de consumo e disponibilidades econômicas distintas sejam tributados na mesma intensidade, o que também contraria o princípio da capacidade contributiva.

Projeções feitas pelos citados autores, com base em dados do IBGE acerca dos rendimentos e gastos das famílias brasileiras, face ao aumento de carga tributária resultante da equalização das alíquotas, sobretudo nos setores de alimentação (cesta básica), saúde, educação e transporte, apontam para preocupante elevação da regressividade com a instituição do IBS conforme proposto na PEC/45, sacrificando a população de menor renda em níveis quiçá insuportáveis.

Para mitigar o efeito regressivo da tributação linear do consumo, a PEC/45 previu mecanismo de devolução parcial do imposto (IBS) pago por "contribuintes de baixa renda", que seriam, segundo a justificativa que a acompanha, aquelas pessoas beneficiárias dos programas sociais (assistenciais) do governo federal, remetendo a regulação à lei complementar.

Ou seja, a PEC/45 prevê o estabelecimento de disposição em lei complementar, pela qual "parte do imposto pago pelas famílias mais pobres seja devolvido através de mecanismos de transferência de renda", em modelo que "seria viabilizado pelo cruzamento do sistema em que os consumidores informam seu CPF na aquisição de bens e serviços...com o cadastro único dos programas sociais" (excertos constantes da Justificativa anexa à PEC/45).

Isso ajudaria a resolver o problema dos muito pobres, porém não o dos remediados. Afinal, o nível de corte fixado, equivalente ao enquadramento nos programas sociais do governo federal como Bolsa Família, pressupõe renda familiar *per capita* de até R$178,00.

As demais famílias, inclusive aquelas que têm renda muito baixa, porém acima desse patamar de corte, com a aprovação da PEC/45 deverão enfrentar o aumento nos preços de vários bens e serviços que hoje consomem (ex. remédios, mensalidades escolares, consultas médicas e odontológicas, cesta básica etc.), sem qualquer salvaguarda, compensação, muito menos devolução, ainda que parcial, do excesso suportado.

Não parece adequado supor que famílias com renda *per capita* superior a R$178,00 se mostrarão infensos aos efeitos da regressividade resultante da abolição do princípio da seletividade. Muitos brasileiros ver-se-ão assim subitamente expostos a dificuldades de sobrevivência ainda maiores do que aquelas que hoje enfrentam.

Para não se dizer que não falou de seletividade tributária, a PEC/45 previu em seu texto a atribuição de competência, à União, para a instituição de "impostos seletivos, com finalidade extrafiscal, destinados a desestimular o consumo de determinados bens, serviços ou direitos" (artigo 154, inciso III, do texto da PEC/45).

Assim é explicado, em sua Justificativa:

> O modelo é complementado pela criação de um imposto seletivo federal, que incidirá sobre bens e serviços geradores de externalidades negativas, cujo consumo se deseja desestimular, como cigarros e bebidas alcoólicas. A incidência do imposto seletivo seria monofásica, sendo a tributação realizada apenas em uma etapa do processo de produção e distribuição (provavelmente na saída da fábrica) e nas importações.
>
> Através da inclusão do inciso III no art. 154, introduz-se na Constituição a possibilidade de criação de impostos seletivos, que têm como objetivo onerar o consumo de bens e serviços geradores de externalidades negativas ou cujo consumo se deseja desestimular, como cigarros e bebidas alcoólicas.

No texto da PEC/45, com a previsão desse imposto, a seletividade é reduzida a uma função extrafiscal de inibição ao consumo de determinados bens e serviços considerados nocivos, expressando apenas seu viés negativo (desestímulo).

Essa "seletividade", a que se refere o texto da PEC/45, identifica-se mais com a utilização do imposto com finalidade extrafiscal, no viés negativo (desestímulo ao consumo de determinados bens e serviços considerados nocivos), e não se confunde com a noção hoje imposta ao legislador ordinário, a partir do texto constitucional em vigor.

Afinal, como já foi visto, a seletividade constitucionalmente estipulada, atualmente, tem como referência a essencialidade do objeto tributado, e não sua nocividade. Ora, o oposto de essencial é supérfluo, e não nocivo, sendo fácil concluir que esse "imposto seletivo" da PEC/45 em nada contribui para manter vigente o vetusto princípio ora analisado, pois bens supérfluos continuarão sendo submetidos à mesma carga que outros de primeira necessidade, pois a maior ou menor essencialidade deles se tornará absolutamente irrelevante na nova tributação do consumo, por ela proposta.

Que ninguém se confunda pelo título de "imposto seletivo", ostentado nessa disposição (artigo 154, inciso III) da PEC/45.

1.2. Proposta de Emenda Constitucional nº 110 (PEC/110)

A PEC/110, que tramita no Senado Federal, ao também fixar a obrigatoriedade de alíquotas uniformes, a exemplo da PEC/45, igualmente eliminou o princípio da seletividade no âmbito do novo tributo sobre o consumo (IBS).

A PEC/110 propõe a criação de um tipo de imposto sobre valor agregado, também chamado Imposto Sobre Bens e Serviços – IBS, em substituição aos atuais Imposto sobre Produtos Industrializados – IPI; Imposto sobre Operações relativas à Circulação de Mercadorias e sobre Prestações de Serviços de Transporte Interestadual e Intermunicipal e de Comunicação – ICMS; Imposto sobre Serviços de Qualquer Natureza – ISS; Contribuição para o Financiamento da Seguridade Social – COFINS; Contribuição para o Programa de Integração Social – PIS/PASEP; Salário-educação; Imposto sobre Operações Financeiras – IOF; e CIDE- Combustíveis. Ou seja, propõe substituir nove tributos atualmente existentes, por apenas um.

Na PEC/110, o IBS será de competência dos Estados, porém criado por legislação aprovada pelo Congresso Nacional.

O texto proposto assim dispõe, acerca do IBS:

> Art. 155. Compete aos Estados e ao Distrito Federal instituir:
>
> I – imposto sobre transmissão causa mortis e doação, de quaisquer bens ou direitos;
>
> II – imposto sobre operações relativas à circulação de mercadorias e sobre prestações de serviços de transporte interestadual e intermunicipal e de comunicação, ainda que as operações e as prestações se iniciem no exterior;
>
> III- imposto sobre propriedade de veículos automotores terrestres, aquáticos e aéreos;
>
> IV -por intermédio do Congresso Nacional, imposto sobre operações com bens e serviços, ainda que se iniciem no exterior.
>
> ...

§ 7º O imposto de que trata o inciso IV do caput deste artigo será instituído por lei complementar, apresentada nos termos do disposto no art. 61 , §§ 3º e 4º, e atenderá ao seguinte:

I – será uniforme em todo o território nacional e terá regulamentação única, vedada a adoção de norma estadual autônoma, ressalvadas as hipóteses previstas em lei complementar;

II – será não cumulativo, compensando-se o que for devido em cada operação com o montante cobrado nas anteriores, sendo assegurado:

a) o crédito relativo às operações com bens e serviços empregados, usados ou consumidos na atividade econômica, ressalvadas as exceções relativas a bens ou serviços caracterizados como de uso ou consumo pessoal;

b) o crédito integral e imediato, quando cabível, na aquisição de bens do ativo imobilizado;

c) o aproveitamento de saldos credores acumulados;

III – incidirá também:

a) nas importações, a qualquer título;

b) nas locações e cessões de bens e direitos;

c) nas demais operações com bens intangíveis e direitos;

IV – terá uma alíquota padrão, assim entendida a aplicável a todas as hipóteses não sujeitas a outro enquadramento;

V – a alíquota aplicável às operações sujeitas também ao imposto de que trata o art. 153, VIII, não poderá ser superior à alíquota padrão;

VI – não incidirá:

a) nas exportações, garantidos a manutenção e o aproveitamento do imposto cobrado nas operações anteriores;

b) sobre a mera movimentação ou transmissão de valores e de créditos e direitos de natureza financeira;

c) nas prestações de serviço de comunicação nas modalidades de radiodifusão sonora e de sons e imagens de recepção livre e gratuita;

VII- sem prejuízo do disposto nos arts.156-A e 158, V, o imposto pertencerá ao Estado de destino do bem ou serviço, nos termos da lei complementar, que poderá estabelecer:

a) cobrança em todo território nacional centralizada em um único estabelecimento;

b) exigência integral do imposto no Estado de origem da operação com o bem ou serviço e repasse ao Estado de destino;

c) utilização de câmara de compensação, que poderá ser implementada por tipo de bem ou serviço ou por setor de atividade econômica;

VIII- não poderá ser objeto de isenção, redução de base de cálculo, concessão de crédito presumido, anistia, remissão ou qualquer outro tipo de incentivo ou benefício fiscal ou financeiro vinculado ao imposto, exceto, se estabelecido por lei complementar, em relação a operações com os seguintes produtos ou serviços:

a) alimentos, inclusive os destinados ao consumo animal;

b) medicamentos;

c) transporte público coletivo de passageiros urbano e de caráter urbano;

d) bens do ativo imobilizado;

e) saneamento básico;

f) educação infantil, ensino fundamental, médio e superior e educação profissional;

IX – não integrará sua própria base de cálculo ou a do imposto de que trata o art. 153, VIII;

X- poderá ser cobrado de acordo com a liquidação financeira das operações;

XI – lei complementar estabelecerá as matérias da regulamentação única prevista no inciso I deste parágrafo que dependerão de aprovação por resolução do Senado Federal. (NR)

Vê-se que na PEC/110, o IBS, a ser instituído por lei complementar, será "uniforme em todo o território nacional", e "terá uma alíquota padrão" porém são admitidas isenção, redução de base de cálculo, concessão de crédito presumido, anistia, remissão ou qualquer outro tipo de incentivo ou benefício fiscal ou financeiro vinculado ao imposto, estabelecidos em lei complementar, em relação a operações com determinados produtos ou serviços, elencados no artigo 155, §7º, inciso VIII do texto constitucional proposto.

Embora não faça referência à seletividade, nota-se que dos produtos e serviços ali elencados *numerus clausus* (alimentos, inclusive os destinados ao consumo animal; medicamentos; transporte público coletivo de passageiros urbano e de caráter urbano; bens do ativo imobilizado; saneamento básico; educação infantil, ensino fundamental, médio e superior e educação profissional), quase todos, sendo exceção a referência a "alimentos destinados ao consumo animal" e "bens do ativo imobilizado", podem ser considerados essenciais.

Vale dizer, esse tratamento tributário diferenciado a alguns produtos e serviços se daria em função de sua essencialidade e/ou relevância para a sociedade, e amenizaria a inexistência de seletividade, pelo menos no que diz aos referidos bens e serviços.

Longe de ser uma solução para a regressividade decorrente da proposta de alíquotas uniformes, trata-se pelo menos de um paliativo, válvula de escape que pode amenizar os efeitos perversos sobre a busca da justiça fiscal.

A PEC/110 propõe também criar um "imposto sobre bens e serviços específicos (Imposto Seletivo), de competência federal".

O texto proposto é o seguinte:

> Art. 153 . Compete à União instituir impostos sobre:
>
> ...
>
> VIII- operações com petróleo e seus derivados, combustíveis e lubrificantes de qualquer origem, gás natural, cigarros e outros produtos do fumo, energia elétrica, serviços de telecomunicações a que se refere o art. 21, XI, bebidas alcoólicas e não alcoólicas, e veículos automotores novos, terrestres, aquáticos e aéreos;
>
> ...
>
> § 6º O imposto de que trata o inciso VIII atenderá ao seguinte:
>
> I – incidirá também nas importações, a qualquer título;
>
> li – poderá ter alíquotas diferenciadas, nos termos da lei;
>
> III – não incidirá na exportação de bens e serviços, estabelecendo a lei a forma de devolução do imposto que os onerar;
>
> IV -não poderá ter alíquota superior à do imposto previsto no art. 155, IV, exceto no caso de cigarros e outros produtos do fumo e de bebidas alcoólicas;
>
> V – será monofásico, na forma da lei;
>
> VI – não integrará sua própria base de cálculo ou a do imposto de que trata o art. 155, IV.

Segundo sua justificativa, tal "Imposto Seletivo" incidiria "sobre produtos específicos, como petróleo e derivados; combustíveis e lubrificantes; cigarros; energia elétrica e serviços de telecomunicações.

Mais uma vez, o dito "Imposto Seletivo", referido desta feita na PEC/110, não prevê seletividade em função da essencialidade do produto, ou seja, a exemplo do que se registrou nos comentários ao similar preconizado na PEC/45, não contribui para a redução da regressividade na tributação.

Mormente quando se observa, a despeito do que consta na justificativa da PEC/110, que pela redação proposta para o inciso V do §7º do artigo 155, tudo leva a crer que com base nela a União poderá exigir imposto seletivo sobre bases idênticas às do IBS. Haveria apenas limitação na soma das alíquotas.

Ou seja, o tal "imposto seletivo" tributaria duplamente os produtos já tributados pelo IBS, apenas não poderia ter alíquota superior à deste último, exceção feita aos cigarros e outros produtos do fumo, e às bebidas alcoólicas, inclusive, lamentavelmente, o vinho.

Difícil ignorar o efeito perverso que essa dupla tributação teria sobre os consumidores de energia elétrica e serviços de telecomunicações, os quais podem hoje perfeitamente ser considerados essenciais, em uma sociedade cada vez mais voltada à inclusão digital, sem falar na repercussão do preço dos combustíveis no custo do transporte coletivo urbano e nos fretes, igualmente relevantes para o bem estar da população.

Mais uma vez, com a PEC/110, ao invés de redução da regressividade, tem-se proposta de reforma tributária que a exacerba.

1.3. Emenda nº 178 à Proposta de Emenda Constitucional nº 45

A Emenda nº 178 à Proposta de Emenda Constitucional nº 45, de 2019, preconiza uma Unificação do ICMS e ISS em um Imposto de Valor Agregado, com alíquota única, arrecadação no destino com legislação nacional, e a unificação do PIS, PASEP e COFINS numa contribuição social de valor agregado.

Em expressão de autêntico *wishful thinking*, a Emenda em questão estipula (artigo 145, §3º) que o "sistema tributário nacional, em seu conjunto, não pode produzir efeitos gerais regressivos na distribuição da renda dos contribuintes".

Nada obstante, ao propor a criação do "imposto sobre o valor agregado nas operações com mercadorias e serviços" a Emenda em questão assim estipulou:

> Art.155 ....
>
> ....
>
> III – imposto sobre propriedade de veículos automotores terrestres, aquáticos e aéreos, nos termos da Lei Complementar;
>
> IV – imposto sobre o valor agregado nas operações com mercadorias e serviços, ainda que se iniciem no exterior.

IV – terá suas alíquotas mínimas fixadas pelo Senado Federal;

...

§ 3º (Revogado)

...

§ 7º Lei complementar, apresentada nos termos do disposto no art. 61, §§ 3º e 4º, estabelecerá as normas gerais do imposto de que trata o inciso IV do caput deste artigo e atenderá ao seguinte:

I – será uniforme em todo o território nacional, nos limites estabelecidos na referida lei complementar;

II – será não cumulativo, compensando-se o que for devido em cada operação com o montante cobrado nas operações anteriores com mercadorias e serviços.

III – incidirá também nas importações, a qualquer título;

IV – terá alíquotas padrões;

V – não incidirá nas exportações de produtos industrializados e semielaborados, garantidos a manutenção e o aproveitamento do imposto cobrado nas operações anteriores;

VI – sem prejuízo do disposto no 158, V, o imposto pertencerá ao Estado de destino da mercadoria ou serviço, nos termos da lei complementar, que poderá estabelecer:

a) cobrança em todo território nacional centralizada em um único estabelecimento do contribuinte;

b) exigência integral do imposto no Estado de origem da operação com a mercadoria ou serviço e repasse ao Estado de destino;

c) utilização de câmara de compensação, que poderá ser implementada por tipo de mercadoria ou serviço ou por setor de atividade econômica;

VII – não integrará sua própria base de cálculo;

VIII – não poderá ser objeto de isenção, redução de base de cálculo, concessão de crédito presumido, anistia, remissão ou qualquer outro tipo de incentivo ou benefício fiscal ou financeiro vinculado ao imposto, exceto, se estabelecido por lei complementar, em relação aos seguintes produtos ou serviços:

a) alimentos da cesta básica;

b) medicamentos essenciais;

c) transporte público urbano coletivo rodoviário, ferroviário e metroviário de passageiros;

d) saneamento básico; e

e) educação infantil, ensino fundamental, médio, superior e educação profissional;

....(NR)"

§8º – A determinação contida no Art. 145, § 1º, não se aplica ao imposto previstos no inciso IV do caput.

Ou seja, essa Emenda prevê imposto sobre o valor agregado nas operações com mercadorias e serviços, ainda que se iniciem no exterior, também com alíquotas uniformes, o que acarreta os efeitos já mencionados, na exacerbação da regressividade que pretende combater.

A exemplo da PEC/110, para tentar minimizar os efeitos da regressividade decorrente da abolição da variação de alíquotas em função do princípio da seletividade, por ela tampouco contemplado no imposto sobre consumo cuja criação propõe, essa Emenda admite o estabelecimento, por lei complementar, de isenção, redução de base de cálculo, concessão de crédito presumido, anistia, remissão ou qualquer outro tipo de incentivo ou benefício fiscal ou financeiro vinculado ao imposto, em relação a determinados produtos ou serviços, nomeadamente alimentos da cesta básica; medicamentos essenciais; transporte público urbano coletivo rodoviário, ferroviário e metroviário de passageiros; saneamento básico; e educação infantil, ensino fundamental, médio, superior e educação profissional, todos passíveis de serem qualificados como essenciais.

Trata-se, mais uma vez, de tratamento tributário diferenciado que amenizaria a inexistência de seletividade, pelo menos no que diz respeito a esses determinados bens e serviços, decerto essenciais à coletividade.

Vale registrar que essa Emenda, a exemplo da PEC/45, também prevê devolução do IVA para famílias de baixa renda, mediante critérios a serem definidos por lei complementar (artigo 146, inciso IV).

Porém, esses esforços não parecem suficientes para compensar a exacerbação da injustiça fiscal, via agudização da regressividade, decorrente da não utilização do princípio da seletividade na calibragem da carga tributária incidente no imposto sobre consumo (imposto sobre o valor agregado nas operações com mercadorias e serviços).

1.4. Proposta de Emenda Constitucional nº 128 (PEC/128)

A Proposta de Emenda Constitucional nº 128/2019 (PEC/128) busca alterar as bases tributárias do Brasil, de modo a diminuir sua incidência sobre o consumo, ao passo que reforça a tributação sobre os lucros e ganhos.

Propõe "o desmembramento do imposto sobre bens e serviços – IBS em dois tributos, um federal e outro dos estados e municípios, o denominado IVA dual", com criação por lei complementar, mais uma vez com alíquotas uniformes, e sem consideração pelo princípio da seletividade (artigo 152-A).

Também prevê, em sede de IBS, "a devolução parcial, através de mecanismos de transferência de renda, do imposto recolhido pelos contribuintes de baixa renda, nos termos da lei complementar" (artigo 152-A, §9º).

O IPI, por sua vez, seria mantido, porém apenas "com a finalidade de desestimular o consumo de determinados bens, serviços ou direitos em razão de riscos à saúde pública e à segurança pública".

Trata-se de mais uma proposta na qual a eliminação do princípio da seletividade, nada obstante a previsão de futura devolução parcial do imposto recolhido pelos contribuintes de baixa renda, prenuncia o agravamento da regressividade tributária no imposto sobre consumo cuja criação propõe.

1.5. Emenda nº 192 à Proposta de Emenda Constitucional nº 45

A Emenda nº 192 à Proposta de Emenda à Constituição nº 45, de 2019 tem como principal característica a adoção de um IBS, com alíquotas únicas (*ergo* sem seletividade) em cada Estado e Município, com administração conjunta por Estados e Municípios, sem a participação da União no Comitê Gestor Nacional, cabendo a esta, tão somente, perceber parte da arrecadação com vistas a financiar parcialmente a seguridade social e os fundos de desenvolvimento regional e de compensação da desoneração das exportações.

A respeito da unicidade de alíquota, assim se expressa a justificativa anexa à Emenda em questão, em tom muito similar ao adotado na própria PEC/45:

> Cerca de 80% dos impostos dessa natureza, nos últimos quinze anos, adotaram alíquota única, forte na constatação de que a multiplicidade de alíquotas por produto compromete a simplicidade do imposto. Cabe lembrar que esta multiplicidade foi prática recorrente até o inicio deste século em vários países, na maior parte dos casos, em atenção aos objetivos de equidade.
>
> Assim, em linha com estas melhores práticas internacionais, propõe-se a adoção de alíquota única para o imposto, mas não em nível nacional, pois, em respeito à autonomia das unidades da Federação e, em decorrência das

diferenças no tocante ao consumo interno agregado, as alíquotas devem ser únicas em cada Estado e Município.

Prevê ainda a instituição de um "imposto seletivo, com finalidade extrafiscal" com o escopo de desestimular o consumo de cigarros, bebidas alcoólicas, armas e munições, sem, contudo, definir sua base de cálculo.

Também estipula a devolução parcial do IBS para contribuintes de baixa-renda, nos ternos de lei complementar (art. 156-A, § 6º), não obstante a vedação à concessão de isenções (art. 156-A, § 1º, inciso III).

Aplicam-se a essa Emenda as mesmas observações feitas para as propostas anteriormente analisadas, em particular a PEC/45, no que tange aos efeitos deletérios da extinção do princípio da seletividade, com a opção pela uniformidade de alíquotas para o IBS.

1.6. Emenda nº 5 à Proposta de Emenda Constitucional nº 110

A Emenda nº 5 à Proposta de Emenda à Constituição nº 110, de 2019, prevê para o IBS uma alíquota padrão, assim entendida a aplicável a todas as hipóteses, ressalvadas as exceções previstas em lei complementar para determinados bens, serviços, atividades ou setores da economia ou em razão da utilização de novas tecnologias, para os quais as alíquotas poderão ser minoradas.

Assim se justifica:

> Como regra geral, o IBS não permite a concessão de tratamentos fiscais diferenciados. Contudo, o princípio da seletividade, materializado através da tributação diferenciada de bens e serviços, mostrou-se instrumento historicamente eficaz para fomentar e manter políticas governamentais de desenvolvimento social e econômico, além de impulsionar o uso de novas tecnologias.
>
> A manutenção do tratamento tributário diferenciado a caminhões, veículos comerciais leves, ônibus, máquinas, equipamentos, colheitadeiras, implementos agrícolas e outros bens de capital, considerados primordiais ao desenvolvimento socioeconômico do país, é fundamental para o bom funcionamento da economia brasileira.
>
> Deve-se também buscar a promoção de novas tecnologias que alinhem os produtos produzidos e comercializados localmente aos padrões internacionais de eficiência energética e segurança veicular.
>
> Assim, faz-se necessária a previsão constitucional permitindo excepcionalidades a uma alíquota única do IBS aplicável a todos os produtos e serviços,

possibilitando que o Congresso, em Lei Complementar, defina quais os setores, produtos ou serviços deverão ter tratamentos tributários diferenciados.

Embora o invoque, na realidade a proposta em nada homenageia ou observa o princípio da seletividade, eis que propõe o discrímen não como medida da essencialidade dos objetos tributados, e sim como instrumento de "políticas governamentais de desenvolvimento social e econômico", o que, como já se viu, expressa extrafiscalidade, porém não a seletividade, tal como hoje se apresenta, como instrumento de mitigação da regressividade dos impostos indiretos.

Trata-se, enfim, de mais uma proposta de reforma que, ao rejeitar o papel do princípio da seletividade no sopesamento da carga tributária do imposto sobre consumo que pretende criar, em prol da simplicidade de uma alíquota uniforme, ameaça exacerbar o já inerente caráter regressivo dessa forma de tributação.

Conclusões

Em conclusão, não parece razoável, à luz dos pressupostos da tributação isonômica e da justiça fiscal, o apego ferrenho à unicidade de alíquotas, na formatação constitucional do novo imposto sobre consumo (IBS), demonstrado pelas várias propostas aqui analisadas.

Tal dedicação fetichista à simplificação do sistema, ameaça agravar-lhe a indesejável e iníqua regressividade, como o que não se compadecem os objetivos da justiça fiscal e da igualdade (isonomia) tributária, valores decerto caros ao que propõem e defendem as várias PEC's de reforma tributária.

Ameaça, ainda, malferir o próprio princípio da dignidade da pessoa humana, na medida em que põe em risco ainda maior o acesso de vasta camada da população a bens e serviços essenciais para sua subsistência adequada.

Nessa linha, parece preferível adotar abordagem menos radical, que sem abdicar da simplificação, da racionalização, da redução custos de conformidade, e de prevenção do contencioso, preserve a relevante função do princípio da seletividade, pela admissão de três faixas de alíquotas, para o novo imposto sobre consumo, escalonadas segundo a essencialidade do objeto tributado.

Foi o caminho trilhado inicialmente, por exemplo, pela legislação da França, que optou pela fixação de diferentes faixas de alíquotas em seu imposto sobre consumo (*taxe sur la valeur ajoutée* – imposto sobre o valor agregado).

Nos idos de 2001, na atualização da clássica obra de Aliomar Baleeiro (2001, p. 391), Mizabel Abreu Machado Derzi escrevia:

> Aliás, os gêneros alimentícios estão, de forma universal, caracterizados como bens de primeira necessidade. Explica Jean Jacques Philippe que a França continental conta com três alíquotas no imposto sobre valor agregado (TVA ou IVA): a normal, de 18,6%, a reduzida, de 5,5%, e a especial, de 2,1%. Tais alíquotas foram simplificadas por força da necessidade de harmonização da Unidade Européia. A Diretriz nº 92/77 de 19.10.1992, permite manter uma ou duas alíquotas reduzidas sobre uma lista de bens e serviços figurando em anexo à diretriz. As alíquotas reduzidas atuais dizem respeito em geral a produtos e serviços de primeira necessidade ou de caráter social pronunciado:
>
> > "A alíquota reduzida de 5,5% se aplica tanto para produtos ou bens, como para serviços que se agrupam facilmente em algumas rubricas essenciais:
> >
> > a) alimentação humana, como águas e bebidas não-alcóolicas; produtos alimentares sólidos à base de cereais; leite e derivados; óleos alimentares e vinagres comestíveis; açúcar e doces; conservas, cafés, chás e sucedâneos; o fornecimento de alimentação na cantina das empresas;
> >
> > b) agricultura e certos produtos agrícolas;
> >
> > c) produtos culturais, livros e espetáculos;
> >
> > d) serviços de saúde e medicamentos;
> >
> > e) cuidados sociais e assistenciais diversos".
> >
> > (Cf. La TVA à l'Heure Européenne, Paris, Ed. Litec, 1993, p. 90).

Atualmente, a legislação da França, optou pela fixação de quatro faixas de alíquotas em sua TVA (IVA), com a seguinte conformação geral:

1) a alíquota normal da TVA, fixada em 20% (artigo 278 do Código Geral de Impostos – CGI) para as vendas de bens e serviços para os quais não seja expressamente prevista outra alíquota;
2) alíquota reduzida, de 10% (artigos 278 e 279 do CGI) aplicável às operações com diversos produtos e serviços, dentre os quais produtos de origem agrícola, de piscicultura, de avicultura, não submetidos a transformação e destinados à alimentação ou à produção agrícola; madeira utilizada em aquecimento ambiental; rações para

animais destinados à produção de gêneros alimentícios para consumo humano;

3) alíquota reduzida, de 5% (artigo 278 do CGI) aplicável às operações com diversos produtos e serviços, dentre os quais água e algumas bebidas não-alcóolicas, a maior parte dos gêneros alimentícios, margarinas e óleos vegetais, produtos de higiene feminina, equipamentos e serviços para portadores de necessidades especiais, livros;
4) alíquota especial, de 2,1% para operações com alguns produtos e serviços, dentre os quais venda de animais vivos destinados ao abate para consumo humano, a pessoas não-contribuintes do imposto; medicamentos reembolsáveis pela seguridade social.

Registre-se que no caso da legislação francesa, nem sempre se identifica observância ao princípio da seletividade, nos enquadramentos efetuados pelo legislador, podendo se mencionar, como exemplo, a fixação de alíquota reduzida de 5,5% para as operações com caviar (artigo 278-0 bis, §1º, alínea "d" do CGI).

No caso brasileiro, a adoção de três faixas de alíquotas, com observância plena ao princípio da seletividade (variação em função da essencialidade do objeto tributado) nos parece o caminho adequado para o aperfeiçoamento da tributação sobre o consumo de bens e serviços, o que não impede a adoção concomitante de outros mecanismos de redução da regressividade, como a devolução do imposto pago pelos consumidores de baixa renda, participantes dos programas assistenciais do governo federal, conforme preconizado em algumas PEC's examinadas.

Desta forma, assegura-se o aperfeiçoamento desejado, do sistema tributário, sem pôr em risco a isonomia, a justiça fiscal, e o respeito à dignidade da pessoa humana, que nele devem imperar.

Referências

BALEEIRO, Aliomar. *Limitações Constitucionais ao Poder de Tributar*. 7ª ed. revista, atualizada e ampliada por Misabel Abreu Machado Derzi. Rio: Forense, 2001.

BRASIL. [Constituição (1967)]. *Constituição da República Federativa do Brasil de 1967*. Brasília, DF: Presidência da República, [2020]. Disponível em: http://www.planalto.gov.br/ccivil_03/constituicao/constituicao67.htm. Acesso em: 16 nov. 2020.

BRASIL. [Constituição (1988)]. *Constituição da República Federativa do Brasil de 1988*. Brasília, DF: Presidência da República, [2020]. Disponível em: http://www.planalto.gov.br/ccivil_03/constituicao/constituicao.htm. Acesso em: 16 nov. 2020.

BRASIL. Câmara dos Deputados. *Proposta de Emenda à Constituição nº 45, de 2019.* Altera o Sistema Tributário Nacional e dá outras providências. Disponível em: https://www.camara.leg.br/proposicoesWeb/fichadetramitacao?idProposicao=2196833. Acesso em: 16 nov. 2020.

BRASIL. Senado Federal. *Proposta de Emenda à Constituição nº 110, de 2019.* Altera o Sistema Tributário Nacional e dá outras providências. Estabelece reforma tributária, para extinguir tributos e criar o Imposto sobre Operações com Bens e Serviços (IBS). Disponível em: https://www25.senado.leg.br/web/atividade/materias/-/materia/137699. Acesso em: 16 nov. 2020.

BRASIL. Câmara dos Deputados. *Emenda Substitutiva Global à PEC nº 45/2019 – EMC 178/2019 – PEC 45/2019.* Emenda Substitutiva Global à PEC nº 45/2019, que altera o Sistema Tributário Nacional e dá outras providências. Disponível em: https://www.camara.leg.br/proposicoesWeb/fichadetramitacao?idProposicao=2223716. Acesso em: 16 nov. 2020.

BRASIL. Câmara dos Deputados. *Proposta de Emenda à Constituição nº 128, de 2019.* Altera o Sistema Tributário Nacional e dá outras providências. Disponível em: https://www.camara.leg.br/proposicoesWeb/fichadetramitacao?idProposicao=2215866.

BRASIL. Câmara dos Deputados. *Emenda nº 192 à PEC nº 45/2019 – EMC 192/2019 – PEC 45/2019.* Emenda 192 à PEC nº 45/2019, que altera o Sistema Tributário Nacional e dá outras providências. Disponível em: https://www.camara.leg.br/proposicoesWeb/fichadetramitacao?idProposicao=2224673Acesso em: 16 nov. 2020.

BRASIL. Senado Federal. *Emenda nº 5 à Proposta de Emenda à Constituição nº 110, de 2019.* Altera o Sistema Tributário Nacional e dá outras providências. Estabelece reforma tributária, para extinguir tributos e criar o Imposto sobre Operações com Bens e Serviços (IBS). Disponível em: https://www25.senado.leg.br/web/atividade/materias/-/materia/137699. Acesso em: 16 nov. 2020.

FRANÇA. *Code général des impôts (Código Geral de Impostos).* Disponível em: https://www.legifrance.gouv.fr/codes/texte_lc/LEGITEXT000006069577. Acesso em: 16 nov. 2020.

GODOI, Marciano Seabra de. *Tributação do consumo e efeitos redistributivos: alíquotas reduzidas conforme a essencialidade dos produtos/serviços (seletividade) versus alíquotas uniformes com transferências financeiras (refundable tax credits) para famílias de baixa renda.* Cadernos de Finanças Públicas. Brasília, n. 16, p. 311-332, dez. 2016. Disponível em: http://repositorio.enap.gov.br/handle/1/3818. Acesso em: 16 nov. 2020.

SOUZA, Hamilton Dias de; ÁVILA, Humberto e CARRAZZA, Roque Antônio. *A reforma tributária que o Brasil precisa – parte I.* Disponível em: https://www.conjur.com.br/2019-nov-08/opiniao-reforma-tributaria-brasil-parte. Acesso em: 16 nov. 2020.

10
O PROJETO DE LEI Nº 3.887/20 E A REPERCUSSÃO FISCAL NA CONTRIBUIÇÃO SOBRE BENS E SERVIÇOS – CBS

ADRIANO CHIARI DA SILVA

Introdução

O Brasil representa um caso muito particular em termos de complexidade fiscal.

Além de prever a possibilidade de cobrança de inúmeros tipos e espécies de impostos, taxas e contribuições, permite ainda um elevado número de regimes especiais, créditos presumidos, regras de exceção e incentivos fiscais. Há tributos ainda federais, estaduais, distritais e municipais, com poderes legislativos próprios e autônomos, o que propicia uma produção legislativa sem paralelo com outros países.

Esse cenário, envolvendo elevados custos com burocracia fiscal e complexidade, estimula, cada vez mais, que as empresas busquem vantagens tributárias por meio de litígios administrativos e judiciais.

De acordo com resultado de pesquisa realizada pelo Núcleo de Tributação do Insper[1], o Brasil apresentava um estoque litigioso de quase 5 trilhões de reais, o que representa 73% do PIB nacional, quando a média dos países da América Latina não representa 0,20%. Toda essa mobilização, de acordo com boa parte dos economistas, acaba retirando investimento em

[1] INSPER. *Contencioso tributário no Brasil Relatório 2019 – Ano de referência 2018*. Disponível em: https://www.insper.edu.br/wp-content/uploads/2020/07/Contencioso_tributario_Relatorio2019_092020_v2.pdf. Acesso em: 4 jan.2021, p. 6.

setores estratégicos para empresas (desenvolvimento, pesquisa e capacitação, por exemplo) produzindo sérios problemas de produtividade no país além de causar negativos efeitos na competitividade e concorrência interna.

Atualmente, existe um certo consenso quanto à necessidade de se promover mudanças e atualizações na legislação tributária, o que na opinião pública se costuma denominar "Reforma Tributária".

Dentre as diversas propostas que tramitam no Congresso Nacional destacam-se a PEC 110/2019 (originária da PEC 293/2004 do ex-Deputado Federal Luiz Carlos Hauly) e PEC 45/2019 pretendendo-se, em resumo, a substituição de diversos tributos incidentes sobre circulação de bens e auferimento de receitas (IPI, ICMS, PIS/COFINS, CIDE dentre outros), com a introdução de um Imposto sobre Valor Agregado (IVA) de caráter nacional e incidente sobre o consumo.

Nesse contexto, o Governo Federal apresentou o Projeto de Lei nº 3.887, de 2020, que cria a Contribuição sobre Bens e Serviços (CBS), buscando maior simplificação no atual regime de cobrança das contribuições sociais ao PIS e COFINS.

O objetivo do presente trabalho é tentar expor que as mudanças promovidas na legislação de PIS e COFINS, buscando compensar a cumulatividade original da cobrança, especialmente aquelas previstas nas Leis nº 10.637/02 e nº 10.833/03 (regime não cumulativo), criou um dos fatores da complexidade no regime das contribuições, gerando ainda uma distorção no sistema de tributação indireta.

Atualmente os contribuintes do PIS e COFINS transferem o ônus econômico dos tributos, aproveitando-se, contudo, deste custo a partir de algum descumprimento legal ou constitucional por parte do Poder Executivo na regulamentação destas contribuições, o que pode ser um fator de maior estímulo à litigiosidade.

O PL nº 3.887/20 busca demonstrar o presente trabalho, prevê novo mecanismo de tributação indireta no financiamento da seguridade social, por meio de contribuição social incidente sobre o faturamento de cada bem e serviço vendido. Além disso, obriga o contribuinte a repassar o ônus fiscal da CBS, num contexto de não cumulatividade ampla, o que parece eliminar, ou ao menos diminuir, a distorção tributária verificada atualmente com as contribuições PIS e COFINS.

1. Tributação sobre o consumo, não cumulatividade e repercussão fiscal. Características de uma tributação indireta típica

O modelo que influenciou de maneira definitiva todo o direito europeu e sul-americano foi o sistema francês de tributação indireta, do tipo sobre o valor agregado não cumulativa[2].

Um dos fundamentos teóricos que embasam a tributação indireta não cumulativa é o princípio da neutralidade fiscal, aplicável a impostos sobre a produção e circulação de bens, cuja carga fiscal deva atingir o consumidor final. Segundo este preceito, os impostos não devem influir na força econômica do empresário que compra e vende ou industrializa, não devendo, portanto, o imposto ser um fator de desequilíbrio concorrencial de preços, além de que o imposto total arrecadado sobre determinada mercadoria desde a sua produção até o consumo final será o mesmo, tenha uma ou várias operações comerciais.

A tributação sobre bens e serviços pode ser feita por diferentes técnicas: valor agregado, monofásica no varejo (*sales tax*) ou produção e importação. A doutrina aponta algumas razões para a recomendação pela tributação sobre valor agregado (IVA):

> Se o ônus sobre quem recairá a tributação não depende da técnica de arrecadação do tributo (isto é, a repartição do encargo será equivalente se for por meio de Imposto sobre Valor Agregado – IVA, sales tax ou se o imposto for monofásico na produção), a pergunta que se deve fazer então é: por quais critérios é preciso definir a melhor técnica para se tributarem os bens e serviços?
>
> O valor agregado, sendo – repita-se – apenas uma técnica entre diversas outras, tem se mostrado a melhor técnica de arrecadação dos tributos sobre o consumo. Vários são os motivos da superioridade do modelo IVA em relação a tributos do tipo sales tax ou monofásicos na produção. Em primeiro lugar, tributos do tipo IVA são arrecadados ao longo da cadeia – a cada operação há incidência do tributo sobre o valor agregado, de modo que o total da tributação sobre o total desse valor ao longo da cadeia é igual à alíquota sobre o preço final ao consumidor. Já no sales tax, toda a oneração se dá no fim da cadeia. O efeito é o mesmo do IVA, com a diferença de que a arrecadação é única e na ponta/final. O grande problema desse tipo de modelo é o alto grau de evasão (por exemplo, nos Estados Unidos, a evasão fiscal está entre 30% e 40%) e a dificuldade de fiscalização. O modelo de IVA é mais vantajoso por-

[2] ANTUNES, Bruno F. Botelho. *Da repercussão fiscal no IVA*. 1.ed. Coimbra: Almedina, 2008, p. 85.

> que, ao dividir a arrecadação ao longo da cadeia, facilita não só a arrecadação mas também a fiscalização (os próprios agentes são incentivados a fiscalizar seus fornecedores para poderem se creditar do imposto pago).
>
> Nos modelos monofásico/bifásico na produção e/ou distribuição, a arrecadação do tributo se dá uma única vez sobre o produtor/indústria (ou também na distribuição, se bifásico). A vantagem é a grande facilidade de arrecadação e fiscalização, principalmente em cadeias concentradas. O problema principal deste modelo, no entanto, é a tributação em cascata. Porque os produtos sobre os quais incidem o monofásico servem de insumos para outros também submetidos ao monofásico (e não há desconto de créditos dos tributos pagos), há o pagamento de tributo sobre tributo, havendo uma oneração excessiva da cadeia. Além disso, o monofásico pode incidir sobre todos os produtos ou apenas sobre alguns específicos (para evitar oneração excessiva). Neste último caso, pode ainda causar distorções no mercado, já que certos setores serão onerados e outros não. O IVA, em comparação com os tributos monofásicos sobre a produção, também é mais vantajoso porque incide sobre cada operação e permite desconto dos créditos referente ao imposto pago nas operações anteriores. Isto quer dizer que a tributação é somente do valor agregado em cada operação – não havendo, portanto, oneração em cascata. Importante lembrar que o IVA surgiu, foi e tem sido implementado em todo o mundo em substituição a tributos monofásicos sobre a produção, justamente em razão dos problemas aqui apontados. (Carvalho et al, 2018, p. 11)

Desse modo, mesmo através da técnica do IVA, em que incidente sobre várias etapas da cadeia, como economicamente o tributo é transferido para o adquirente através do mecanismo do preço, este acaba sendo suportado em definitivo pelo usuário final[3].

É dizer, assim, que os impostos indiretos não cumulativos como o IVA representam uma sistemática de apuração criada para tributos (impostos sobre o consumo em geral) que pressupõem a repercussão econômica fiscal. O objetivo é o de eliminar qualquer influência nos elementos empresariais do processo econômico, tendo por premissa o princípio da neutralidade fiscal, abrindo espaço para que este mecanismo não cumulativo permita tributar o consumidor final de bens e serviços de forma proporcional e eficiente.

[3] Baleeiro, Aliomar. *Limitações constitucionais ao poder de tributar.* 7. ed. Rio de Janeiro: Forense, 2005, p. 495.

A repercussão fiscal do tributo no preço ao consumidor final, aliado a um sistema de cobrança não cumulativa (tributação sobre o valor agregado), pode-se dizer, são elementos característicos de uma moderna e equilibrada tributação sobre o consumo.

No entanto, a questão de se determinar a repercussão fiscal (legalidade, extensão) como qualificador desta tributação indireta sobre o consumo de bens e serviços sempre envolveu intensa discussão.

Aponta-se que os financistas perceberam a precariedade do critério da repercussão fiscal, segundo o qual um mesmo tributo ora seria direto, ora indireto, já que haveria uma espécie de capacidade de transferência em razão de fatores econômicos (demanda/oferta, posição do fornecedor na cadeia). Mesmo assim, Stuart Mill intensificou o debate, ao focar o fenômeno da repercussão como base de diferenciação entre duas realidades tributárias distintas. Para o economista inglês, tal critério teria uma grande utilidade, pois em alguns casos a intenção do legislador era arrecadar do contribuinte diretamente ou por intermédio de um comerciante ou revendedor. Essa distinção teria servido para que Stuart Mill defendesse nos tributos indiretos, que incidem normalmente sobre a produção e consumo de bens, uma redução da carga fiscal para itens de primeira necessidade[4].

Esta problematização não é exclusividade dos tributaristas brasileiros. A doutrina portuguesa, por exemplo, já discutiu inúmeros e avançados critérios distintivos. Como exemplo, o critério do rol nominativo ou da periodicidade da obrigação, do lançamento administrativo. Já a doutrina espanhola defende que se deve falar de impostos diretos ou indiretos, mas de métodos impositivos diretos ou indiretos[5].

Atualmente, para além da eventual utilidade que tal distinção possa ter em estudos e pesquisas na área econômica, a normatividade do artigo 166 do CTN parece suficiente a justificar a importância de tal distinção. O dispositivo tem a seguinte redação:

> A restituição de tributos que comportem, por sua natureza, transferência do respectivo encargo financeiro somente será feita a quem prove haver assumido o referido encargo, ou, no caso de tê-lo transferido a terceiro, estar por este expressamente autorizado a recebê-la.

[4] Idem, p. 339.

[5] ANTUNES, Bruno F. Botelho. *Da repercussão fiscal no IVA*. 1.ed. Coimbra: Almedina, 2008, p. 208.

A alocação de regra específica de restituição de tributos que comportem a repercussão financeira surge com o princípio da vedação ao enriquecimento ilícito, se mostrando claro que aquele que não suportou de forma definitiva o encargo tributário ficará impedido de exigir a devolução caso o pagamento seja declarado indevido[6].

A discussão também permeia os tribunais. Após inúmeros casos, o Supremo Tribunal Federal adotou a classificação econômica dos tributos indiretos para resolver exclusivamente a questão do direito à repetição, na Súmula 546[7], o que em boa medida acabou por gerar o artigo 166 do CTN.

O tema ganhou contornos de definitividade quando o Superior Tribunal de Justiça apreciou o EREsp 168.469/SP (Rel. Min. Ari Pargendler, Rel. p/ acórdão Min. José Delgado, DJ de 17.12.1999):

> Tributos que comportem, por sua natureza, transferência do respectivo encargo financeiro são somente aqueles em relação aos quais a própria lei estabeleça dita transferência. – Somente em casos assim aplica-se a regra do art. 166, do Código Tributário Nacional, pois a natureza, a que se reporta tal dispositivo legal, só pode ser a jurídica, que é determinada pela lei correspondente e não por meras circunstâncias econômicas que podem estar, ou não, presentes, sem que se disponha de um critério seguro para saber quando se deu, e quando não se deu, aludida transferência. – Na verdade, o art. 166, do CTN, contém referência bem clara ao fato de que deve haver pelo intérprete sempre, em casos de repetição de indébito, identificação se o tributo, por sua natureza, comporta a transferência do respectivo encargo financeiro para terceiro ou não, quando a lei, expressamente, não determina que o pagamento da exação é feito por terceiro, como é o caso do ICMS e do IPI. A prova a ser exigida na primeira situação deve ser aquela possível e que se apresente bem clara, a fim de não se colaborar para o enriquecimento ilícito do poder tributante. Nos casos em que a lei expressamente determina que o terceiro assumiu o encargo, necessidade há, de modo absoluto, que esse terceiro conceda autorização para a repetição de indébito."

[6] Coelho, Sacha Calmon Navarro. *Manual de Direito Tributário.* 1.ed. Rio de Janeiro: Forense, 2000, p. 466.

[7] Cabe a restituição do tributo pago indevidamente, quando reconhecido por decisão, que o contribuinte "de jure" não recuperou do contribuinte "de facto", o quantum respectivo.

Mais recentemente, a Primeira Seção do STJ, por ocasião do julgamento do REsp. 1.131.476/RS (Relator Min. Luiz Fux, DJe 01/02/2010) , entendeu que:

> o ISS é espécie tributária que, a depender do caso concreto, pode se caracterizar como tributo direto ou indireto, e, somente quando assume feição indireta, exige do contribuinte comprovar que não transferiu o ônus financeiro ao contribuinte de fato, a teor do disposto no art. 166 do CTN.

Seja como for, em que pese ainda alguma discussão jurisprudencial envolvendo a aplicação do art. 166 do CTN e a definição do contribuinte de fato para determinadas operações tributadas, não há maiores digressões a respeito da submissão do ICMS e IPI a esta norma, em razão da sua sistemática de apuração de créditos no contexto da não cumulatividade.

2. A não cumulatividade do ICMS e IPI e o dever de repercussão do tributo em documento fiscal: tributação indireta típica

Ao analisarmos a Constituição Federal de 1988 em seus arts. 153, IV, §3º, II, § 2º, I verificamos que na tributação sobre o consumo de bens e serviços, o princípio da não cumulatividade é parte integrante do próprio regime dos impostos sobre produtos industrializados (IPI) e sobre as operações relativas à circulação de mercadorias e serviços de transporte e comunicação (ICMS)[8].

Assim, a lei tributária estadual ou federal que venha a instituir ou regular o ICMS ou IPI deverá necessariamente adotar a sistemática da não cumulatividade, sob pena de ofensa à Constituição Federal.

Os contribuintes registram entradas, para insumos e bens para revenda, e saídas, para produtos e mercadorias vendidas, nos correspondentes livros fiscais. As entradas geram créditos quando se referem a aquisições de bens para revenda ou insumos tributados. As saídas geram débitos, que, por sua vez, totalizam a série de fatos geradores dos impostos. Abatendo-se dos débitos os créditos, alcança-se, ao fim do período, o chamado imposto apurado ou devido.

[8] Além destes impostos, a Constituição de 1988 previu no art. 154 a possibilidade de criação de imposto residual, o qual seria instituído mediante lei complementar e atenderia necessariamente ao princípio da não cumulatividade, o que não implica dizer, por outro lado, que terá necessariamente incidência sobre o consumo de bens e serviços.

O art. 13, §1º, inciso I da Lei Complementar nº 87, de 1996, determina que o montante do próprio imposto componha sua base de cálculo, constituindo o destaque mera indicação para fins de controle.

Com efeito, o valor a ser lançado em documento fiscal (notas fiscais, livros de saída e apuração) integra o preço do produto comercializado por determinação legal, estando o sujeito passivo obrigado ao lançamento do imposto. Este dever do sujeito passivo do ICMS se constitui exatamente na repercussão jurídica, critério definidor da tributação indireta.

Assim, se o comerciante decidir assumir o ônus financeiro tributário, de modo a tornar seu produto mais competitivo, em verdade reduzirá seu lucro, já que o destaque do imposto é obrigatório (repercussão jurídica) e para todos os efeitos legais haverá sempre a repercussão jurídica para o ICMS.

Assim, o ICMS é tributo indireto, cujo onus fiscal é repassado a terceiro adquirente da mercadoria relacionada ao fato gerador do imposto.

Pelo artigo 23 da Lei Complementar nº 87, de 1996[9], vê-se a íntima relação entre a tributação indireta e o princípio da não-cumulatividade.

Aqui se percebe a preocupação do legislador em condicionar a tomada de crédito – efetivando o princípio da não-cumulatividade – à idoneidade da documentação fiscal, que suporta juridicamente a repercussão fiscal. A *contrario sensu*, a lei veda o contribuinte beneficiar-se do regime da não-cumulatividade se este não experimentou a repercussão jurídica.

Não se está aqui a tratar da efetiva repercussão econômica do tributo, bastando a demonstração da ocorrência da repercussão jurídica pelos documentos fiscais próprios, para que o contribuinte tenha direito aos créditos fiscais relativos a entradas de insumos e mercadorias, e concretizado o regime não cumulativo.

Da mesma forma em relação ao IPI, e sua característica tributação indireta.

O artigo 225 do Regulamento do IPI estabelece com suficiente precisão a relação da não cumulatividade e a repercussão jurídica dos tributos quando define que a "não cumulatividade é efetivada pelo sistema de cré-

[9] Art. 23. O direito de crédito, para efeito de compensação com débito do imposto, reconhecido ao estabelecimento que tenha recebido as mercadorias ou para o qual tenham sido prestados os serviços, está condicionado à idoneidade da documentação e, se for o caso, à escrituração nos prazos e condições estabelecidos na legislação.
Parágrafo único. O direito de utilizar o crédito extingue-se depois de decorridos cinco anos contados da data de emissão do documento.

dito do imposto relativo a produtos entrados no estabelecimento do contribuinte, para ser abatido do que for devido pelos produtos dele saídos". O artigo 226, por sua vez, enuncia as hipóteses de crédito relacionadas ao lançamento do imposto referente às aquisições de insumos, desde que efetuado o lançamento no documento fiscal.

Aqui, seja para o ICMS como para o IPI, não se aprofunda no debate envolvendo o critério do crédito físico vs. crédito financeiro, que permitiria a ampla não cumulatividade do tributo, hoje restrita a matérias-primas, produtos intermediários e material de embalagem, além de outras "jabuticabas" da complexa legislação tributária[10], o que também é frequentemente objeto de discussões e propostas de "Reforma Tributária".

Em que pese a controvérsia quanto à extensão dos produtos e serviços que poderiam gerar créditos num contexto de não cumulatividade, não se pode ignorar que se verifica a relação existente entre a sistemática da não cumulatividade do IPI e a repercussão jurídica com imediata e total identidade. Isto é, uma vez caracterizada a natureza de insumo, e comprovada a repercussão com o lançamento no documento fiscal, gera-se o crédito.

Importante notar que o imposto deverá constar em documento fiscal próprio, pois o método de apuração do saldo do imposto decorrerá do confronto do IPI lançado nas notas de saídas e o IPI pago (repercutido) nas notas de entrada, semelhante ao que ocorre com o ICMS[11].

É o chamado método de subtração direta (imposto contra imposto), isto é, compensa-se o montante de imposto devido (vendas) com o valor de imposto suportado por ocasião das entradas (compras). É exatamente com o lançamento do respectivo ônus financeiro no documento fiscal de saída que se torna possível o método de subtração direta, e consequentemente a realização da própria dinâmica da não cumulatividade.

A relação de dependência da tomada de créditos fiscais pelo adquirente com o dever de transferir a carga tributaria na documentação fiscal pelo fornecedor, revela mais do que uma técnica (da não cumulatividade), mas a própria coerência de um sistema de incidência equilibrado e coerente, o

[10] Podemos citar como algumas peculiaridades tributárias nacionais, especialmente em relação ao ICMS, a larga utilização da cobrança via substituição tributária "para frente", os inúmeros regimes especiais (créditos presumidos, isenções, diferimentos, regimes especiais de tributação), diferencial de alíquota interestadual, o que, em certo aspecto, afasta também a atual tributação indireta do Brasil num regime de neutralidade fiscal.

[11] O artigo 413, inciso V, letra "i" prevê que a Nota Fiscal deverá conter o valor total do IPI.

mais economicamente neutro possível dentro de uma tributação indireta sobre o consumo de bens e serviços.

Assim, tanto o ICMS como o IPI se revelam juridicamente tributos indiretos já que seu regime obriga o sujeito passivo a proceder à repercussão jurídica do ônus tributário respectivo, refletindo a natureza econômica indireta do tributo na legislação, e para que torne viabilizado o método subtrativo direto de crédito fiscal (não cumulatividade).

Por consequência, estes impostos não geram restituição do pagamento indevido para o sujeito passivo que não sofreu juridicamente o mencionado ônus (art. 166, segunda parte). Diferente o caso de PIS e COFINS, como será demonstrado, mesmo após a implementação do sistema da não cumulatividade.

3. A não cumulatividade do PIS e COFINS e a inexistência do dever de repercussão do tributo em documento fiscal: tributação indireta atípica

PIS e COFINS, do ponto de vista econômico, são tributos indiretos, ainda que incidentes sobre a receita bruta (ou faturamento) total das empresas. Como esta específica receita é o resultado mensal de todas as operações mercantis e de serviços, a individualização do custo tributário por ato negocial é imediato, razão pela qual aqueles tributos são vocacionados ao repasse para os consumidores.

A justificativa para a criação do regime não cumulativo das contribuições fora justamente o impacto destes tributos no preço dos bens e serviços, em cascata.

Esse mecanismo de tributação indireta em cascata, atingindo todo o setor produtivo do país, causou repulsa nos setores empresariais do governo federal à época, ocasionando um reclame por reformas na legislação de modo a eliminar a tributação de PIS e COFINS, que na época, segundo as justificativas do setor empresarial, encareciam o produto nacional de forma excessiva [12].

As constantes demandas para eliminação do efeito cascata na cobrança das contribuições sociais culminou finalmente com a edição da Medida Provisória nº 66, de 29 de agosto de 2002, a qual introduziu a não cumulatividade para a contribuição ao PIS, passando para a sistemática de credi-

[12] Ferreira, Roberto Nogueira. *A reforma essencial II. Reforma tributária: esqueçam a reforma tributária*. Brasília: Editora SENAC/DF, 2016, p. 155.

tamento, além da majoração da alíquota de 0,65% para 1,65%. Logo depois, em 2003, foi editada a Medida Provisória nº 135, a qual teve por finalidade estender a sistemática não cumulativa para a COFINS, com majoração de alíquota de 3% para 7,6%[13]. Nesse sentido, a exposição de motivos das medidas provisórias esclarece os objetivos e instrumentos para a assim chamada "mini-reforma tributária":

> EM Nº 197-A/2003 – MF
> DA COBRANÇA NÃO-CUMULATIVA DA COFINS
> (...)
> 3. O modelo proposto traduz demanda de modernização do sistema de custeio da área de seguridade social sem, entretanto, pôr em risco o montante da receita obtida com essa contribuição, na estrita observância da Lei de Responsabilidade Fiscal. Com efeito, constitui premissa básica do modelo a manutenção da carga tributária correspondente ao que hoje se arrecada com a cobrança da referida contribuição.
> 4. Adicionalmente, o modelo possibilita uma maior competitividade dos produtos nacionais, uma vez que os bens importados, por não terem incidência anterior, não geram direito a crédito, ao mesmo tempo em que as exportações são desoneradas.
> 5. Cumpre esclarecer que qualquer proposta de alteração que tenha por premissa manter o montante arrecadado implica, sem dúvida, a redistribuição da carga tributária entre os diversos setores da economia.
> 6. A contribuição não-cumulativa que está sendo instituída tem como fato gerador o faturamento mensal, assim entendido o total das receitas auferidas pela pessoa jurídica, independentemente de sua denominação ou classificação contábil.
> 7. Por se ter adotado, em relação à não-cumulatividade, o método indireto subtrativo, o texto estabelece as situações em que o contribuinte poderá descontar, do valor da contribuição devida, créditos apurados em relação aos bens e serviços adquiridos, custos, despesas e encargos que menciona.

Segundo a exposição de motivos da Medida Provisória nº 135 foi adotado o método subtrativo indireto para descontar do valor devido de contribui-

[13] Sob a égide da alteração constitucional no art. 195 pela Emenda Constitucional nº 42, de 2003, que introduziu o parágrafo 12: *A lei definirá os setores da atividade econômica para os quais as contribuições incidentes na forma dos incisos I, "b"; e IV do caput, serão não cumulativas.*

ções fiscais. Estes seriam apurados mediante a aplicação das respectivas alíquotas (7,6%) sobre o valor das aquisições de insumos, bens e despesas que gerariam créditos a serem abatidos do valor apurado de COFINS. A mesma mecânica fiscal tem aplicação à contribuição ao PIS, à alíquota respectiva de 1,65%.

Com a eliminação do chamado efeito cascata, o regime da cumulatividade das contribuições veio arrefecer os reclamos do empresariado nacional por reformas na tributação sobre os produtos nacionais. O sistema de compensação de arrecadação foi realizado internamente, ou seja, dentro do mecanismo de tributação destas contribuições, com o direito a créditos e a majoração de alíquotas.

Entretanto, apesar da mudança do regime cumulativo para o não-cumulativo, pode-se dizer que, além de tributos economicamente indiretos, as contribuições PIS e COFINS não se tornaram tributos tipicamente indiretos.

Como apontado na exposição de motivos, foi adotado para a não cumulatividade das contribuições o método subtrativo indireto. Por tal método, o crédito seria obtido pela aplicação das alíquotas sobre o valor das aquisições e despesas que gerariam créditos a serem abatidos do valor apurado de contribuições.

No método subtrativo indireto para a concessão do crédito fiscal não se exige qualquer vinculação ao valor recolhido na etapa anterior, de modo que se torna irrelevante se o fornecedor é optante pelo lucro presumido (alíquotas inferiores daqueles aplicáveis ao contribuinte sujeito ao regime não cumulativo), SIMPLES ou qualquer modelo com tributação inferior.

Diferentemente do regime não cumulativo aplicável ao ICMS e ao IPI, o método subtrativo indireto das contribuições utiliza o mecanismo de "base contra base", com alíquotas uniformes, enquanto no ICMS e IPI o método implica confronto "imposto contra imposto".

Contudo, isso não implica a compensação financeira com as operações anteriores, já que em muitas situações as aquisições são realizadas por empresas sujeitas ao regime cumulativo, em que a tributação é reduzida, sem falar das hipóteses em que pode ter havido a desoneração total da operação. Em tal caso, a não cumulatividade atua na apuração do montante do tributo devido, não no seu pagamento[14].

[14] Até o advento da Lei nº 10.865, de 2004, que vedou a tomada de créditos relativamente às aquisições de bens e serviços isentos das contribuições PIS e COFINS. Outro exemplo de desconto de crédito na apuração do imposto não cumulativo.

O crédito é obtido com a aplicação de alíquotas sobre as notas fiscais de aquisições de insumos e bens para revenda, além de outras despesas. Não há, nesse caso de PIS e COFINS, um procedimento de controle de incidência tributária nos documentos fiscais, porque o crédito não decorre do valor repassado a título de tributos.

Assim, por essa sistemática criada para as contribuições sociais especificamente, não há nenhuma correlação entre o que se efetivamente pagou na etapa anterior à geração do crédito, tampouco – e aqui nos parece o maior fator de desvirtuamento – com a repercussão em documento fiscal próprio.

O padrão da não cumulatividade das contribuições ao PIS e COFINS é o do método subtrativo indireto ("base contra base") sem obrigação de lançamento do tributo no documento fiscal, autorizando a conclusão de que não se estaria diante de um tributo juridicamente indireto, embora economicamente as evidências sejam de que há repercussão financeira regular e, ainda que não total do valor, extremamente significativa.

Este modelo parece apresentar algumas distorções significativas no modelo de tributação indireta no Brasil.

A primeira delas seria que, embora boa parte da economia estar submetida ao regime não cumulativo, a convivência de diferentes regimes (SIMPLES, Cumulativo, Monofásico) para as contribuições ao PIS e COFINS, gera enorme complexidade no custo de conformidade destes tributos.

Em decorrência, a implementação parcial da não cumulatividade para PIS e COFINS não elimina eventuais resíduos tributários na cadeia econômica voltada à exportação de produtos brasileiros. Acaba-se, pela atual sistemática, impossibilitando que as empresas recuperem a totalidade dos tributos incidentes nas etapas anteriores, quando destinados ao mercado externo. Prova disso, foi a criação do programa de benefício REINTEGRA, voltado especificamente ao setor exportador, como uma espécie de compensação por este custo tributário não descontado (Lei nº 12.546, de 14 de dezembro de 2011).

Destaca-se também que as empresas sujeitas ao regime da não cumulatividade, pela própria dinâmica do modelo, repercutem a incidência de contribuições de PIS e COFINS no preço de produtos e serviços, mantendo-se, do ponto de vista jurídico, como contribuintes de direito (e de fato). Tal distorção, já que evidentemente ao menos boa parcela do custo tributário é repassado em definitivo ao consumidor final, cria oportunidade de ampliação de ganhos tributários, já que se pode argumentar pela inaplicabilidade do art. 166 do CTN.

Assim, ainda que repassado o valor de PIS/COFINS para as etapas seguintes até o consumidor final, numa hipótese de pagamento indevido (por inconstitucionalidade de majoração na tributação, por exemplo) a empresa pode beneficiar-se de eventual restituição tributária, estimulando a maior litigiosidade desses tributos, além de violar o princípio da vedação ao enriquecimento ilícito.

4. O PL nº 3.887 e o dever de repercussão tributária na CBS

A necessidade de promover alterações estruturais na regulamentação do sistema tributário nacional é um dos temas que, invariavelmente, ocupam a discussão na opinião pública.

Credita-se à sua grande complexidade, à burocracia envolvendo elevados custos de conformidade, ao alto nível de litigiosidade (inclusive envolvendo entes tributantes) e à excessiva carga tributária, dentre outros, a falta de competitividade das empresas nacionais e os baixos níveis de crescimento econômico do país.

Nesse contexto, existe certo consenso entre economistas e setor empresarial, quanto à necessidade de se promover uma série de mudanças no modelo de tributação brasileiro, visando especialmente sua simplificação. Essa percepção foi compartilhada pelo Congresso Nacional, que retomou o debate sobre o tema[15] e acelerou a tramitação legislativa, durante o último ano, de duas propostas de emenda à constituição. Destacam-se a PEC 110/2019 (originária da PEC 31/2017 do ex-Deputado Federal Luiz Carlos Hauly) e PEC 45/2019 pretendendo-se, em resumo, a substituição de diversos tributos incidentes sobre circulação de bens e auferimento de receitas (IPI, ICMS, PIS/COFINS, CIDE dentre outros), com a introdução de um Imposto sobre Valor Agregado (IVA) de caráter nacional e incidente sobre o consumo.

Nesse contexto, o Governo Federal apresentou ao Congresso Nacional em 21 de julho de 2020 o Projeto de Lei nº 3.887, de 2020, que cria a Contribuição sobre Bens e Serviços (CBS).

[15] As diversas tentativas de aprovação de uma "reforma tributária" mais ampla foram frustradas como bem demonstra Roberto Nogueira Ferreira pela ausência de priorização no tema pelos congressistas, além da dificuldade envolvendo a convergência entre o setor empresarial e a burocracia governamental (2016, pp. 69-87).

Na apresentação da proposta, justifica-se a alteração buscando maior simplificação e transparência no atual regime de cobrança das contribuições sociais, além de promover significativa redução no custo de conformidade, conferir maior segurança jurídica e concorrência equilibrada entre as empresas, combate à evasão, neutralidade fiscal, sem aumento da carga tributária.

Os instrumentos utilizados para se atingir tais objetivos seriam: extinção de vários regimes diferenciados e desonerações injustificáveis, redução de 70% das obrigações acessórias, eliminação de fontes de litígio (conceito de insumos e incidência sobre impostos), tributação restrita ao faturamento das empresas, eliminação do PIS/PASEP sobre a folha de salários.

Destacam-se ainda dentre as alterações, a tributação na importação de bens e serviços com a responsabilização das plataformas estrangeiras digitais, as quais devem apenas realizar cadastro simplificado virtual na Receita Federal do Brasil e a compensação imediata do crédito decorrente das operações de exportação.

É no regime da não cumulatividade da nova contribuição sobre bens e serviços que a proposta apresenta significativa mudança quanto à característica da tributação indireta.

O artigo 17, ao prescrever que o valor da CBS incidente sobre a operação deverá ser destacado em documento fiscal, pretende em verdade a efetiva repercussão fiscal ao preço do produto e serviço. A imposição do lançamento do custo fiscal tem por pressuposto uma alteração na forma de incidência sobre o faturamento.

A incidência passaria a ser sobre cada "fatura". De acordo com os artigos 2º e 7º da proposta, a CBS incidirá sobre o auferimento da receita bruta em cada operação, sendo a base de cálculo o valor da receita bruta auferida em cada operação. Atualmente, PIS e COFINS tem por fato gerador o auferimento mensal de receita.

Como o faturamento mensal envolve a soma ou totalidade das faturas em cada operação naquele período, a mudança poderia soar trivial, já que em última instância estaríamos a tratar da mesma materialidade, com a diferença apenas temporal quanto à sua apuração.

Em verdade, a mudança proposta na incidência é significativa, pois parece ser apenas através de uma incidência "operação a operação" a mudança para uma típica tributação indireta sobre a produção e consumo de bens e serviços.

Isso porque, se partirmos da premissa de que um dos elementos característicos desta tributação é a imposição de lançamento do custo fiscal na emissão da nota fiscal, tal dever somente se apresenta como viável caso adotada a tributação de modo referenciada a cada operação tributável. Dificilmente, do ponto de vista prático e operacional da gestão tributária, seria possível se alcançar uma tributação típica indireta não cumulativa com o atual modelo de incidência tributária das contribuições de PIS e COFINS.

O fato gerador especificamente relacionado a cada prestação de serviço ou venda de mercadoria, nesse sentido, se mostra como pressuposto indispensável à criação do dever de repercussão fiscal da carga tributação, tão característico de uma tributação indireta e neutra.

A obrigação do contribuinte em indicar o valor da CBS viabilizará a tomada de crédito integral para as operações seguintes tributadas, proporcionando maior segurança jurídica na dinâmica da não cumulatividade. Prevê, nessa linha, o artigo 9º da proposta que a empresa sujeita a CBS poderá tomar crédito correspondente ao valor da CBS destacado em documento fiscal relativo à aquisição de bens ou serviços.

Em que pese atualmente, do ponto de vista econômico, as contribuições sociais PIS e COFINS sejam repassadas no preço dos produtos e serviços, a sua incidência sobre o faturamento mensal inviabiliza a repercussão jurídica (atribuída como dever ao contribuinte), qualificando-as, para fins jurídicos, como um tributo direto.

De maneira que eventual repetição de indébito tributário envolvendo as contribuições sociais, em discussões envolvendo a ilegalidade ou inconstitucionalidade da cobrança, não beneficiará aquele que efetivamente suportou a carga tributária, mesmo no seu regime de não cumulatividade. Esse descompasso entre a realidade e a norma jurídica provoca séria distorção no sistema de tributação indireta. A litigância é estimulada por essa oportunidade de apropriação financeira pelas empresas, em vulneração ao princípio do enriquecimento ilícito em que se sustenta o art. 166 do CTN.

Além disso, a ausência do destaque do valor de PIS e COFINS em documento fiscal dificulta ainda a transparência sobre o conhecimento da carga tributária total nos produtos e serviços, no que certamente contribui para dificultar ainda mais a cidadania fiscal na tributação indireta[16].

[16] A Lei nº 12.741/12 apenas apresenta a obrigação de apresentar uma estimativa da carga tributária, o que no caso de PIS/COFINS tem sido cumprido de forma um tanto arbitrária.

A mudança para o regime de tributação indireta, prevista pelo Projeto de Lei nº 3.887/20, representa um significativo avanço na uniformização dos tributos sobre o consumo de bens e serviço no Brasil, proporcionando que a incidência sobre o faturamento se aproxime de uma tributação indireta típica, não cumulativa e com repercussão fiscal legal.

Conclusões

Mesmo após quase duas décadas após a implementação do regime não cumulativo de PIS e COFINS, e de várias alterações que se seguiram, é possível afirmar que o atual modelo das contribuições sociais segue apresentando alguns problemas bastante característicos do complexo sistema tributário brasileiro.

Quando editadas as Medidas Provisórias nº 66, em agosto de 2002, e nº 135, em outubro de 2003, pretendia-se a mudança para um regime de não cumulatividade, onde seria eliminado aquilo que se apontava à época como uma das principais disfunções do chamado "Custo Brasil": o efeito cascata na tributação de bens e serviços.

Dados da Receita Federal apontam que em 1998, PIS e Cofins representaram uma participação de 22,8% na arrecadação total dos tributos federais, com apuração de R$ 32.005,00 bilhões de reais (valores corrigidos). Em 2018, PIS e COFINS geraram a expressiva quantia de R$ 311.435 bilhões de reais aos cofres federais, saltando para um percentual de 31,24% na participação da arrecadação.

Tal relevo se deve fundamentalmente ao aumento de arrecadação proporcionada por tais espécies tributárias, especialmente daquelas incidentes sobre o faturamento das empresas (PIS e COFINS), em razão da sua incidência sobre toda a produção nacional, importação e comercialização de bens e serviços, após a implementação da não-cumulatividade.

Em que pese algum avanço quanto à introdução do novo regime quanto à redução da cumulatividade das grandes cadeias de produção e consumo, verificou-se, além do aumento da carga tributária dessas contribuições, um crescimento maior ainda na complexidade da sua regulamentação, e sem que se eliminasse totalmente o gargalo da sobreposição tributária.

A esse respeito, ainda, como afirma Machado Segundo (2011, p. 78), "uma população consciente do peso suportado terá maior estímulo para reclamar da qualidade dos serviços públicos, o que seguramente não é o caso das pessoas que, iludidas ou anestesiadas por uma tributação indireta".

Segundo dados do Ministério da Economia[17], há cerca de 71 mil processos em tramitação no Conselho Administrativo de Recursos Fiscais (CARF) sobre PIS e COFINS, representando 20% do total. No Superior Tribunal de Justiça, as contribuições sociais representam 25% dos processos em que a Procuradoria-Geral da Fazenda Nacional atua. No Supremo Tribunal Federal, são mais de 22 temas aguardando julgamento com repercussão em milhares de ações individuais. O tsunami de contencioso envolvendo PIS/COFINS pode ser atribuído à dificuldade de se precisar qual o conceito de insumo, base tributável, mas em boa parte estimulado pela possibilidade de o contribuinte, mesmo repassando o custo tributário ao preço do produto e serviço, poder se apropriar de tais valores na hipótese de pagamento indevido.

O PL nº 3.887/20 ao criar a Contribuição sobre Bens e Serviços apresenta alternativa, ao que parece, adequada ao propósito de se eliminar as atuais distorções verificadas na tributação de PIS e COFINS.

A redução significativa de regimes especiais de tributação, especialmente do regime cumulativo para empresas sujeitas à tributação do IRPJ pelo lucro presumido e a possibilidade de tomada de crédito amplo, além de outras propostas, permitirão a mudança para um regime de tributação indireta mais alinhado com o que se pratica internacionalmente, eliminando as atuais distorções de PIS e COFINS.

Por fim, a criação do dever do contribuinte em destacar o valor da nova contribuição em Nota Fiscal integral dos créditos das etapas anteriores (inclusive SIMPLES NACIONAL), proporcionará maior transparência e equilíbrio na tributação sobre o consumo, com um modelo tipicamente indireto não cumulativo, com potencial significativo de redução da litigiosidade e contencioso tributário além de garantir maior justiça fiscal na recuperação fiscal.

Referências

ANTUNES, Bruno F. Botelho. *Da repercussão fiscal no IVA*. 1.ed. Coimbra: Almedina, 2008.

BALEEIRO, Aliomar. *Limitações constitucionais ao poder de tributar*. 7. ed. Rio de Janeiro: Forense, 2005.

[17] MINISTÉRIO DA ECONOMIA. *Apresentação do PL nº 3.887/2020*. Disponível em: https://www.gov.br/economia/pt-br/centrais-de-conteudo/apresentacoes/2020/agosto/apresentacao-reforma-tributaria-comissao-mista-5-8-2020.pdf. Acesso em 20 jan. 2021, p. 4.

BRASIL. [Constituição (1988)]. *Constituição da República Federativa do Brasil de 1988.* Brasília, DF: Presidência da República, [2016]. Disponível em: http://www.planalto.gov.br/ccivil_03/Constituicao/ Constituiçao.htm. Acesso em: 6 jan. 2021.

BRASIL. [Código Tributário Nacional]. *Lei nº 5.172, de 25 de outubro de 1966.* Brasília, DF: Presidência da República. Disponível em: http://www.planalto.gov.br/ccivil_03/leis/l5172compilado.htm. Acesso em 21 jan.2021.

BRASIL. *Lei Complementar nº 87, de 13 de setembro de 1996.* Brasília, DF: Presidência da República. Disponível em: http://www.planalto.gov.br/ccivil_03/leis/lcp/lcp87.htm. Acesso em: 21 jan. 2021.

BRASIL. [Regulamento do IPI]. *Decreto 7.212, de 15 de junho de 2010.* Brasília, DF: Presidência da República. Disponível em: http://www.planalto.gov.br/ccivil_03/_ato2007-2010/2010/decreto/d7212.htm. Acesso em: 21 jan. 2021.

BRASIL. Superior Tribunal de Justiça. *Embargos de Divergência no Recurso Especial nº 168.469/SP.* Brasília, DF: Superior Tribunal de Justiça [1999]. Disponível em: https://processo.stj.jus.br/processo/pesquisa/tipoPesquisa=tipoPesquisaNumeroRegistro&termo=199800637532&totalRegistrosPorPagina=40&aplicacao=processos.ea. Acesso em: 21 jan. 2021.

BRASIL. Supremo Tribunal Federal. *Súmula nº 546. Cabe a restituição do tributo pago indevidamente, quando reconhecido por decisão, que o contribuinte "de jure" não recuperou do contribuinte "de facto" o "quantum" respectivo.* Brasília, DF: Supremo Tribunal Federal [2007]. Acesso em: 21 jan. 2021.

BRASIL. Presidência da República. *Projeto de Lei nº 3.887/2020, versão final. Institui a Contribuição Social sobre Operações com Bens e Serviços – CBS, e altera a legislação tributária federal.* Disponível em: https://www.camara.leg.br/proposicoesWeb/prop_mostrarintegra;jsessionid=node01cnyqpjabehimiv988p050jb578290.node0?codteor=1914962&filename=PL+3887/2020. Acesso em: 21 jan. 2021.

BRASIL. Ministério da Fazenda. *Exposição de Motivos – EM nº 197-A/2003.* Justificativa para adoção de Medida Provisória. Instituição da COFINS não cumulativa. Disponível em: http://www.planalto.gov.br/ccivil_03/Exm/2003/EM_no_197a2003__mf.htm. Acesso em: 21 jan. 2021.

CARVALHO, A. X. Y. de. et al. *Uma reforma dual e modular da tributação sobre o consumo no Brasil.*, A.X.Y. de. In: SACHSIDA, A.; SIMAS, E. E. S. (Org.). Reforma tributária IpeaOAB/DF. Rio de Janeiro: Ipea, OAB/DF, 2018.

COELHO, Sacha Calmon Navarro. *Manual de Direito Tributário.* 1.ed. Rio de Janeiro: Forense, 2000.

FERREIRA, Roberto Nogueira. *A reforma essencial II. Reforma tributária: esqueçam a reforma tributária.* Brasília: Editora SENAC/DF, 2016.

INSPER. *Contencioso tributário no Brasil Relatório 2019 – Ano de referência 2018.* Disponível em: https://www.insper.edu.br/wp-content/uploads/2020/07/Contencioso_tributario_Relatorio2019_092020_v2.pdf. Acesso em: 4 jan. 2021.

MINISTÉRIO DA ECONOMIA. *Apresentação do PL nº 3.887/2020.* Disponível em: https://www.gov.br/economia/pt-br/centrais-de-conteudo/apresentacoes/2020/agosto/apresentacao-reforma-tributaria-comissao-mista-5-8-2020.pdf. Acesso em: 20 jan. 2021.

MACHADO SEGUNDO, Hugo de Brito. *Repetição do tributo indireto: Incoerências e contradições*. São Paulo: Malheiros, 2011.

WORLD BANK GROUP. *Doing Business 2020 – Comparing business regulation in 190 economies*. Disponível em: https://www.doingbusiness.org/en/reports/global-reports/doing-business-2020. Acesso em: 19 jan. 2021.